Geheimnisvolle Pfade
Bayerische Voralpen

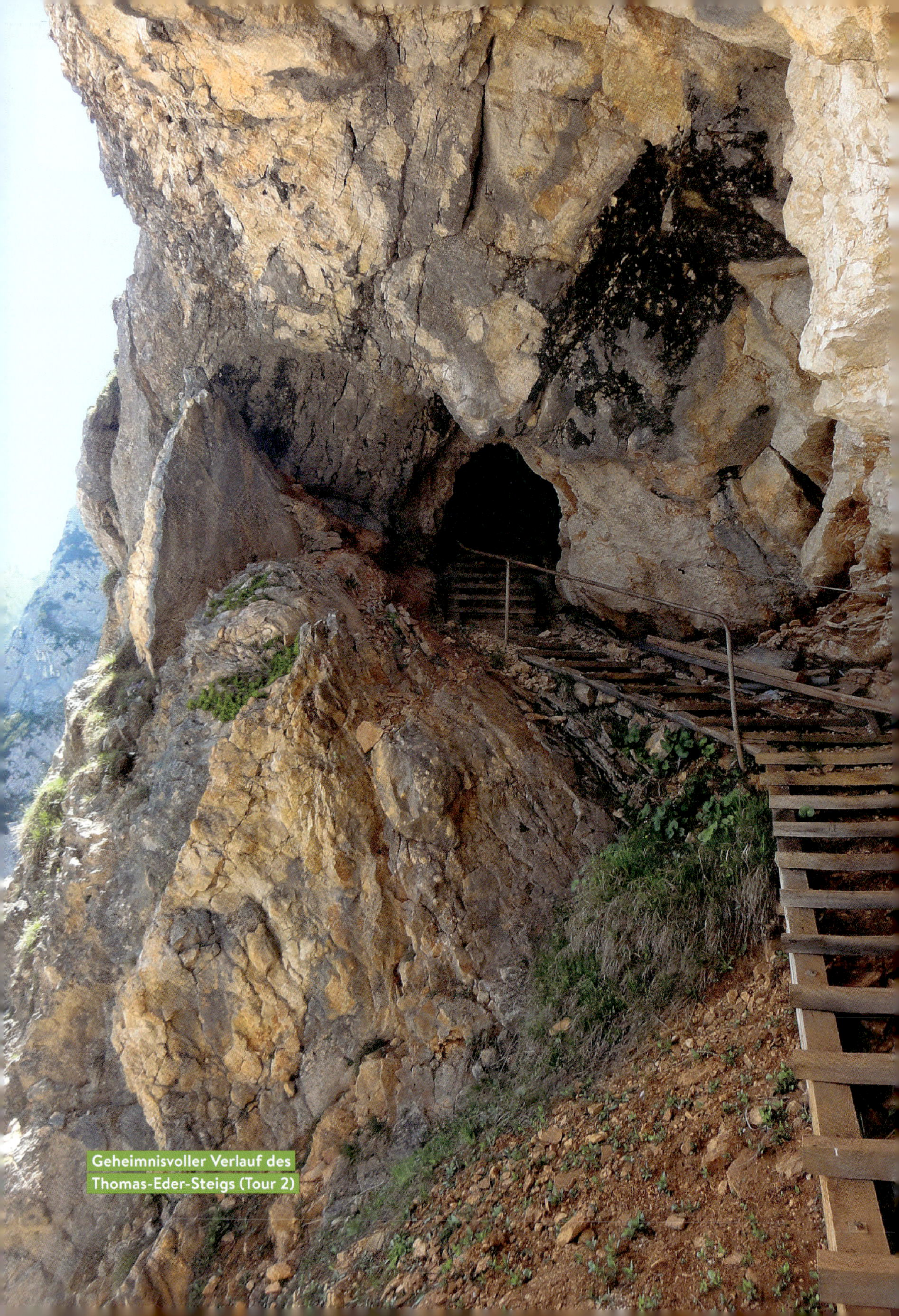

Geheimnisvoller Verlauf des Thomas-Eder-Steigs (Tour 2)

Michael Kleemann

Geheimnisvolle Pfade
BAYERISCHE VORALPEN

39 Wanderungen auf den Spuren von Mythen und Sagen

BRUCKMANN

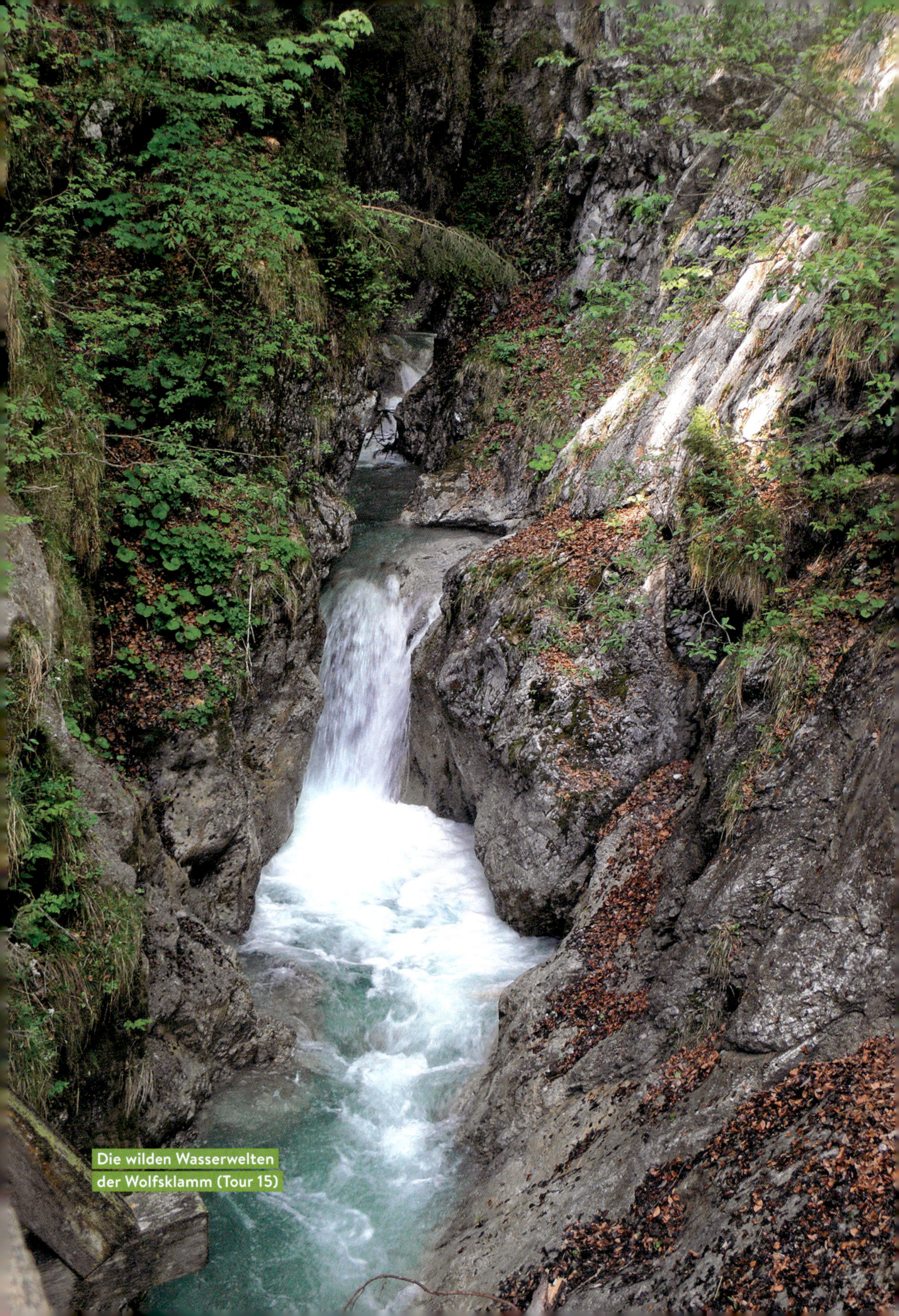

Die wilden Wasserwelten der Wolfsklamm (Tour 15)

INHALT

Bayerische Voralpen

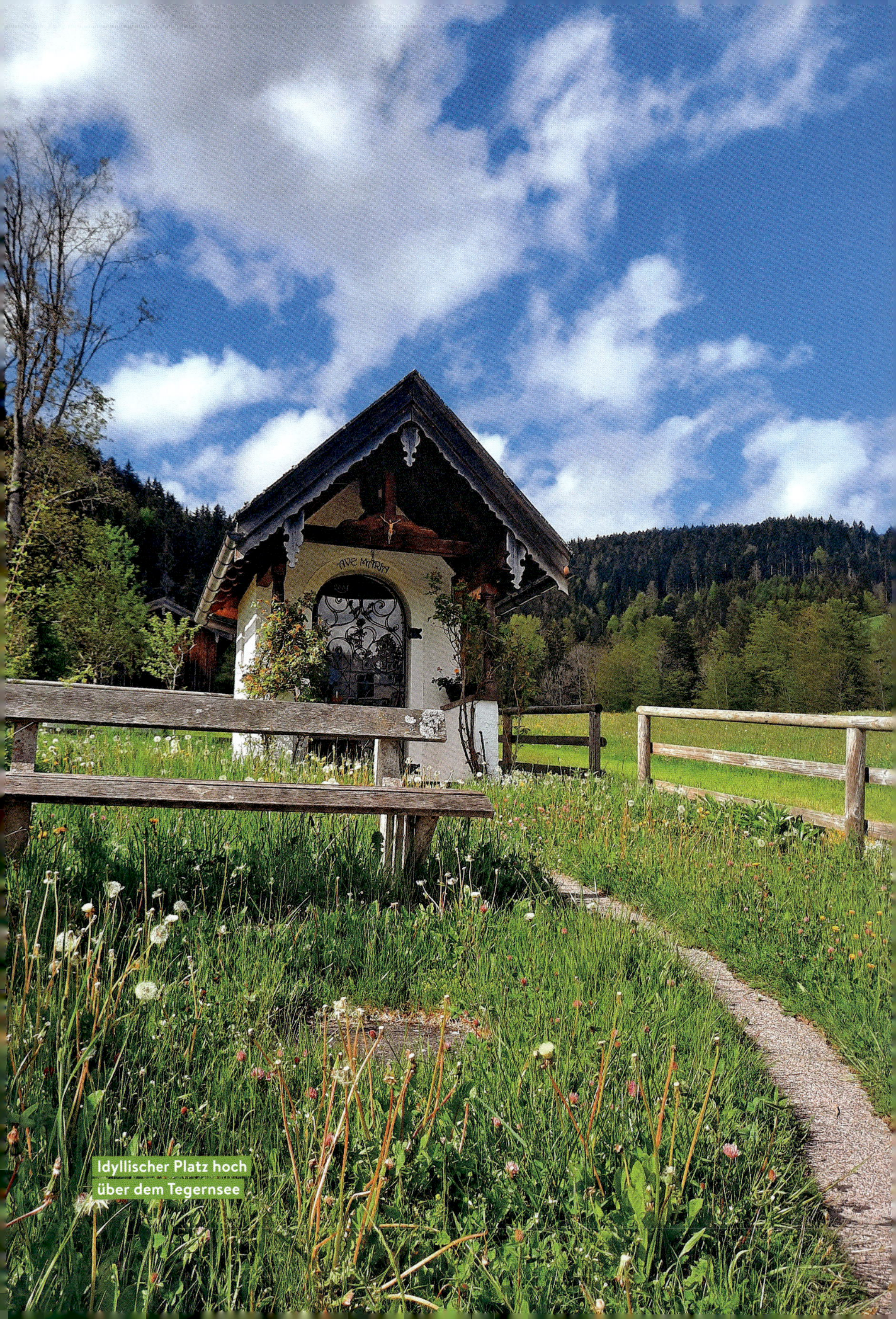

Idyllischer Platz hoch
über dem Tegernsee

Vorwort

NACH DEM VORGÄNGERWERK »MYSTISCHE PFADE BAYERISCHE HAUSBERGE« DARF ICH IHNEN, LIEBE LESERINNEN UND LESER, NUN DIE »GEHEIMNISVOLLEN PFADE« AUS DIESER REGION PRÄSENTIEREN. Das bedeutete für mich, tiefer in diese Materie einzusteigen. Ich war überrascht, wie viele entlegene Orte es in den Bergen gibt, umrahmt von Sagen und Legenden, eigenen Natureindrücken, Wetterphänomenen, ja sogar verbunden mit Dingen, die ich selbst dort erlebt habe und die man sich nicht immer erklären kann.

Aus dieser Mischung heraus ist eine Vielfalt an Touren entstanden. Jede von ihnen verbirgt so ihr eigenes Geheimnis. Voll positiver Spannung bin ich zu jeder Tour aufgebrochen, da ich nie genau wusste, was mich dort erwarten würde. Wieder geht es von Berchtesgaden mit seinem sagenumwobenen Untersberg bis hinüber in das Werdenfelser Land nach Garmisch-Partenkirchen entlang des oberbayerischen Alpenrandes und ein Stück hinein in die Berge.

Ich beschreibe zudem drei Touren im Tiroler Inntal, zwei davon in Kufstein und eine in Stans. So ist ein bunter Bilderbogen an Geheimnissen aus dieser Region entstanden. Ich wünsche Ihnen viel Spaß bei der Erkundung der Geheimnisse in den Bergen. Begegnen Sie diesen Orten mit Offenheit, aber auch mit dem gebotenen Respekt.

Mit herzlichen Grüßen

Ihr

Willkommen in Oberbayern

Geheimnisvolle Pfade in den Bayerischen Hausbergen laden Sie zu spannenden, mystischen Naturerfahrungen zwischen Watzmann und Zugspitze ein. Lesen Sie und genießen Sie!

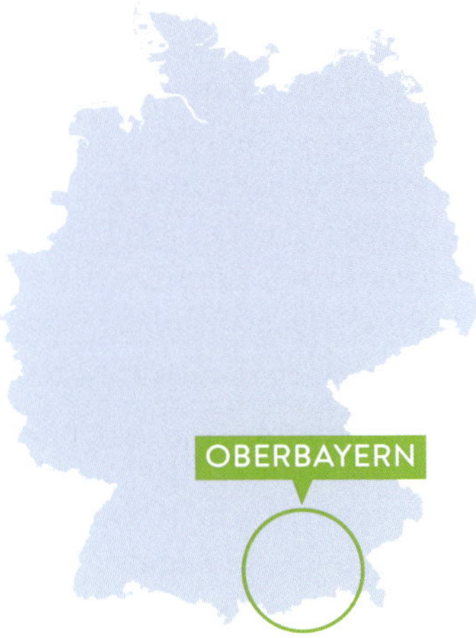

Zwischen Berchtesgaden und Garmisch

Der Alpenrand zwischen diesen beiden Orten bietet ein faszinierendes Spektrum an Wanderungen in den Regionen Berchtesgadener Land, Chiemgau, Karwendel und Kaiser, Wendelsteingebiet, Tegernseer Berge, Isarwinkel, Loisachtal und Pfaffenwinkel. Sie werden ganz sicher auch Ihre Tour finden. Egal, ob Sie von München oder aus dem Alpenvorland anreisen oder in einer der genannten Regionen Urlaub machen – es gibt Touren unterschiedlichster Schwierigkeitsgrade, Gehzeiten, Höhenmeter und Wege. Ich wünsche Ihnen viel Spaß auf Ihrer Tour!

Die Schellenberger Eishöhle

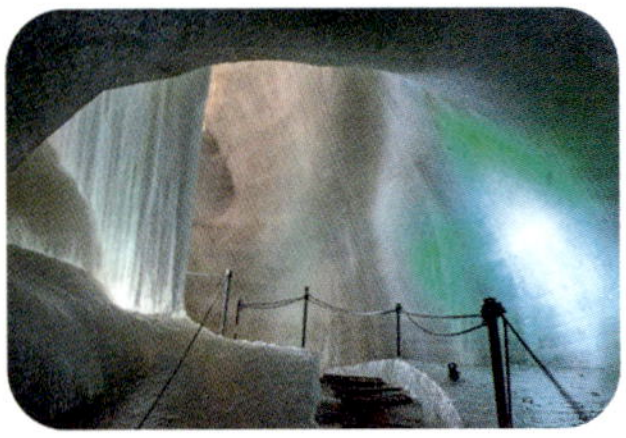

Die mit einer erforschten Länge von 3621 Metern größte Eishöhle Deutschlands ist auch die einzig erschlossene. Schafhirten sollen sie entdeckt haben. (Tour 2)

Der Samerberg

Diese Gemeinde im Chiemgauer Voralpenland gehört zu einer der größten Hochflächen in den Bayerischen Alpen. Östlich des Inns gelegen, umgeben von idyllischen Weilern und Einödhöfen, bietet sie romantische Höhenwanderungen. (Tour 9, 10, 11, 12)

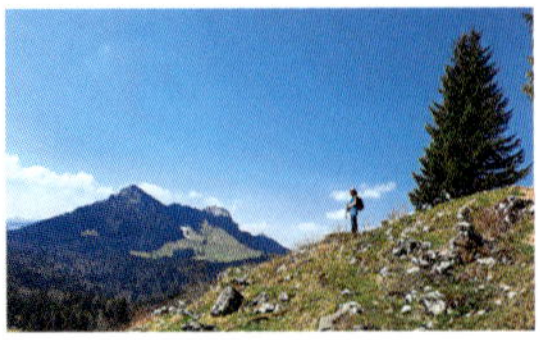

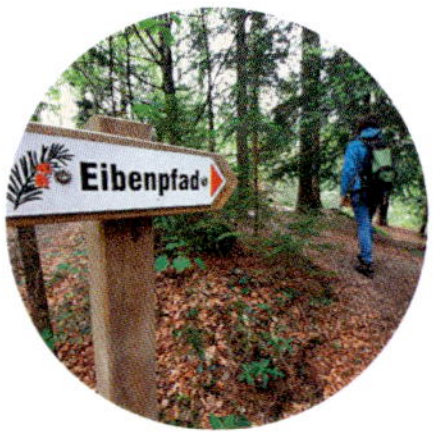

2000

Der Paterzeller Eibenwald

Er besitzt mit über 2000 Eiben, teilweise auch sehr alten Exemplaren, die größten Bestände in Deutschland. (Tour 39)

Vergessene Pfade

Eine ganz besondere Kultur des Wanderns stellen wenig begangene, nicht markierte Steige dar. In der Stille der Natur können Sie auf diesen Wanderungen besonders gut die Seele baumeln lassen und den Geräuschen des Waldes lauschen. (Tour 14, 17, 26, 33, 34, 36)

Sonnenverwöhnt

Auf einigen Touren scheint besonders lange die Sonne, auch an Wintertagen. (Tour 4, 10, 12, 13, 14, 17, 23, 30, 33, 36)

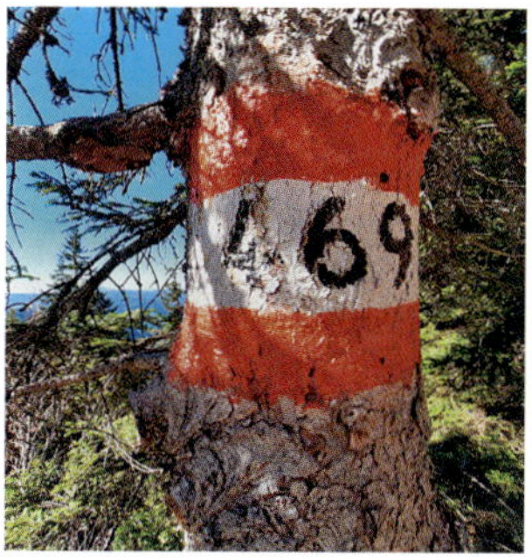

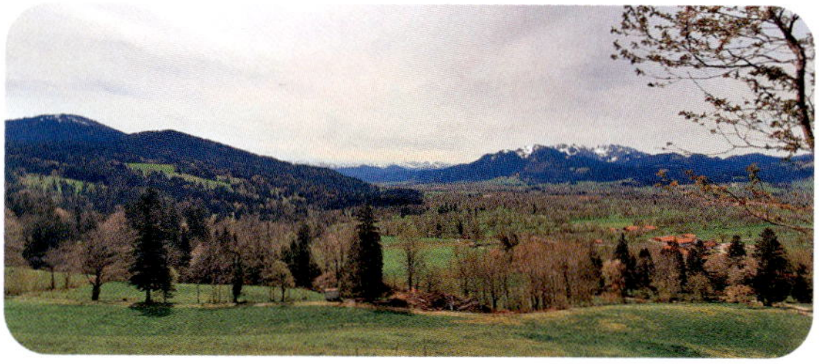

Auf dem Sonntraten

Dieser Tour möchte ich einen besonderen Song widmen: Wenn ich mit dem Lied »Local Hero Wild Theme« von Mark Knopfler, aus der Live-Version 1993 in Nimes/Frankreich, im Sonnenlicht über den Isarwinkel ins Karwendel blicke, dann bekomme ich Gänsehaut. (Tour 32)

Die beste Kaspressknödelsuppe

Sie ist und bleibt den Österreichern vorbehalten: Diese Suppe serviert, neben vielen anderen, leckeren Tiroler Spezialitäten, die Ritzaualm im schönen Kaisertal. (Tour 17)

Wandern im Winter

Einige der beschriebenen Wanderungen sind auch im Winter gut zu gehen. Dann ist es ein besonderer Reiz, durch die tief verschneite Winterlandschaft im gleißenden Sonnenlicht zu laufen, sofern man entsprechend ausgerüstet ist. Detaillierte Infos hierzu finden Sie im Quickfinder sowie im jeweiligen Tourenkapitel.

2,5

Hochstaufen – der bebende Berg

Ein Beben der Stärke 2,5 ist hier keine Seltenheit und bis hinunter nach Bad Reichenhall oder Piding zu spüren. Es wird vermutet, dass sich nach Regen die labilen Gesteinsschichten neu setzen, verbunden mit einem steigenden Wasserdruck in den Gesteinsporen. (Tour 4)

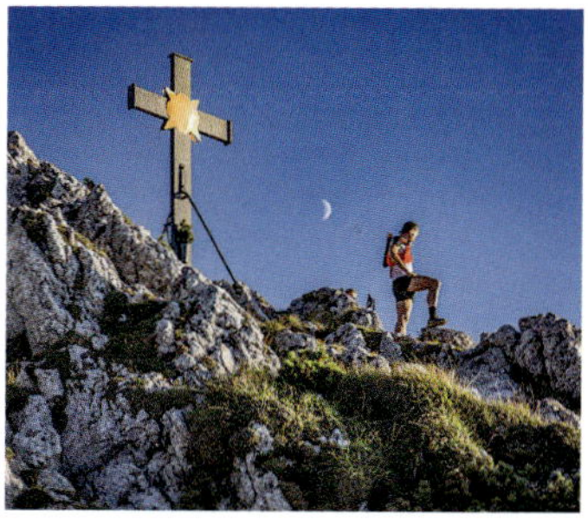

Bruckmann-Tourenfinder

Für jeden Tag die richtige Tour

Nr.	Tour		Std.	+Std. ÖPNV	km	Hm	+Hm ÖPNV	[Einkehr]	[Kinder]	[Kultur]	[Winter]	[Sommer]	[Natur]	[Bergbahn]	[Baden]	[ÖPNV]
1	Der Kleine Barmstein	● [rot/schwarz]	2.15		3,8	276		✓	✓	✓			✓			✓
2	Schellenberger Eishöhle	● [rot]	6.15		12,9	1142		✓		✓			✓		✓	✓
3	Alte Saline in Bad Reichenhall	● [blau]	2.15	1.00	2,7	0		✓	✓	✓	✓					✓
4	Auf den Hochstaufen	● [rot]	7.00	0.30	17,4	1300		✓				✓				✓
5	Thumsee und Listsee	● [rot]	4.45		11,1	490		✓		✓					✓	✓
6	In die Entenlochklamm	● [rot]	3.30	0.30	8,4	349		✓	✓	✓			✓		✓	✓
7	Eggstätt-Hemhofer Seen	● [blau]	2.30	0.30	9,4	0		✓	✓		✓		✓		✓	✓
8	Auf das Mühlhörndl	● [schwarz]	6.45		9,9	820				✓			✓			✓
9	Kettenkapelle und Mariengrotte Waizenreit	● [rot]	4.45		15,8	508		✓								✓
10	Filzenrunde Samerberg	● [blau]	1.45		5	90		✓	✓				✓			✓
11	Auf dem Samerberg	● [rot]	2.45		5,9	179		✓	✓		✓	✓			✓	
12	Auf das Feichteck	● [rot]	4.45		11,6	736		✓			✓		✓			
13	Runde in Neubeuern	● [blau]	1.30		2,9	131		✓	✓	✓	✓	✓			✓	✓
14	Ratzinger Höhe und Simssee	● [rot]	4.15	1.30	21,4	469	60	✓					✓		✓	✓
15	In die Wolfsklamm	● [rot]	3.15	1.00	8,1	414	20	✓	✓	✓					✓	✓
16	Auf dem Bettlersteig	● [schwarz]	9.00		22	1309/ 1324		✓		✓			✓			✓
17	Im Kaisertal	● [rot]	5.30		9	741		✓	✓	✓			✓			✓

			Std.	ÖPNV +Std.	km	Hm	ÖPNV +Hm									
18	**»Three in One« auf dem Wendelstein**	🔴	7.15		19,4	1073/ 1405		✓		✓			✓	✓		✓
19	**In der Sterntaler Filze**	🔵	1.45		2,5	0			✓		✓		✓			
20	**Von Feilnbach nach Kutterling**	🔴	1.45	1.00	6,5	236	40	✓	✓			✓	✓			✓
21	**Auf die Lacherspitze**	⚫	5.30	0.30	8,2	650	40		✓		✓	✓				✓
22	**Rund um den Breitenstein**	⚫	4.30	1.30	11,8	870	80	✓		✓			✓			✓
23	**Auf den Schwarzenberg**	🔴	4.45	1.30	18,9	694	80	✓	✓	✓	✓	✓				✓
24	**Im Kloo-Ascher-Tal**	🔵	1.30		6	80		✓				✓				✓
25	**Entlang von Aubach, Leitzach und Alpbach**	🔴	5.15		15	302		✓	✓							✓
26	**Rund um Fischbachau**	🔴	4.30		14,5	348		✓	✓	✓	✓		✓			✓
27	**Zur Anianskapelle**	🔵	1.00		2,2	61		✓	✓	✓	✓					
28	**An den Ufern der Mangfall**	🔵	3.00		9,6	195		✓	✓		✓		✓		✓	✓
29	**Tegernseer Acht**	🔵	3.30		6,9	179		✓		✓	✓		✓		✓	✓
30	**Rund um den Hackensee**	🔴	2.30		7,7	120		✓	✓		✓				✓	✓
31	**Am Kirchsee**	🔵	2.00		5,8	60		✓		✓	✓				✓	
32	**Sonntraten und Rechelkopf**	🔴	4.30	1.30	16,5	664	40		✓		✓					✓
33	**Das Kirchel über dem Längental**	⚫	5.45		15,5	780		✓					✓			
34	**Auf den Altlacher Hochkopf**	🔴	5.00	1.30	17,7	600			✓		✓		✓		✓	✓
35	**Von Altjoch nach Schlehdorf**	🔴	3.00	0.30	12,6	151		✓	✓	✓			✓		✓	✓
36	**Zur Osterfeuerspitze**	🔴	5.00		13,5	706		✓	✓	✓		✓			✓	✓
37	**Auf dem Hüttlsteig**	🔴	4.30	0.30	12,1	662		✓	✓				✓		✓	✓
38	**Über dem Loisachtal**	🔴	3.00	1.00	10,9	541	20	✓	✓				✓		✓	✓
39	**Im Paterzeller Eibenwald**	🔵	1.15		2,3	29		✓	✓	✓	✓		✓			

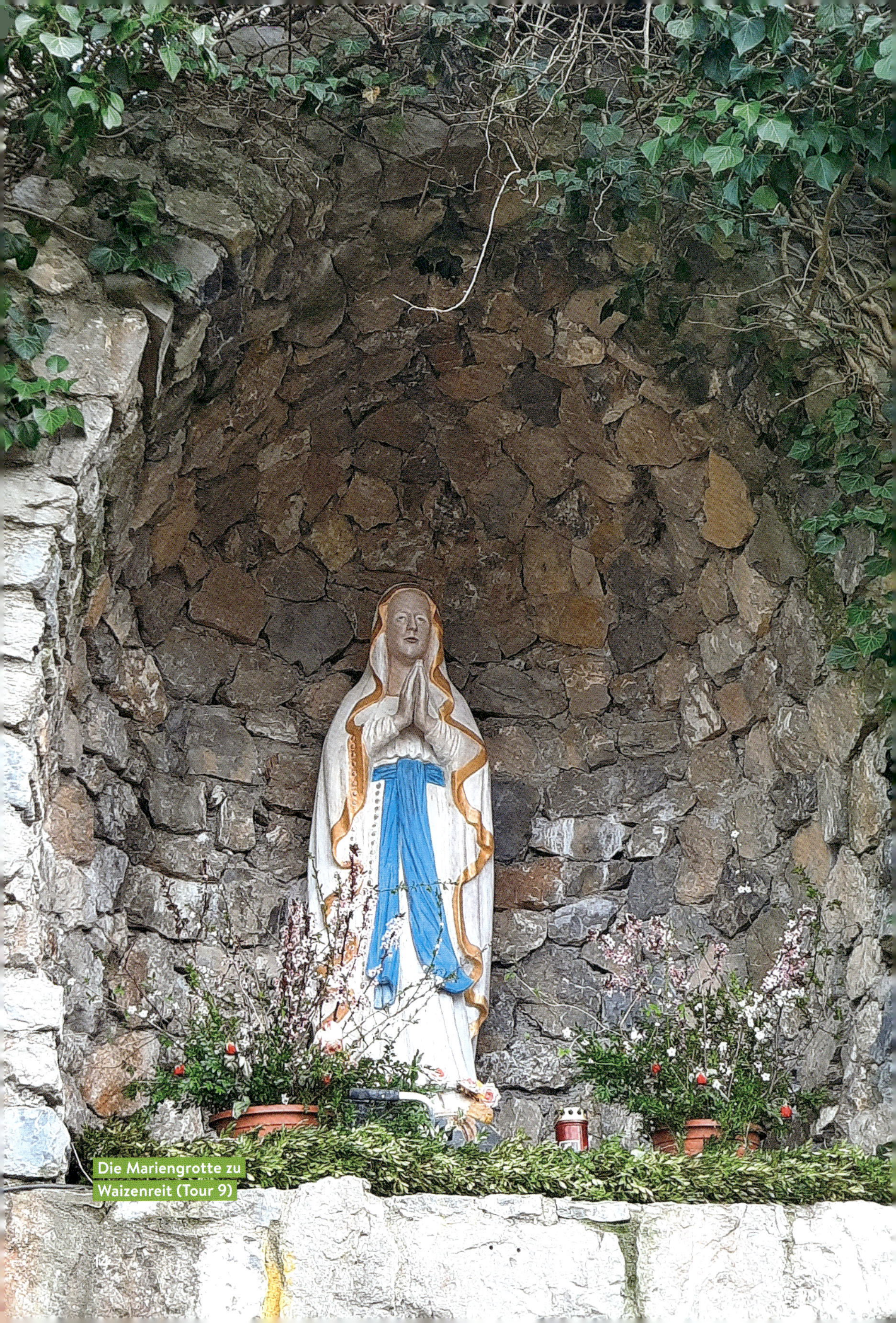

Die Mariengrotte zu Waizenreit (Tour 9)

INFO

PIKTOGRAMME ERLEICHTERN DEN ÜBERBLICK

Gehzeit | Länge | Höhenunterschied

Einkehr
kindergeeignet
Sehenswürdigkeit
wintergeeignet
viel Sonne
schattiger Weg
Seilbahn
Baden
ÖPNV

ANFORDERUNGEN

● LEICHT

Technisch einfache Wanderungen auf Spazier- oder Forstwegen. Absturzgefährdete Passagen sind hier nicht vorzufinden.

● MITTEL

Mittelschwierige Bergwanderungen mit alpinem Charakter, die Trittsicherheit auf Pfaden und Wegen erfordern. Schwindelfreiheit ist hier nicht erforderlich. Absturzgefährdete Passagen sind vereinzelt vorzufinden.

● SCHWER

Anspruchsvolle Bergtouren mit alpinem Charakter, die absolute Bergerfahrung und Trittsicherheit erfordern. Schwindelfreiheit kann auf einzelnen Touren vorausgesetzt werden. Felsdurchsetzte, absturzgefährdete, teilweise seilversicherte Passagen sind anzutreffen.

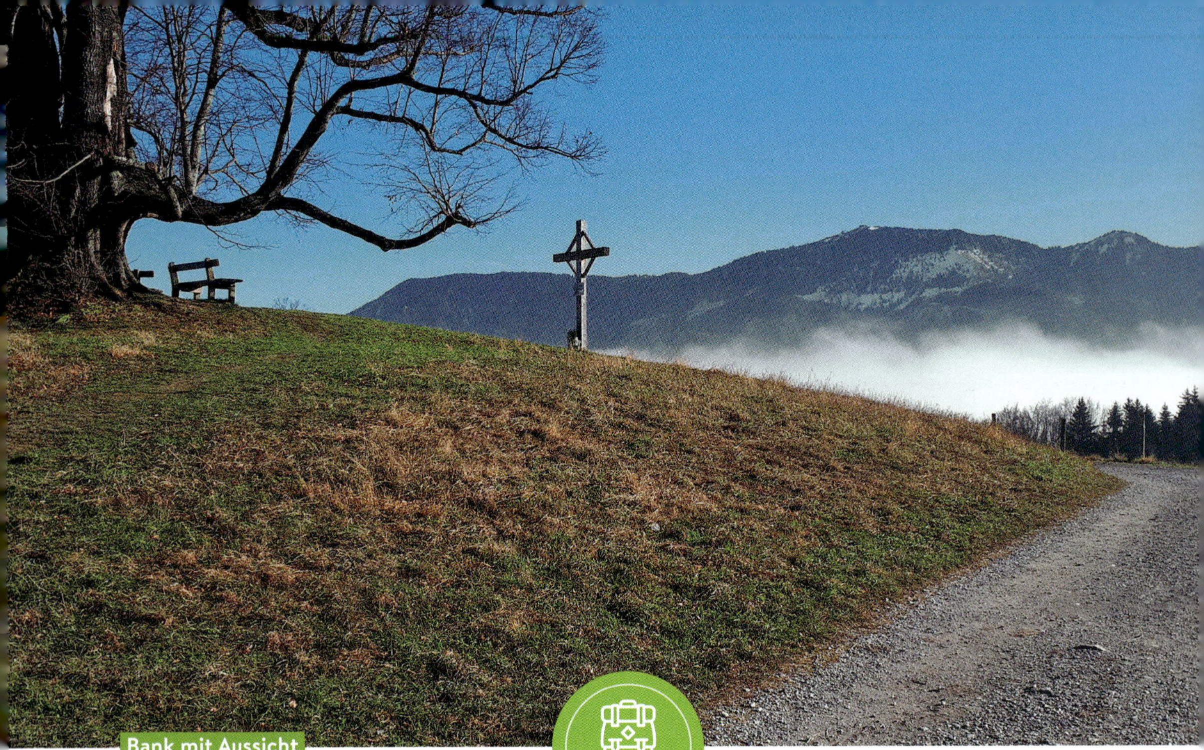

Bank mit Aussicht nahe Dorfen (Tour 11)

Geheimnisvolle Pfade – Bayerische Hausberge

Folgen Sie den geheimnisvollen Pfaden auf den Spuren alter Sagen zu mystischen Orten – etwa in die Schellenberger Eishöhle, zu den Eggstätter Seen, an die Leitzach, in einen Märchenwald, zur Anianskapelle, zum Hackensee oder zu den geheimnisvollen Bäumen im Paterzeller Eibenwald. Erleben und genießen Sie die Vielfalt dieser Landschaften in ihrer ureigenen Schwingung und tauchen Sie ein in archaisch anmutende Anderswelten.

Viele Gipfelziele und die damit verbundenen Touren sind auf den alpinistischen und touristischen Ansatz ausgerichtet. Der Blick dieses Buches richtet sich hingegen auf alles Geheimnisvolle in dieser Bergregion. Man möchte glauben, es gäbe in dieser manchmal überlaufenen Gegend keinen Platz dafür. Ich darf Sie auf den folgenden Touren vom Gegenteil überzeugen.

Schon immer haben die Berge die Menschen fasziniert und Religionen inspiriert. Viele Sagen und Legenden sind bis heute erhalten geblieben. Den Geheimnissen der Touren nachzuspüren, war für mich mit großer Freude und Begeisterung verbunden. In den Berchtesgadener Alpen waren es die mystischen Felsenburgen der Barmsteine, die grün schimmernden Eissäulen in der Schellenberger Eishöhle zusammen mit der erhabenen Aura des Untersbergs. Auch ich habe dort immer meine ganz eigenen Zeitverluste erlebt. Man versinkt einfach in diesem geheimnisvollen Berg, wenn man ihn besteigt. Die mystischen Gänge der Alten Saline in Bad Reichenhall haben mich ebenfalls magisch angezogen. Im Chiemgau war es der stimmungsvolle Wechsel zwischen steilen Bergen und weiten Hochflächen, etwa auf der Hofalm bei Aschau oder auf dem Samerberg. Die Region machte auf mich immer wieder einen melancholischen Eindruck, verbunden mit einer schönen »östlichen« Tiefe. Im Kaiser und Rofan waren es die archaischen, wildzerklüfteten Felsenlandschaften, die mich in den Bann zogen. Jeder Heimatfilm hätte hier seine Kulisse gefunden für Geschichten von Wilderern und Liebesdramen. Das Mangfallgebirge bestach durch seine verschiedensten Naturdenkmäler, etwa den Anderswelten der Sterntaler Filze oder dem Breitensteiner Fensterl, einem geheimnisvollen Felsentor hoch über Fischbachau.

Immer wieder habe ich in dieser Gebirgsregion die typische Inversionswetterlage an Herbsttagen angetroffen. Schließlich heißt das Oberland nicht umsonst so: Schon die hoch gelegenen Bergtäler schauten oft aus dem Nebel heraus und lagen unter einem azurblauen Himmel im Sonnenlicht. Währenddessen versank das Unterland zwischen Rosenheim und Bad Feilnbach in einem Nebelmeer, das aber ebenso seinen geheimnisvollen Reiz und Kontrast hatte. Wunderbare Naturschauspiele konnte ich so an der Grenze zwischen Himmel und Hölle, wie manche sagen, einfangen. Nebel waberten durch den Bergwald auf und ab, dazwischen die Sonnenstrahlen, die geheimnisvoll durch das Wattemeer fielen. Die Tegernseer und Schlierseer Berge faszinierten durch ihre abwechslungsreichen Landschaftsbilder. Dazu gehörten auch die Wanderungen im Alpenvorland dieser Region, die so manches Geheimnis aus alten Zeiten durch überlie-

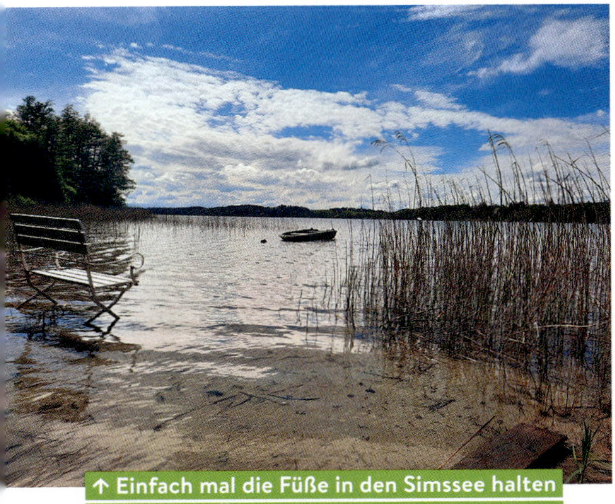

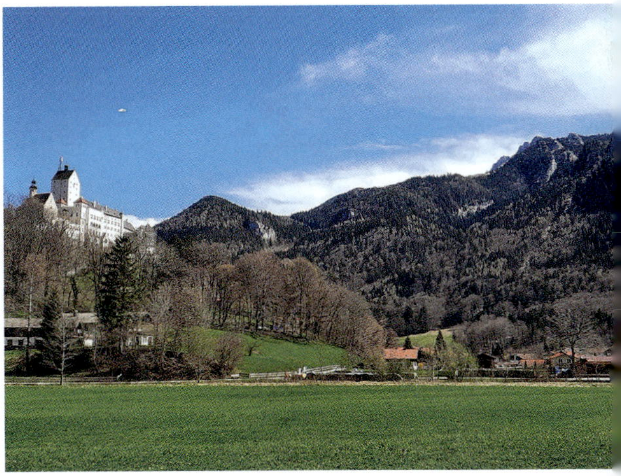

↑ Einfach mal die Füße in den Simssee halten (Tour 14) ↗ Über dem Priental thront Schloss Hohenaschau. (Tour 9)

ferte Sagen und Legenden bis heute noch irgendwie spürbar machen. Im Isar-Loisach-Winkel und im Pfaffenwinkel war es der Blick hinunter auf den Kochelsee oder auf das Zugspitzmassiv, der mich magisch anzog. Diese Gegend wirkte auf mich sehr anregend durch die wechselnden Landschaftsbilder, die weite Täler und wilde, hohe Berglandschaften miteinander verbinden. Ich verspürte eine wunderbare Leichtigkeit, die mich auf den Touren schon fast auf die Berge hinauftrug.

ALLGEMEINE INFORMATIONEN

Die Touren umfassen ein breites Spektrum. Vom erweiterten Spaziergang mit kaum erwähnenswerten Höhenmetern bis hin zur Bergtour auf Steigen und Pfaden. Teleskopstöcke entlasten dann bei den Abstiegen die Kniegelenke. Dazwischen finden sich viele Touren im mittleren Segment. Sind Wanderungen mit Steigen und Wanderwegen ausgewiesen, empfehle ich Bergschuhe mit guter Profilgummisohle. Für alle Touren lege ich Ihnen passende Bergkleidung, die gegen Wind, Nässe und Kälte bei entsprechender Wetterlage schützt, ans Herz. Auch wenn die Bergwanderungen mit einer Einkehrmöglichkeit angegeben sind, sollten mindestens ein halber Liter Flüssigkeit zum Trinken sowie eine Kleinigkeit zum Essen, etwa Schokolade und Traubenzucker, nicht fehlen. Ohne Einkehrmöglichkeit sollten Sie ausreichend Brotzeit und, je nach Tour, bis zu zwei Liter zu trinken dabeihaben. Maßgebend hierfür sind Höhenmeter, Gehzeit, Temperatur und Sonneneinstrahlung. Für alle vorgestellten Touren gehören an Wintertagen Mütze, Schal und Handschuhe in den Rucksack. Bei intensiver Sonneneinstrahlung sollte sich entsprechender Sonnenschutz, wie Kappe, Sonnenbrille und eine Sonnencreme mit hohem Lichtschutzfaktor, im Rucksack befinden. Ein Handy sollte zwar keine Rechtfertigung für eine allzu lockere Tourenplanung sein, bietet Ihnen aber die Möglichkeit, bei einem Bergunfall Hilfe zu holen. Bedenken Sie dabei aber, dass es nicht an jedem Ort in den Bergen Empfang gibt.

ANREISE

Ich empfehle Ihnen die umweltfreundliche Anreise mit der Bahn. Auf einigen Touren geht es dann vom Bahnhof mit dem Anschlussbus weiter. Bis Kufstein oder Salzburg können Sie mit dem Bayernticket fahren beziehungsweise mit dem Guten-Tag-Ticket der Bayerischen Regiobahn (BRB), sofern Sie nur mit dieser Privatbahn unterwegs sind. Das günstige Oberland-MVV-Ticket

Archaische Wasserwelten am Hartsee (Tour 7)

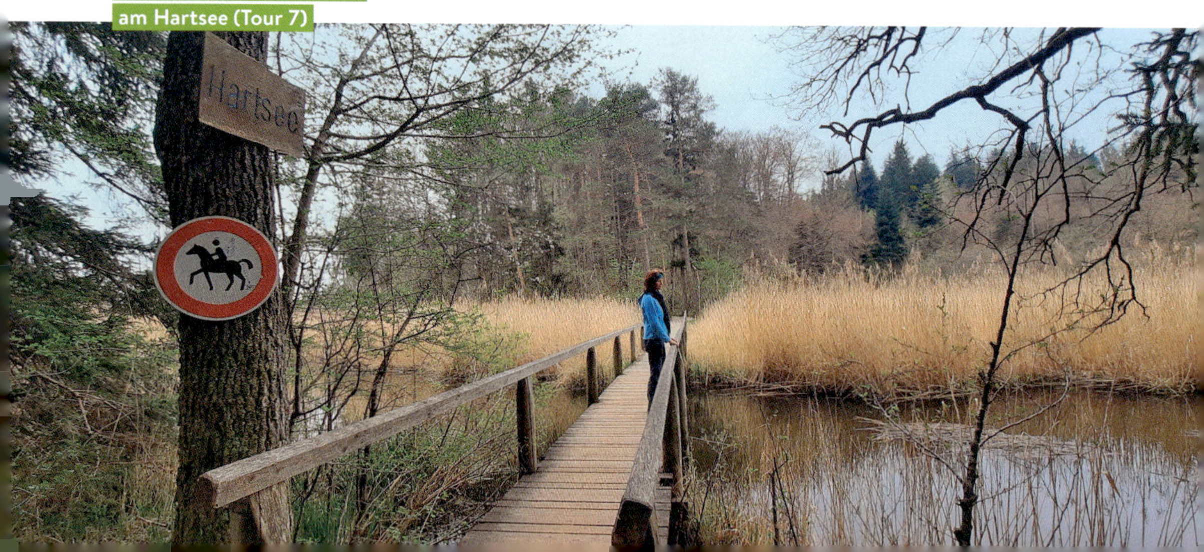

der BRB hat Gültigkeit im Streckennetz des Oberlandes. Auch das Werdenfelsticket Richtung Garmisch ist etwas günstiger. Alle diese Tickets sind werktags ab 9 Uhr, an Wochenenden und Feiertagen ganztägig gültig. Einige Bahnhöfe werden mit Eurocity- oder Intercity-Zügen angefahren, hier kann sich auch ein Sparticket auszahlen. So zum Beispiel bei der Fahrt nach Kufstein, wenn man mindestens einige Tage vor Reiseantritt bucht. Allerdings besteht dann Zugbindung. Fast alle Ziele können mit öffentlichen Verkehrsmitteln erreicht werden. Übrigens, die Autobahn in Österreich ist wieder bis Kufstein-Süd mautfrei.

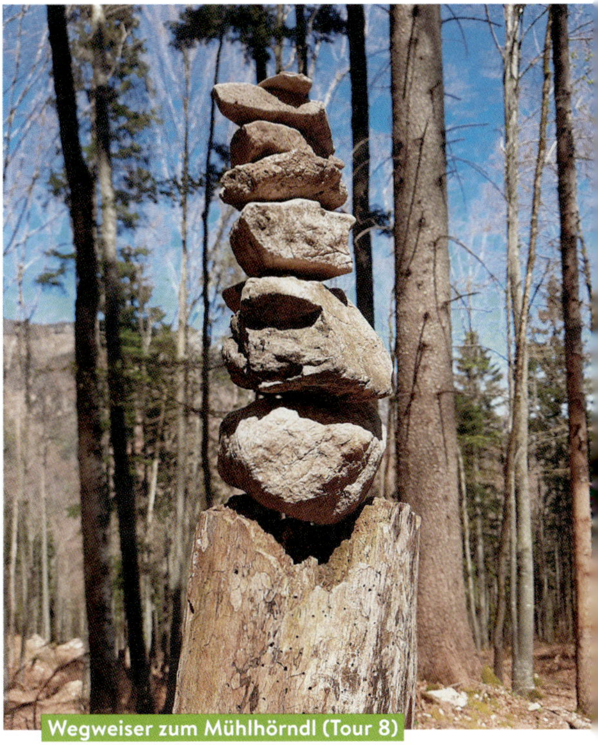
Wegweiser zum Mühlhörndl (Tour 8)

WEGBESCHREIBUNG

Jede Weggabelung oder Abzweigung mit den entsprechenden Hinweisschildern ist für alle Wanderungen ausführlich beschrieben, sodass Sie sich auf jeder Tour problemlos zurechtfinden. Dabei kann der Weg für Bahnfahrer und Autofahrer unterschiedlich sein.

DIE GEHZEITEN

Die Gehzeiten orientieren sich an den allgemein gültigen, an den Wegtafeln angegebenen Zeiten. Planen Sie daher, je nach Bedürfnislage, eine entsprechend höhere Gehzeit ein, was die Pausen oder das eigene Gehtempo angeht. Besonders warmes Wetter oder Schnee auf den Wegen können die Gehzeit verlängern. Ebenso kann es Zeit beanspruchen, wenn Sie sich mit den Geheimnissen der Tour ausführlich vor Ort befassen.

GEHEIMNISVOLLE PFADE

Einige Wege auf geheimnisvollen Pfaden sind nicht markiert und erfordern neben Trittsicherheit zumindest teilweise auch Schwindelfreiheit. Die detaillierten Anforderungen hierzu sind in der jeweiligen Tour angegeben. Da und dort wird es Einheimischen missfallen, dass auch andere Wanderer diese Wege betreten oder es gar Literatur dazu gibt. Dieser Besitzanspruch kann aber dazu führen, dass diese Wege so geheim sind, dass die Wissenden ihr Geheimnis nicht weitergeben. Ein solcher Pfad benötigt aber mindestens 20 Wanderer in der Woche, damit die Bodenvegetation unterbrochen und der Pfad somit erhalten bleibt. Ansonsten würde er zuwachsen und im Laufe der Zeit unkenntlich werden, zudem kann es dann bei Nässe auf dem Gras gefährlich rutschig werden. Mit diesem Wissen haben Wanderer aus diesem Grund Steinmännchen am Wegesrand oder Sprühpunkte als Markierungen an den Bäumen angebracht, um so eine Orientierung zu ermöglichen. »Der Berg ghert mia, Du hast da nix verlorn«, dies

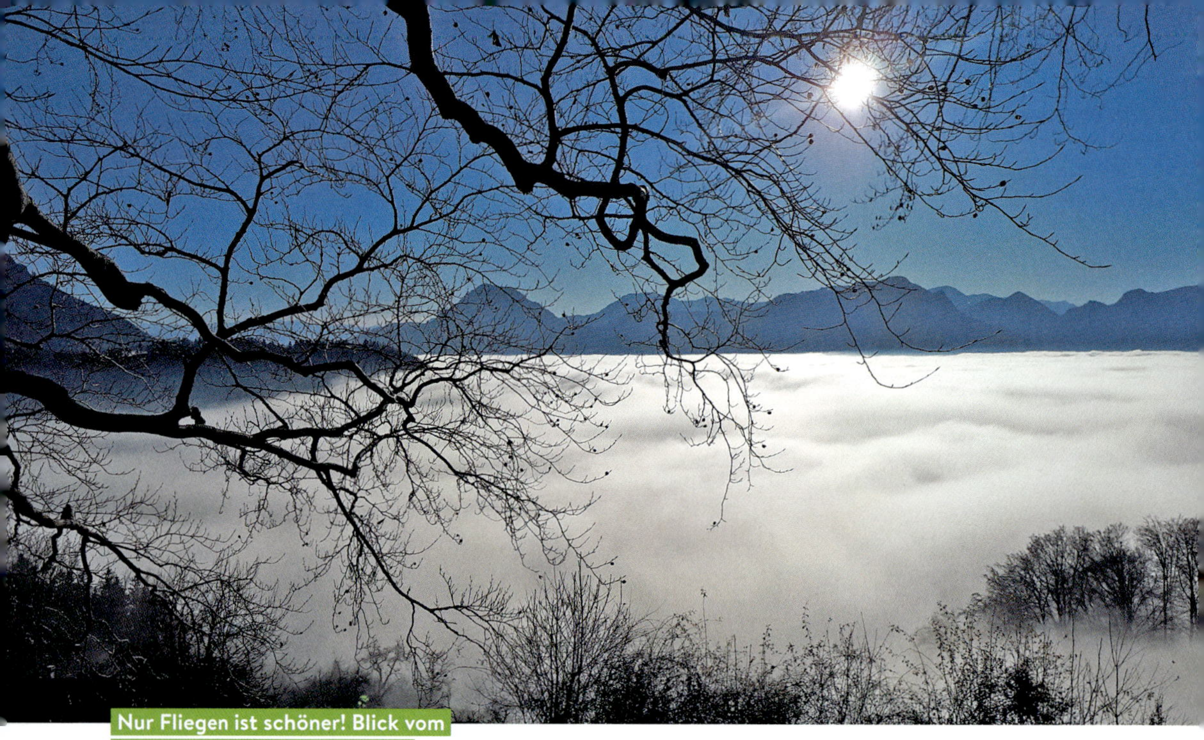

Nur Fliegen ist schöner! Blick vom Dandlberg zum Inntal (Tour 11)

ist nichts als dummes Geschwätz. Denn es gilt mit diesen Tourenbeschreibungen den Erhalt der Wegekultur zu sichern. Einzelne Veröffentlichungen werden nichts an der Verschlafenheit dieser Wege ändern. Auf Schutzzonen für das Wild sowie Naturschutzgebiete mit Betretungsverbot sollte allerdings geachtet werden, weshalb es sich für mich selbstverständlich verbietet, Wege in diesen Gebieten zu publizieren.

MOUNTAINBIKER ALLERORTEN

Generell hat sich die Unsitte breitgemacht, Pfade und Steige als Downhillstrecken zu benutzen. Das kann zu gefährlichen Begegnungen zwischen Radlern und Wanderern an unübersichtlichen Stellen führen. Teilweise werden durch Mountainbiker auch Stege, Treppen und Geländer in Mitleidenschaft gezogen. Wenn die Radfahrer die Wege über Grashänge abkürzen, entstehen große Furchen, die die Neuanpflanzung von Setzlingen zerstören. Geröll wird zudem in Stufenhölzer eingebracht, was den Abfluss des Regenwassers verhindert. Es staut sich, bis es an anderer Stelle am Hang abläuft. Das führt vermehrt zu Bodenerosion und zu einer Destabilisierung der Berghänge. Rücksichtnahme, vielleicht gar ein Gefühl für die Natur als selbstverständliche Lebensauffassung, scheinen abhandengekommen zu sein. Auspowern ist die Devise. Die Berge verkommen so ein Stück weit zu einer Art Disneyland für verschiedene sportliche Aktivitäten. Langfristig wird das eine klare Regelung zur Folge haben, welche Wege für Radfahrer zugelassen sind und welche nicht. Es kann nicht sein, dass Weidevieh auf den Almen von herunterrasenden Radlern aufgescheucht wird. Selbst in der Nacht geht es mit rasantem Tempo und Stirnlampe noch bergab ins Tal, was das Wild zusätzlich aufschreckt. Erste Gremien, bestehend aus den betroffenen Almbauern und den Tourismusverbänden, finden sich zusammen, um eine Lösung dieser Problematik herbeizuführen. Der vernehmbare Tenor in dieser Debatte ist, dass Information besser ist, als Verbote auszusprechen. Ein Anfang ist gemacht, wie ich meine. Ob sich dadurch Vernunft und Rücksichtnahme einstellen, wird sich zeigen.

Hinweis: Bitte informieren Sie sich vor einer Wanderung über die jeweils aktuell geltenden Corona-Regeln.

EINSTUFUNG

Die schwierigste Passage ist maßgebend für die farbliche Einstufung der jeweiligen Tour im Quickfinder. Deshalb gibt es auch nur eine Farbe in der Bewertung einer Tour. Die Ausnahme mit zwei Farben in einer Tour betrifft lediglich Varianten.

HÖHENDIFFERENZEN

Die entsprechenden Informationen geben nicht immer den genauen Unterschied zwischen Berg und Tal wieder. Es gibt auch Touren, bei denen es sich um die Summe der Höhenmeter handelt, inklusive Zwischenanstiegen oder -abstiegen.

WETTER

Erkundigen Sie sich vor allem bei Bergtouren über die aktuelle Wetterlage. Gerade im Alpenraum kann sich das Wetter schnell ändern. Das Internet kann dabei nur eine erste grobe Einschätzung geben. Wie sich die Wetterlage auf die jeweilige Region auswirkt, sagt Ihnen am besten die zuständige Touristinfo.

WINTER

Ob eine Tour im Winter durchgeführt werden kann, ist im jeweiligen Tourenkapitel angegeben. Grundsätzlich ist bei Schnee- und Eisglätte entsprechender Gleitschutz unter den Profilgummisohlen zu empfehlen.

KARTENMATERIAL

Ich empfehle Ihnen, für die Wanderungen das angegebene Kartenmaterial zu verwenden. Wenn Alpenvereinskarten die angegebene Tour nicht abdecken oder davon zwei Karten benötigt würden, habe ich auf die Karten des Landesamtes für Vermessung und Geoinformation zurückgegriffen.

↓ Stilles Flusstal nahe dem Simssee (Tour 14)
↘ Weitblicke auf dem Anstieg zum Feichteck (Tour 12)

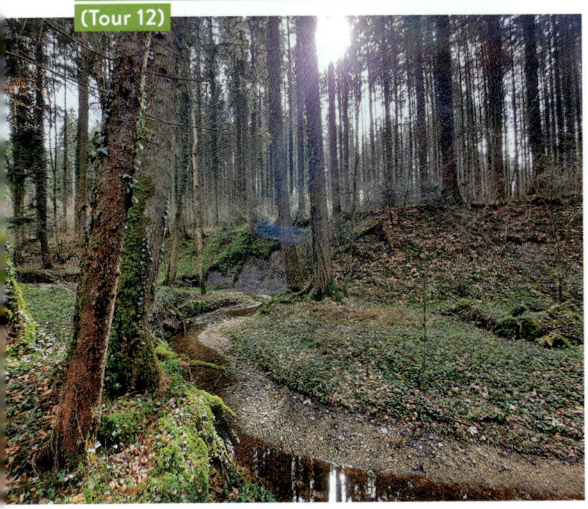

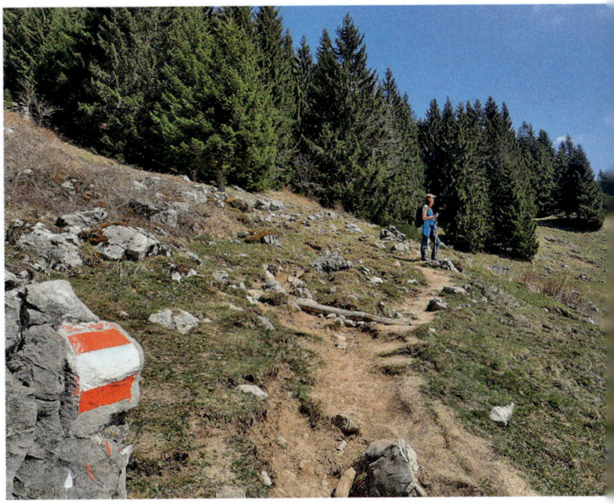

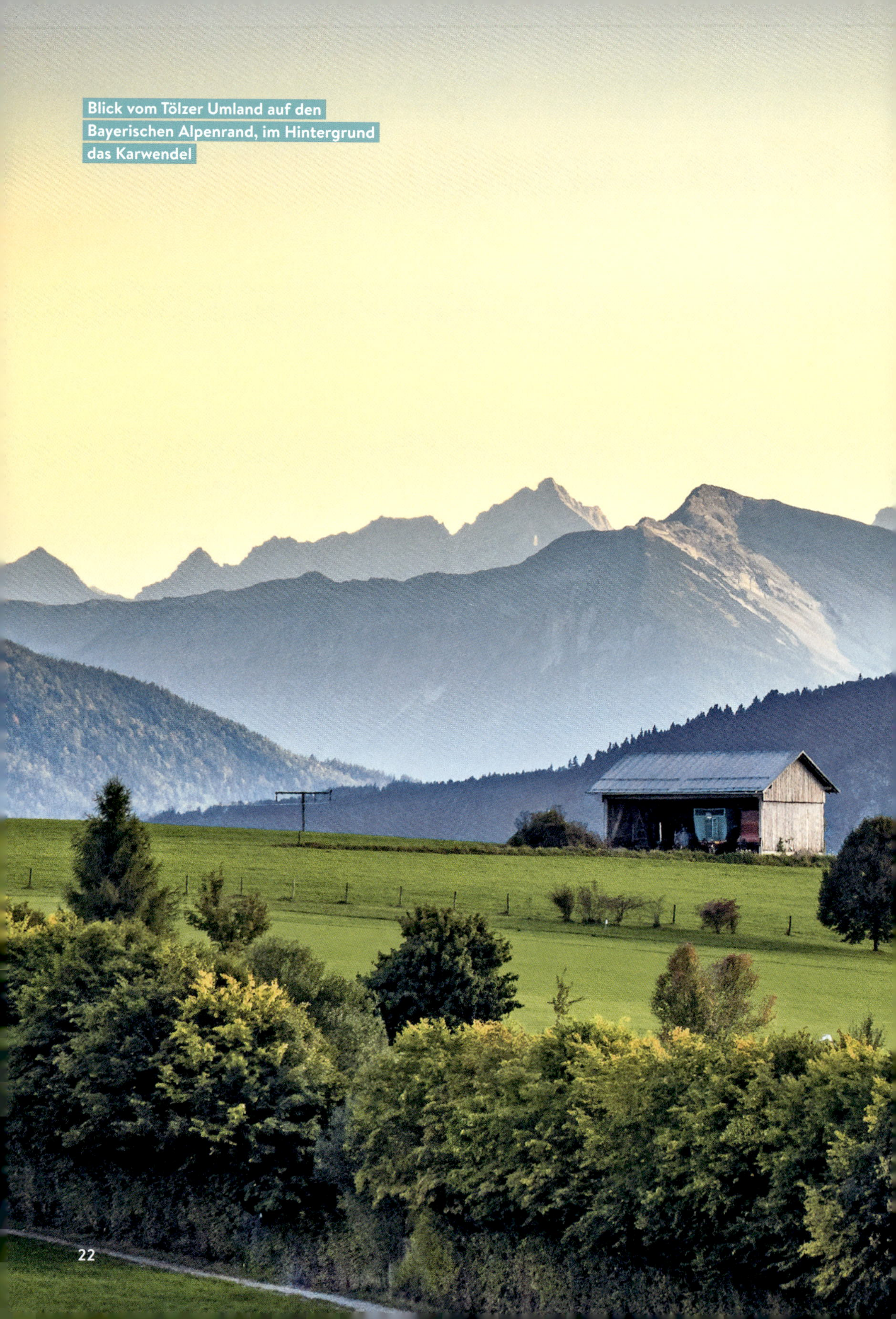

Blick vom Tölzer Umland auf den Bayerischen Alpenrand, im Hintergrund das Karwendel

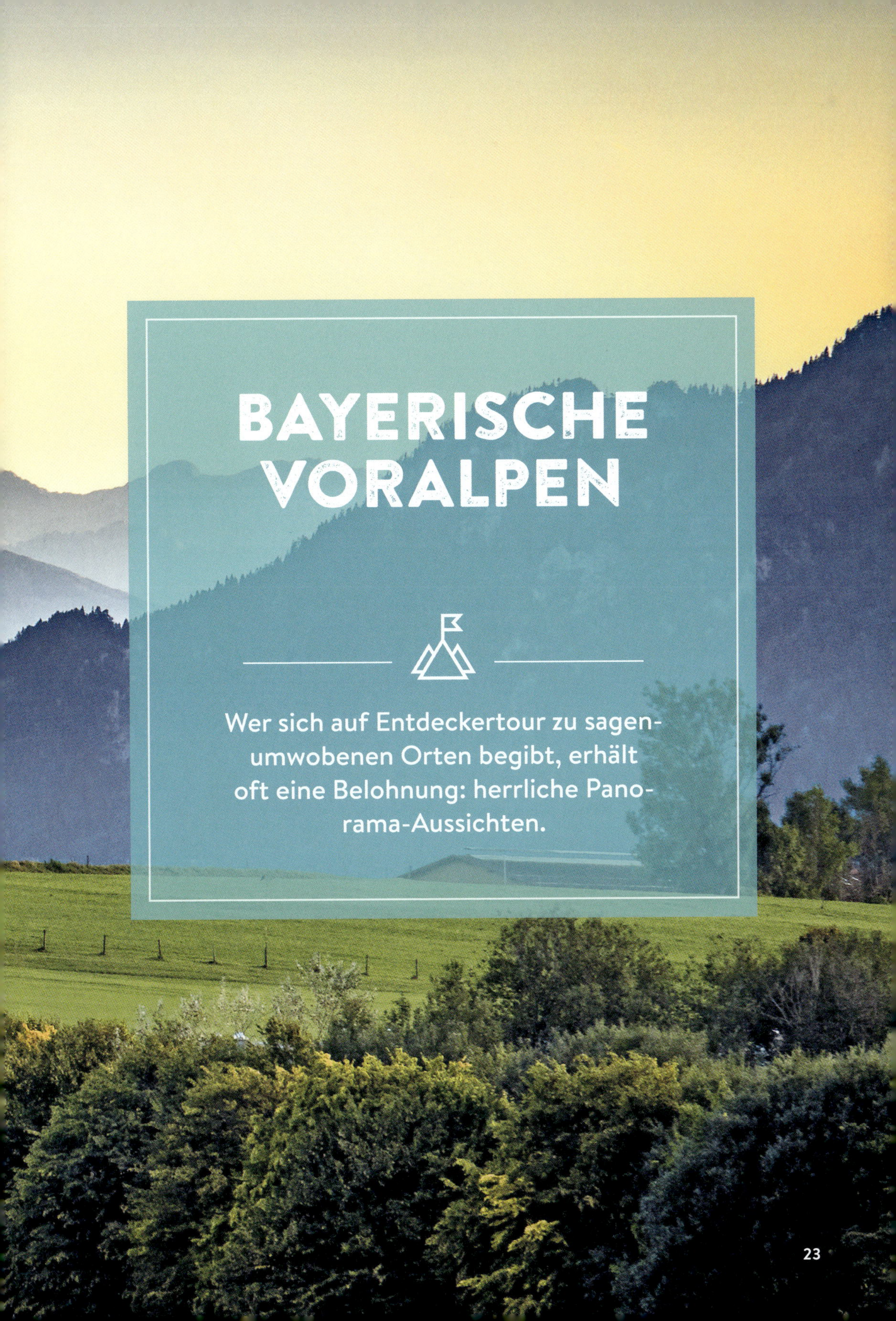

BAYERISCHE VORALPEN

Wer sich auf Entdeckertour zu sagenumwobenen Orten begibt, erhält oft eine Belohnung: herrliche Panorama-Aussichten.

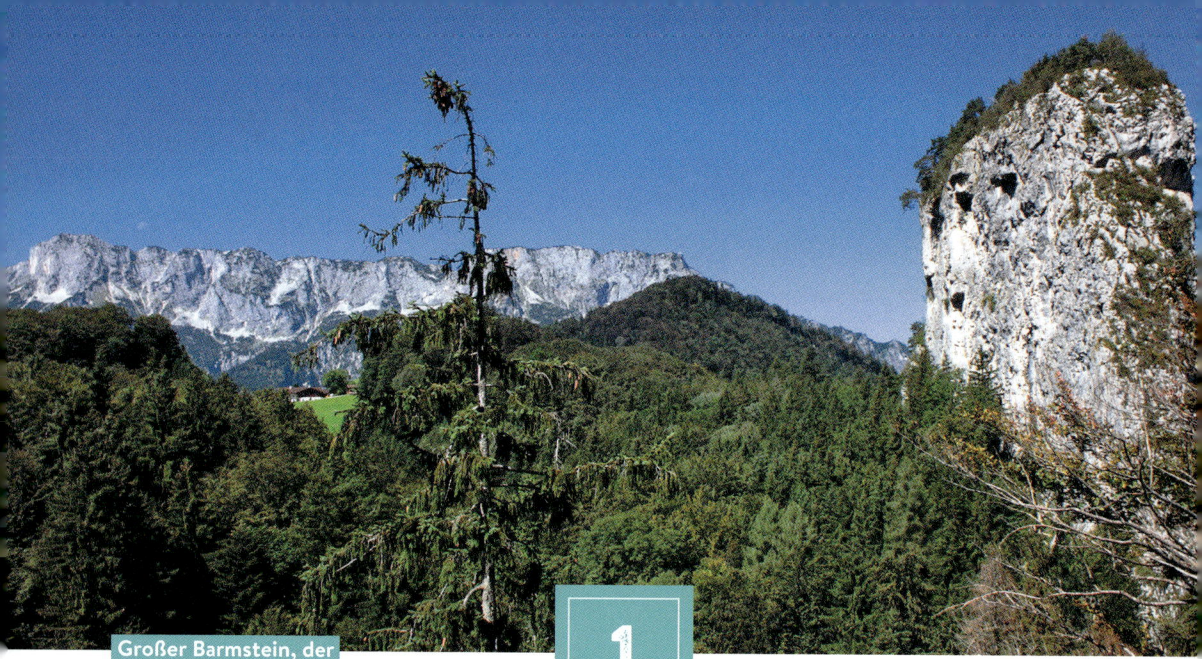

Großer Barmstein, der Untersberg im Hintergrund

1

Sagenträchtige Felsenburg über Hallein

Der Kleine Barmstein

Die Barmsteine stehen genau auf der Grenze zwischen Bayern und dem Salzburger Land. Atemberaubende Tiefblicke können Wanderer von hier oben auf Hallein, über das Salzachtal bis zum Tennengebirge, zum Untersberg und vom Hohen Göll bis zum Watzmann genießen.

ZUM KLEINEN BARMSTEIN Von der **A E Bushaltestelle** und dem **Parkplatz Fuchsturm** geht es ein kurzes Stück entlang der Hauptstraße mit Vorsicht bergan. Dann biegen wir rechter Hand in den Kleinkirchentalweg ein und folgen dem Schild »Barmsteine« auf einer geteerten Fahrstraße bergauf. Dann geht es rechter Hand in einen Wanderweg mit dem Wegweiser »Kaltenhausen über Ruine Thürndl«. Im Folgenden führt der Wegweiser »Barmsteine« weiter bergan. Vorbei an der **1 Burgruine Thürndl** geht es nun weitgehend eben durch den Buchenwald. Anschließend wandern wir, dem Wegweiser »Barmsteine« folgend, vorbei an einem Wildgehege zum **2 Anwesen Barmstein**. Diesem Wegweiser folgen wir an der nächsten Weggabelung rechter Hand bergauf, und weiter entlang des Wildgeheges. An einem Rastplatz, an einer Weggabelung im Wald, folgen wir nun dem Schild »Alpenvereinssteig Kleiner Barmstein«, zunächst über einige Stufen, dann über einen seilversicherten Steig, zuletzt im Rahmen einer leichten Kraxelei über einige Metallklammern bis zum Gipfel des **3 Kleinen Barmstein**. Hier sind alpine Erfahrung sowie absolute Trittsicherheit und Schwindelfreiheit erforderlich. Andernfalls sollten Sie vom Rastplatz aus wieder umkehren. Der Rückweg entspricht dem Hinweg zum Ausgangspunkt Bushaltestelle und Parkplatz Fuchsturm. Beachten Sie bitte für den Rückweg, dass man am Anwesen Barmstein auf dem kürzeren Weg über die Bergwiesen Richtung Hallein bergab zum Parkplatz nicht mehr gehen kann, da es sich hier um eine Privatstraße handelt. Deshalb bitte unbedingt die Anstiegsroute auch für den Abstieg nehmen. Anschließend lohnt ein Abstecher in die romantische Altstadt von Hallein. Entweder gehen Sie hierzu nach dem Viadukt hinunter in die Stadt, oder Sie fahren mit dem Pkw oder Bus dorthin.

DIE BARMSTEIN-SAGE »Halleiner Ohrwaschln« (Halleiner Ohren) nennen die Einheimischen die Barmsteine liebevoll. Der Sage zufolge hatte der Teufel aus der heutigen Marchscharte einen Felsen herausgebissen. So konnte er von Bayern herüberschauen und einer kirchlichen Prozession in Kaltenhausen zusehen. Dabei lag er auf den Felsen der Barmsteine und sonnte sich. Dann drehte der Wind plötzlich und der Teufel konnte sogar das Beten der Menschen hören und den Weihrauch riechen, so heißt es.

INFO

TOURENCHARAKTER

Wanderwege, kurzzeitig Nebenstraße, im Schlussanstieg seilversicherter Steig

AUSGANGS-/ENDPUNKT

ÖPNV: Haltestelle Hallein Fuchsturm
Pkw: Parkplatz Hallein Fuchsturm

GIPFEL

Kleiner Barmstein 841 m

ANFAHRT

Mit dem Auto mautpflichtig auf A8/A1 bis Knoten Salzburg. Dann auf A10 bis Hallein. Richtung Bad Dürrnberg bis Hallein Fuchsturm am Ortsende nach dem Viadukt, Parkplatz links. Mit ÖPNV: München – Salzburg – Golling bis Hallein. Stadtbus 41 Bad Dürrnberg bis Haltestelle Fuchsturm (bis Salzburg mit Bayernticket oder Guten-Tag-Ticket, dort Fahrkarte nach Golling kaufen)

GEHZEITEN

Hallein Fuchsturm – Burgruine Thürndl 0.45 Std. – Kleiner Barmstein 0.30 Std. – Hallein Fuchsturm 1 Std.

BESTE JAHRESZEIT

Mitte Mai–Ende Oktober bei Schneefreiheit

EINKEHR

Mehrere Gaststätten in Hallein

schwer | 2.15 Std. | 3,8 km | 276 Hm

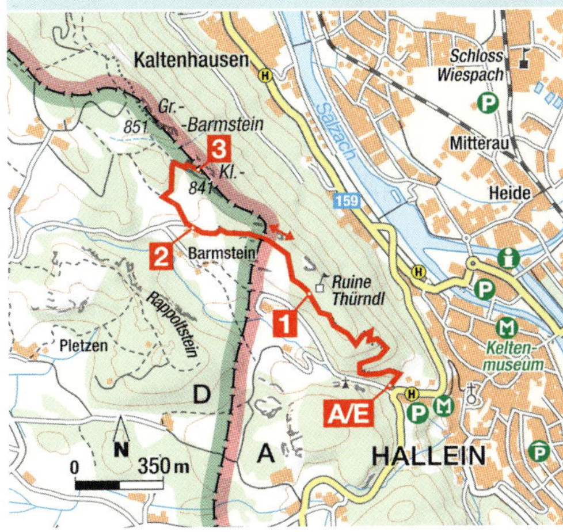

KARTE

Alpenvereinskarte BY22 Untersberg

INFORMATION

Tourismusverband Hallein/Bad Dürrnberg
www.hallein.com

Eisiges Geheimnis im sagenhaften Untersberg

Schellenberger Eishöhle

Eine Welt für sich, das ist der Untersberg mit seinen Sagen und Legenden. Schroffe, steile Felswände umrahmen das mystische Plateau, auf dem es immer wieder zu rätselhaften Zeitverlusten kommen soll. Aufgrund dieser Berichte machten sich schon Forscherteams auf den Weg zu ihm.

2

Blick aus dem Bauch des sagenhaften Untersbergs

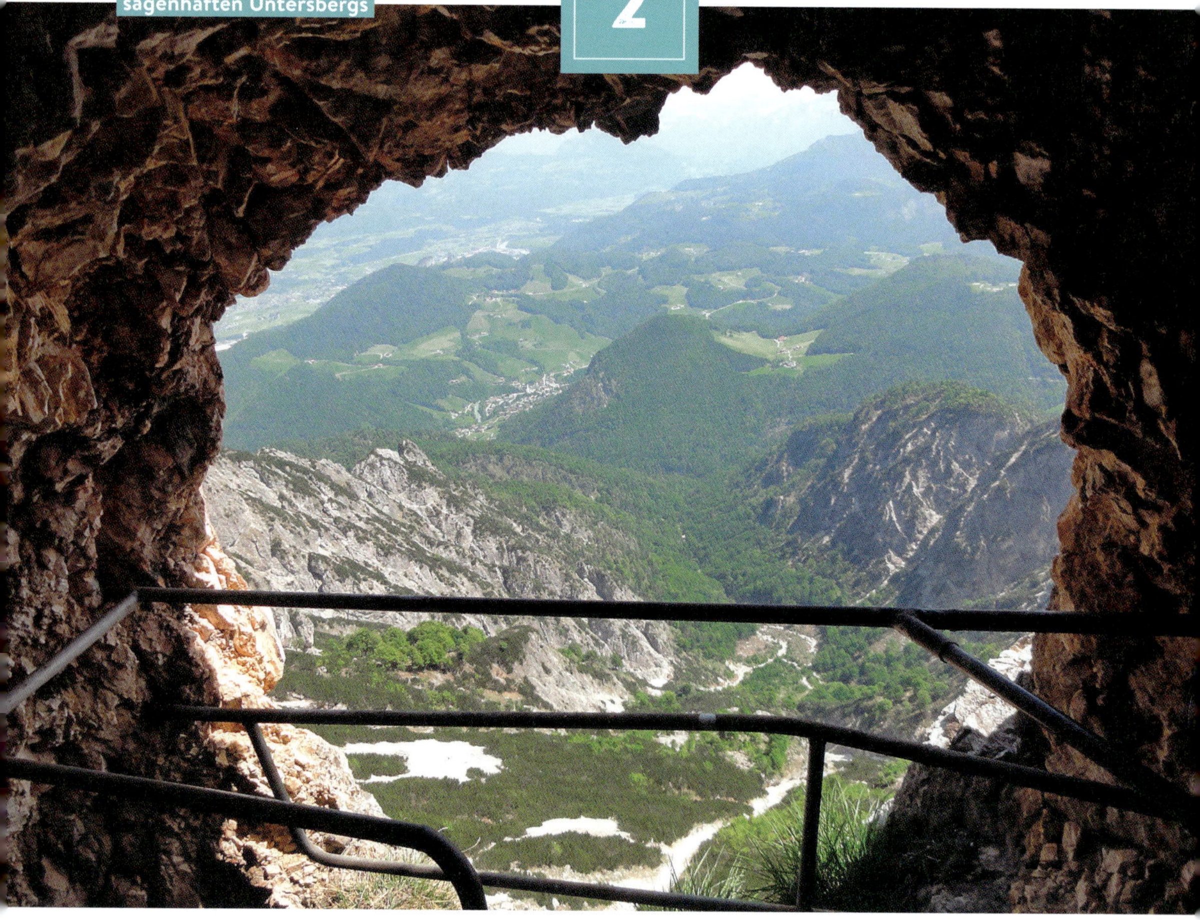

EISZAUBER UNTER SCHROFFEN FELSEN

Die größte Eishöhle Deutschlands hält seine Besucher in Bann. Völlig fasziniert erblicken sie nach der etwa 45-minütigen Führung wieder das Tageslicht. Noch lange denkt man beim Abstieg hinunter nach Marktschellenberg an die grün- bis weißglänzenden Eismassen im Licht der Karbidlampen. Was für ein Schauspiel, in das man hier eintritt. Ja, es sind sagen- und legendenreiche Anderswelten hier oben! Schafhirten vom Bachkaser und Mitterkaser sollen früher die Eishöhle entdeckt haben. Als sie ihre Schafe an den grasigen Steilflanken des Untersberges nicht mehr fanden, standen einige der Tiere am Höhlenportal im Schnee. Sodann stiegen die Schafhirten weiter ein und entdeckten die Eishöhle. Dort fanden sie ihre restlichen Schafe. Was für eine Entdeckung! Fortan wurden Bemühungen unternommen, die Eishöhle zu erkunden, letztendlich auch zu erschließen. Thomas Eder, Kaufmann aus Schellenberg, gründete 1925 den Skiclub Schellenberg. Unter seiner Führung wurde die Höhle nun wieder erforscht und erschlossen, weitere Höhlenteile außerhalb des Führungsrundgangs wurden entdeckt. Thomas Eder wollte die Eishöhle zudem besser erreichbar machen. Deshalb erbauten er und seine Mitstreiter in den Jahren 1934 und 1935 einen Felsensteig mit einem Höhenunterschied von 130 Metern von der Mittagscharte über Treppen und drei Tunnels hinunter zur Eishöhle. Dieser Steig trägt bis heute Eders Namen.

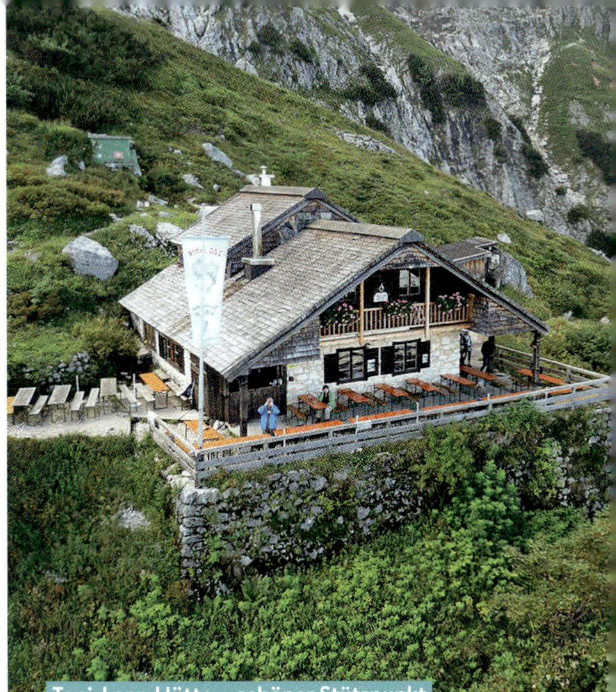

Toni-Lenz-Hütte – schöner Stützpunkt

ZUR SCHELLENBERGER EISHÖHLE Von **A** **E** der **Bushaltestelle** und dem **Parkplatz Schellenberger Eishöhle** am Alten Zollturm nahe Markt Schellenberg wenden wir uns dem Wegweiser »Schellenberger Eishöhle, Toni-Lenz-Hütte« zu. Über dem Tal des Rothmannbaches verläuft der Weg zunächst in angenehmer Steigung. Am verfallenen Bachkaser ist die erste Kehre erreicht. Weiter geht es bergan durch den Bergwald, nun auch steiler durch den Lochgraben, bis die **1** **Mitterkaser Diensthütte** erreicht ist und damit die Baumgrenze. Zunehmend baumfrei nähern wir uns weiter bergan der **2** **Toni-Lenz-Hütte**. Hier geht es weiter bergauf, bis die **3** **Schellenberger Eishöhle** in gut 20 Minuten erreicht ist. Der Rückweg entspricht dem Hinweg, wir laufen zurück zum Bushalt und Parkplatz Schellenberger Eishöhle.

SAGEN UND LEGENDEN UM DEN UNTERSBERG Im Untersberg gibt es unzählige Höhlen und Dolinen – dies sind oftmals verschüttete, kaum erkennbare Eingänge zu Schachthöhlen. Das letzte Mal machte der Berg von sich reden, als eine Höhlenbefahrung der Riesendinghöhle eine große Rettungsaktion über mehrere Tage nach sich zog, verbunden mit dem Einsatz mehrerer Hubschrauber. Über 200 Retter aus fünf Nationen waren im Einsatz. Immer wieder wird auch von rätselhaften Zeitverlusten

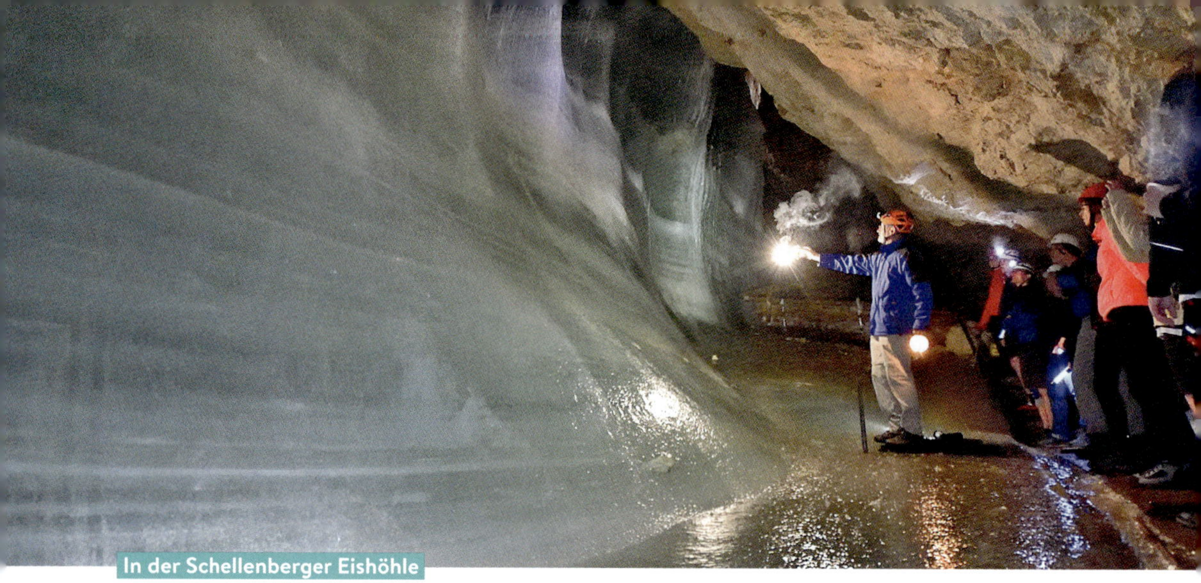

In der Schellenberger Eishöhle

berichtet – in den Höhlen und auf der Hochfläche des Untersberges. Deshalb waren hier schon Forscherteams im Einsatz, die sich mit diesem Thema beschäftigt haben. Es kam zudem schon mal vor, dass Bergsteiger, die vom Weg abkamen, in einer der zahlreichen Dolinen verschwanden und nie mehr auftauchten. Früher überwog deshalb der Aberglaube und die Furcht vor den Höhlen. Der Dalai Lama hatte bei einem Besuch in Salzburg den Untersberg gar als das Herzchakra Europas bezeichnet. Er wird auch als Bruderberg des Kailash, einem heiligen Berg in Tibet, angesehen. Viele Geschichten ranken sich um den Berg. Eine erzählt davon, dass Kaiser Karl der Große im Inneren des Berges hausen soll. Einer weiteren Sage zufolge soll eine Braut ihre Hochzeitsgäste in den Berg gelockt haben. Nach einer üppigen Bewirtung schliefen alle Gäste ein. Als sie erwachten, gingen sie aus dem Berg hinunter in ihr Dorf. Dort aber erkannten sie niemanden mehr, denn es waren inzwischen schon 100 Jahre vergangen.

DIE UNTERSBERGMANDLN Sie bewachen die Schätze im Berg, so sagt man. Die kleinen freundlichen Wichte reagieren aber auch schon mal verärgert, da nun Mobilfunkantennen ihren Berg zieren. In Kreisen der Alpenschamanen ist man sich sicher, dass die Wichte schon deshalb vollends die Flucht ergriffen hätten. Nehmen Sie sich also Zeit für diesen Berg und spüren Sie selbst nach, was Ihnen, liebe Wanderer, diese schroffe, schöne Felsenburg bei Salzburg mit auf den Heimweg gibt. Ich selbst war misstrauisch, aber nach einer Tour über die Hochflächen

Tipp

MIT DER SEILBAHN

Eine Variante, die Höhle zu erreichen, ist die Fahrt mit der Untersbergseilbahn von St. Leonhard bei Salzburg aus. Die Seilbahn führt zur Bergstation am Geiereck auf 1776 Metern. Von dort wandert man in etwa eineinhalb Stunden zur Eishöhle. Diese Bergtour über den Salzburger Hochthron und den Thomas-Eder-Steig erfordert Trittsicherheit und Schwindelfreiheit, gute Ausrüstung ist selbstverständlich. Ob Sie dann auf dem Normalweg absteigen und mit dem Bus 840 oder mit einem Taxi zurück zur Talstation fahren oder wieder zur Bergstation zurückgehen, hängt von den Fahrzeiten der Bergbahn ab.

des Berges beeindruckt von der Energie, die er mir gab. Noch bis tief in die Nacht schrieb ich die Erlebnisse dieser Tour nieder, ohne müde zu werden, obwohl ich am Tag 1200 Höhenmeter auf- und wieder abgestiegen war. Wenn ich dem Berg seitdem begegne, ist es jedenfalls immer etwas Besonderes. Ich kenne sogar Menschen, die nach Bad Reichenhall oder Salzburg gezogen sind, um dem Untersberg immer nahe sein zu dürfen. Er hat eine besondere Aura, weshalb er auch als Kraftplatz verehrt wird. In Großgmain bei Bad Reichenhall wurde neben der Kirche »Zu unserer lieben Frau« ein Marienheilgarten errichtet, der nach geomantischen und theologischen Gesichtspunkten mit Blick auf den Unterberg ausgerichtet worden ist. Natürlich hat das nicht alle in der Kirche begeistert, mit dem Verweis »die Esoterik würde hier Überhand nehmen«. Es gab schon Bestrebungen, den Marienheilgarten umzubauen, doch das ist jetzt wohl vom Tisch.

INFO

TOURENCHARAKTER

Forststraße, Wanderwege, teilweise steigähnlich

AUSGANGS-/ENDPUNKT

ÖPNV: Bushaltestelle Schellenberger Eishöhle
Pkw: Parkplatz Schellenberger Eishöhle

ANFAHRT

Mit dem Auto über A 8/A 1 bis Knoten Salzburg. Dann A 10 bis Ausfahrt Grödig, Salzburg Süd, Berchtesgaden. Richtung Berchtesgaden bis kurz vor Markt Schellenberg. Mit ÖPNV: Bahn München – Salzburg, Bus 840 nach Berchtesgaden bis Schellenberger Eishöhle

GEHZEITEN

Parkplatz/Bushalt Schellenberger Eishöhle – Mitterkaserdiensthütte 2 Std.– Toni Lenz Hütte 1 Std. – Schellenberger Eishöhle 0.30 Std. – Toni Lenz Hütte 0.30 Std. – Mitterkaserdiensthütte 0.45 Std. – Parkplatz/Bushalt Schellenberger Eishöhle 1.30 Std.

BESTE JAHRESZEIT

Pfingsten–Ende Oktober bei Schneefreiheit

EINKEHR/UNTERKUNFT

Toni-Lenz-Hütte

mittel | 6.15 Std. | 12,9 km | 1142 Hm

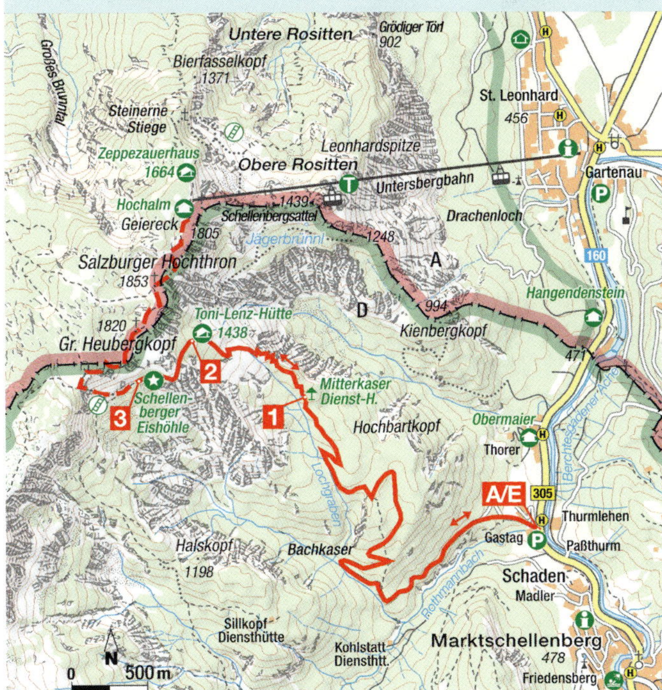

KARTE

Alpenvereinskarte BY22 Berchtesgaden-Untersberg

INFORMATION

Tourismusinformation Marktschellenberg
www.marktschellenberg.de

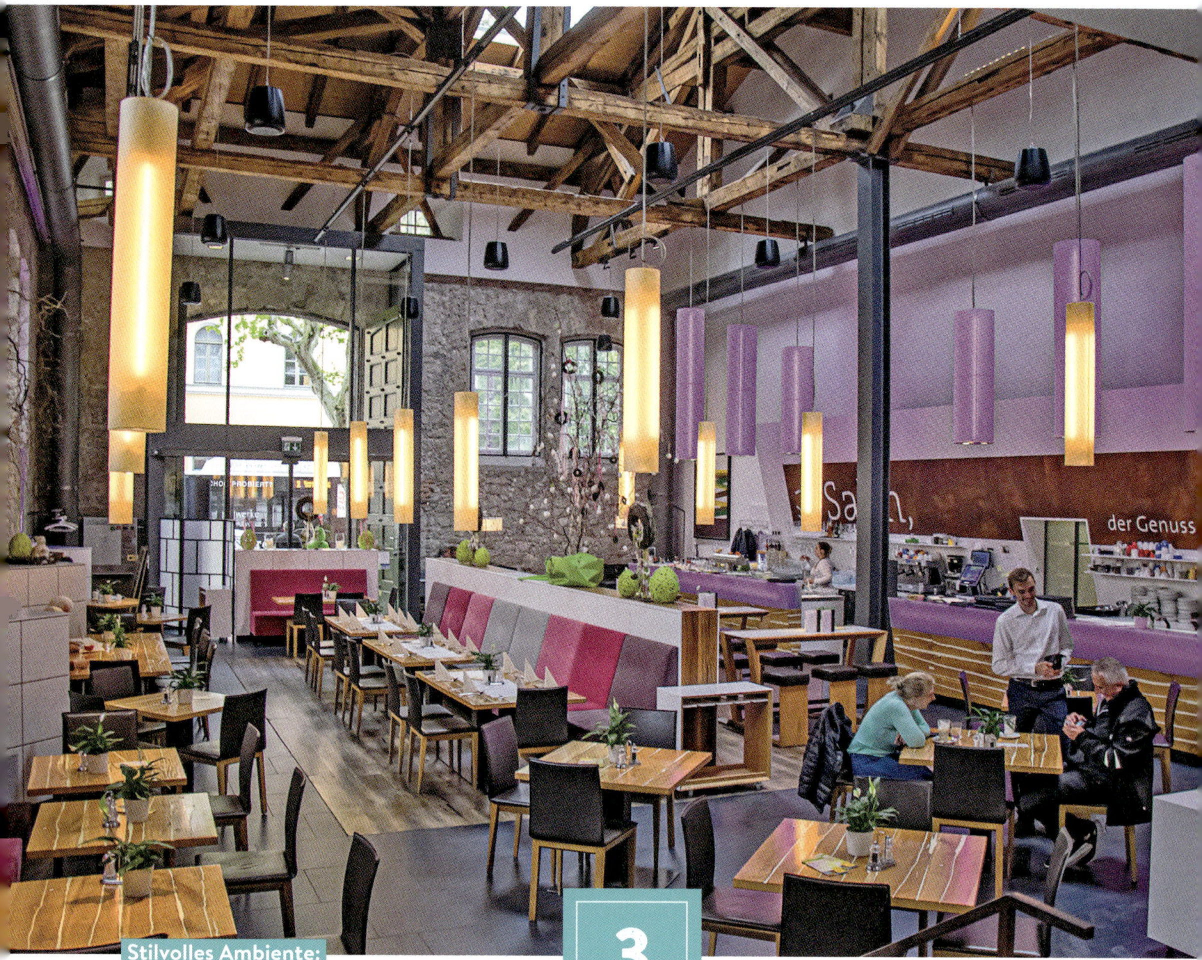

Stilvolles Ambiente:
Das Restaurant SALIN

3

Mystische Klänge in geheimen Stollen

Alte Saline in Bad Reichenhall

Der Klang der riesigen Wasserräder schallt durch das unterirdische Stollensystem der Alten Saline Bad Reichenhall. Das beeindruckende Industriedenkmal mit angeschlossenem Salzmuseum ist an Regentagen die perfekte Alternative für den Eintritt in eine verborgene Welt.

WIE ICH ZUR ALTEN SALINE KAM Nach einer Bergtour bummelte ich durch die Fußgängerzone von Bad Reichenhall. Da hörte ich nahe dem Rathaus ein mystisches Läuten. Ungewöhnliche Töne zogen mich von jeher an, aber dieser Ton ließ mich nicht mehr los. Ich folgte ihm, bis ich schließlich an der Alten Saline ankam. Ich lehnte an den Scheiben der Halle mit den riesigen Wasserrädern und lauschte dem Geräusch. Es war eine Art Meditation mit Blick auf den Salingarten und den Predigtstuhl. Eine Aura, die mich förmlich gefangen hielt. »Was für ein Tag«, dachte ich mir, nach einer wunderschönen Tour im Lattengebirge vom Predigtstuhl über den Dreisesselberg und die Wappbachschlucht hinunter nach Bad Reichenhall. Noch durchdringender und ergreifender sollte das Geräusch auf dem Führungsrundgang durch die Solestollen werden.

DIE GESCHICHTE DES WEISSEN GOLDES
Vermutlich wird in Bad Reichenhall schon seit der Bronzezeit (2000 bis 1000 v. Chr.) Salz aus den natürlichen Solequellen gewonnen. Bis zum 17. Jahrhundert stieg die Salzproduktion auf 370 000 Zentner pro Jahr an. Zum Sieden mussten dazu enorme Mengen an Brennholz aus immer größerer Entfernung herangeschafft werden. Kurfürst Karl Theodor nahm sich erfolgreich dieses Problems an. Zwischen 1782 und 1798 straffte er den gesamten Produktionsprozess. Die Produktion stieg, während Energieeinsatz und Brennholzbedarf sanken.
1834 vernichtete ein verheerender Stadtbrand den Großteil der salinarischen Anlagen. Unter König Ludwig I. von Bayern wurde die Saline neu errichtet. Der prachtvolle Industriebau, das Hauptbrunnhaus der Alten Saline, beherbergt heute die historischen Salzquellen und das Salzmuseum. Die Salzproduktion ist längst in die moderne Saline Bad Reichenhall umgezogen.

MIT ALLEN SINNEN ERLEBEN Der Führungsrundgang durch die Alte Saline Bad Reichenhall startet im Hauptbrunnhaus. Seit 6. Juni 1850 drehen sich hier bis heute ununterbrochen die gigantischen Wasserräder. Diese sind nicht nur schön anzusehen, sondern haben auch eine bedeutende Funktion in der Alten Saline. Sie haben einen Durchmesser von 13 Metern und schaffen es durch ihre Kraft, die Sole über Tage zu fördern. Die Räder werden von oben mit Wasser angetrieben und arbeiten ähnlich wie Mühlenräder. Das mystische Läuten der Wasserräder begleitet uns in seiner ganz eigenen Akustik durch das weitverzweigte System der Solestollen unter Tage. An der einen oder anderen Stelle kann man beobachten, wie sich das Moos an den nassen Stollenwänden langsam ausbreitet und sich die Natur seinen Weg auch tief unter der Erdoberfläche sucht. Gänsehaut und ein leichtes Schaudern machen sich unter den Teilnehmern der Führung breit. Tatsächlich hält jeder den Blickkontakt zur Gruppe. Man möchte schließlich zurück an die Erdoberfläche, um danach noch einen Kaffee im nahe gelegenen

Geheimnisvolle Unterwelt: In den Stollen der Alten Saline

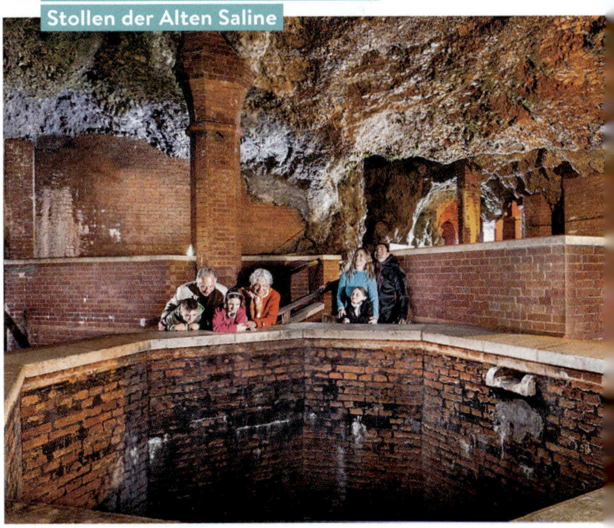

Restaurant SALIN mit Blick auf den Predigtstuhl zu trinken. Solche Kontraste machen einen Tag doch erst reizvoll! Übrigens, auch das SALIN ist ein Erlebnis für sich – mit seiner lilafarbenen Beleuchtung und der besonderen Architektur des Restaurants ist es ebenfalls ein Ort mit einer erhabenen Aura. Ein weiteres Highlight der Führung ist die natürliche Salzgrotte. Beim Bau eines Versuchsstollens im Jahre 1795 wurde diese unterirdische Höhle entdeckt.
Um die Sole über Tage zu fördern, wurde vor Jahrhunderten bei der Karl-Theodor-Quelle eine Pumpe installiert. Die Pumpe wird über ein 103 Meter langes Gestänge angetrieben und hebt die Sole um sechs Meter. Verziert ist die Pumpe mit einem bronzenen Herz mit der Aufschrift »Reich an Hall«, was so viel wie »Reich an Salz« bedeutet. Von hier aus fließt die Sole über ein Bodengerinne, das mit schweren Marmorplatten bedeckt ist, zum Hauptbrunnschacht. Der frühere Salzgehalt lag bei 24 Prozent. Mittlerweile ist die Sole mindergrädig und wird ausschließlich für Kurzwecke verwendet.
Nicht nur die Quelle wurde nach Karl-Theodor benannt. Auch ein Relief aus Cararra-

Tipp

RUND UM DAS »WEISSE GOLD«

Empfehlenswert ist der Kauf von Online-Tickets, um mögliche Wartezeiten vor Ort zu vermeiden. Sie wollen mehr über die verborgene Welt der Bergmänner und des weißen Goldes erfahren? Alle weiterführenden aktuellen Information finden Sie auf den Online-Seiten des Salzbergwerks Berchtesgaden sowie des Salzheilstollens Berchtesgaden: www.salzbergwerk.de; www.salzheilstollen.com. Das geltende Hygienekonzept aufgrund der COVID-19-Pandemie ist unter www.alte-saline.de einsehbar.

Mystisches Dreigespann: Alte Saline vor Burg Gruttenstein und Predigtstuhl

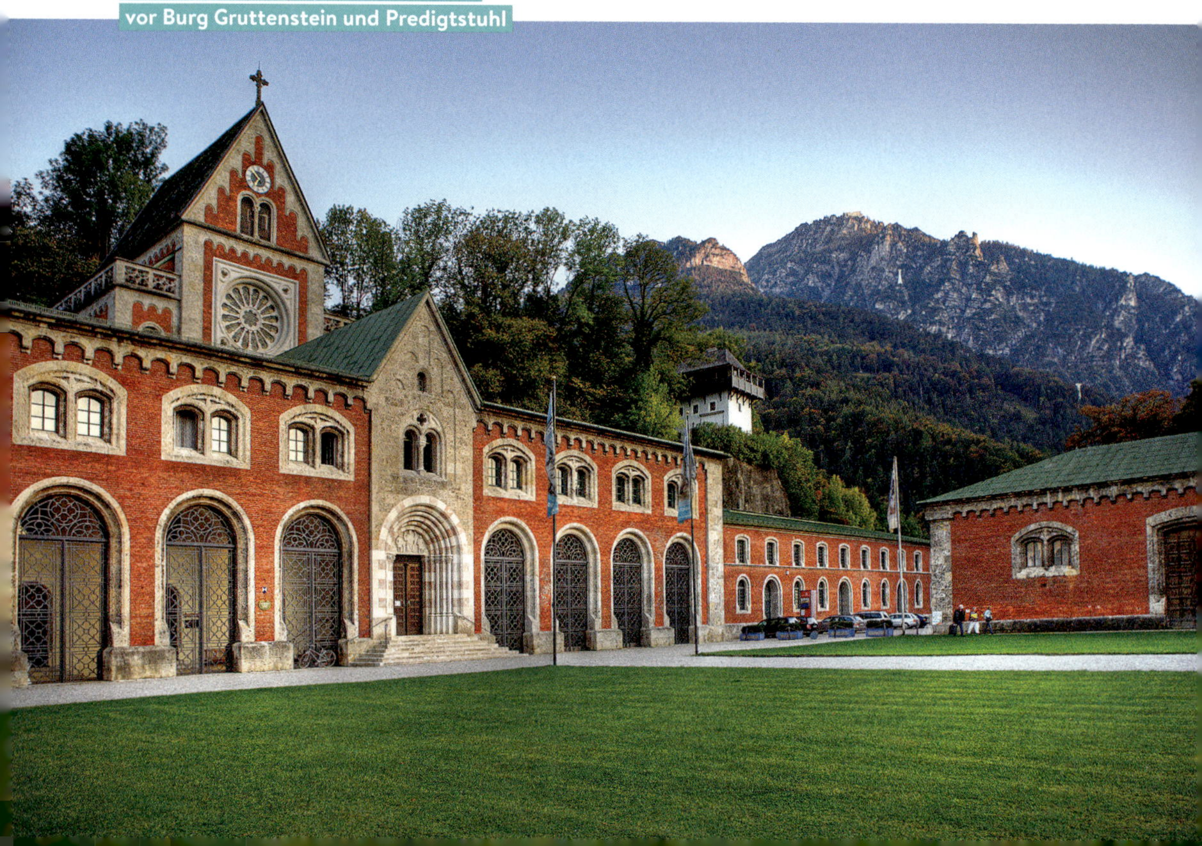

Marmor zeugt davon, dass sich der Kurfürst beim Ausbau der Stollen sowie bei der Modernisierung der Sud- und Holztriftanlagen von 1791 bis 1793 große Verdienste erworben hat. Es heißt, dass denjenigen, der die Wange des Reliefs berührt, in naher Zukunft großes Glück erwarte.

Nach dem etwa 45-minütigen Rundgang durch die Alte Saline endet die Führung im Salzmuseum. Hier gibt es neben Exponaten und einer Videodokumentation spannende Einblicke in die Geschichte Bad Reichenhalls. Der hauseigene Salzshop sowie das Markenmuseum der Speisesalz-Marke »Bad Reichenhaller« stehen nun auf dem Programm. Der Besuch der Salinenkapelle bildet den würdigen Abschluss dieses Ausflugs zur wohl schönsten Saline der Welt mit ihren unterirdischen Geheimnissen.

WEG FÜR BAHNFAHRER ZUR ALTEN SALINE Vom A1 E1 **Hauptbahnhof Bad Reichenhall** folgen wir dem Wegweiser »Alte Saline« rechter Hand in die Wittelsbacherstraße. An der Ampelkreuzung in Höhe Frühlingstraße geht es durch die Unterführung mit dem Wegweiser »Fußgängerzone, Stadtmitte« in die Fußgängerzone. An deren Ende an einer Kreuzung folgen wir geradeaus der Bahnhofstraße. An der nächsten Kreuzung gehen wir linker Hand ein kurzes Stück zum 1 **Kaiserplatz**. Hier gehen wir rechter Hand in die Fußgängerzone der Poststraße bis zu deren Ende am 2 **Rathausplatz**. Dort sehen wir schon die Alte Saline schräg links, die wir über den Haupteingang erreichen. Für Autofahrer beginnt und endet die Tour auf dem A2 E2 **Parkplatz** vor der **Alten Saline Bad Reichenhall**.

INFO

TOURENCHARAKTER
Geführter Rundgang: 200 Treppenstufen

AUSGANGS-/ENDPUNKT
ÖPNV: Bad Reichenhall Hauptbahnhof

Pkw: Parkplatz vor der Alten Saline Bad Reichenhall

ANFAHRT
Mit dem Auto auf A 8 bis Ausfahrt Bad Reichenhall. In Bad Reichenhall den Wegweisern »Kulturzentrum, Alte Saline« folgen. Mit ÖPNV: Mit der Bahn München – Salzburg bis Freilassing, Berchtesgaden bis Bad Reichenhall-Hauptbahnhof

GEHZEITEN
Bahnhof – Alte Saline 0.30 Std., Führungsrundgang 0.45 Std., Rundgang außen Alte Saline mit Salzmuseum und Salinenkapelle 1.30 Std., Alte Saline – Bahnhof 0.30 Std.

BESTE JAHRESZEIT
Ganzjährig

EINKEHR
Restaurant SALIN in der Alten Saline

leicht | 2.15 Std. | 2,7 km | 0 Hm

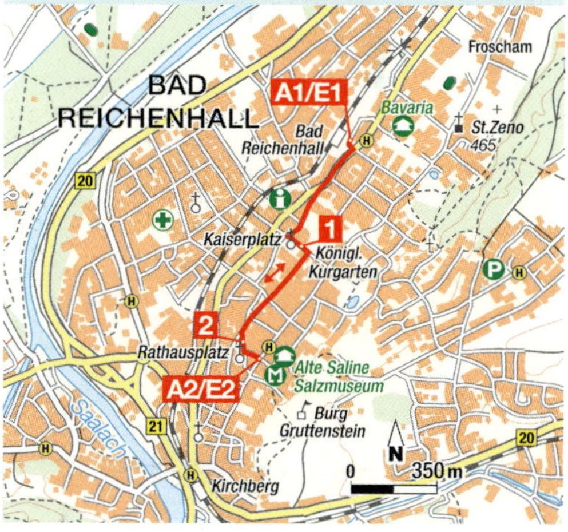

INFORMATION
Touristinfo Bad Reichenhall
www.bad-reichenhall.de

Vom Berg, in dem es bebt

Auf dem Hochstaufen

Vom Südostpfeiler der Chiemgauer Alpen eröffnen sich traumhafte Ausblicke. Abends liegt tief unten das Lichtermeer von Salzburg und Bad Reichenhall. Doch der Berg hat seine Eigenheiten: Es bebt in ihm, aber nie so, dass es gefährlich werden könnte.

Morgenstimmung auf dem Hochstaufen

4

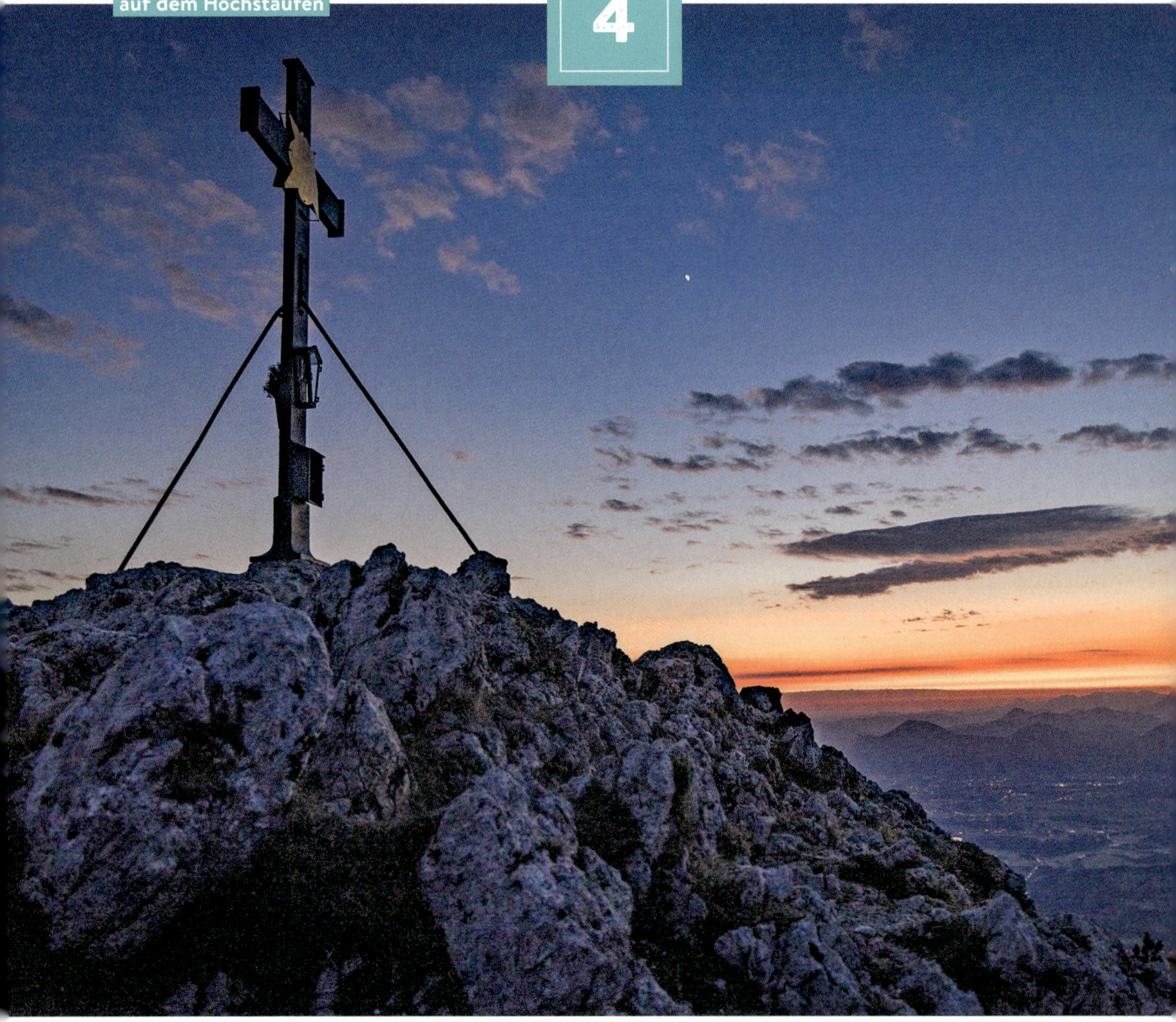

TRAUMPANORAMA VOM GIPFEL Wie an einer Perlenkette aufgereiht erscheinen die einzelnen Gebirgsgruppen dem Betrachter. Von Ost nach West sieht man die Salzburger Alpen, den Dachstein, gefolgt vom Untersberg. Dann erblickt man die Prominenz der Berchtesgadener Alpen: vom Hohen Göll über den Watzmann hinüber zum Hochkalter. Anschließend grüßt die schroffe Hochfläche der Reiteralpe herüber, gefolgt vom Loferer Felsenzirkus. Ganz im Westen flachen die Berge dann wieder mit den Chiemgauer Alpen ab. Im Süden baut sich bei Föhn der Alpenhauptkamm auf. Von den Hohen Tauern blickt man über die Zillertaler bis hinüber zu den Stubaier Alpen, und manchmal kann man sogar eine Föhnmauer erkennen.

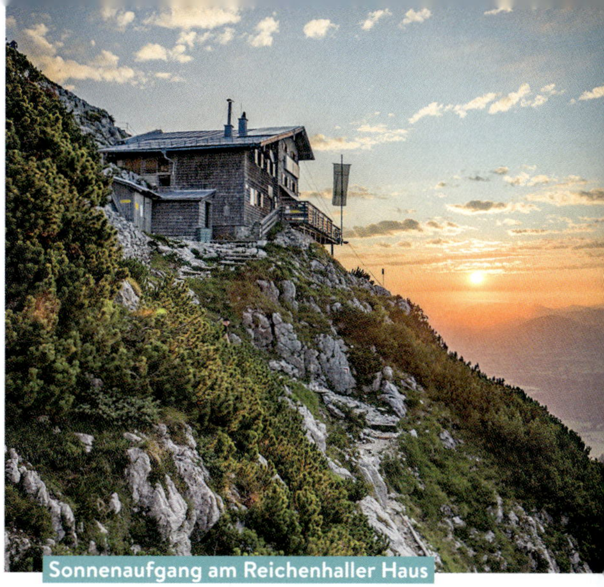

Sonnenaufgang am Reichenhaller Haus

VON BAD REICHENHALL ZUR PADINGER ALM Vom A1 E1 **Hauptbahnhof Bad Reichenhall** folgen wir dem Wegweiser »Rupertus-Therme« rechts in die Wittelsbacherstraße. An einer Ampelkreuzung gehen wir neuerlich rechts in die Frühlingstraße über den Bahnübergang. An der nächsten Straßengabelung gelangen wir mithilfe des Wegweisers »Rupertus-Therme« in die Traunfeldstraße. An der darauffolgenden Straßengabelung nehmen wir nun linker Hand die Alfred-Nathan-Straße und gehen dann weiter geradeaus durch den Rupertuspark. Nun geht es rechts über die Friedrich-Ebert-Allee, vorbei am A2 E2 **Kiesparkplatz Rupertus Therme P+R**, geradeaus durch die Fußgängerunterführung unter der Hauptstraße und weiter geradeaus zum Uferweg an der Saalach. Dort halten wir uns links und folgen dann rechts dem Schild »Nonnersteg« über die Saalach. Nach dem 1 **Nonnersteg** folgen wir an der Weggabelung geradeaus dem Schild »Padingeralm« durch die Saalachauen. Wir überqueren den Seebach, dann führt der Weg steil bergauf. An der nächsten Gabelung gehen wir ohne Beschilderung nach links. In Höhe des Anwesens »Nonn 70« folgen wir der Straße rechts bis zur nächsten Straßengabelung am Abzweig »Nonn 77-80«. Hier gehen wir wieder rechts ein kurzes Stück entlang der Straße, dann zweigt links ein Wanderweg ab, der in Kehren bergauf führt. Dabei ignorieren wir den Wegweiser »Nonner Kirche« rechter Hand. An der Fahrstraße angelangt, folgen wir dieser links in Richtung »Oberland, Listsee« bis zur 2 **Padinger Alm**. Hier führt in nordwestlicher Richtung der Forstweg vorbei an der Schranke. Dann geht es mit den Wegweisern »Hochstaufen, Reichenhaller Haus über Bartlmahd« auf dem Forstweg bergan. Anschließend zweigt links ein Wanderweg ab, mit dem zuletzt erwähnten Wegweiser, den ich in der Folge nicht mehr erwähne. Auf keinen Fall sollten Sie an dieser Abzweigung auf der Forststraße weitergehen, da es hier über den schwarz eingestuften Klettersteig »Steinerne Jäger« auf den Hochstaufen geht. Wir laufen stattdessen auf einem Waldwanderweg in vielen Kehren bergauf. Im weiteren Verlauf gelangen wir an die Schuttreisen des Hochstaufens. Hier zweigt linker Hand der Weg zum Zwieselhaus ab. Wir folgen weiter den Wegweisern »Hochstaufen, Reichenhaller Haus

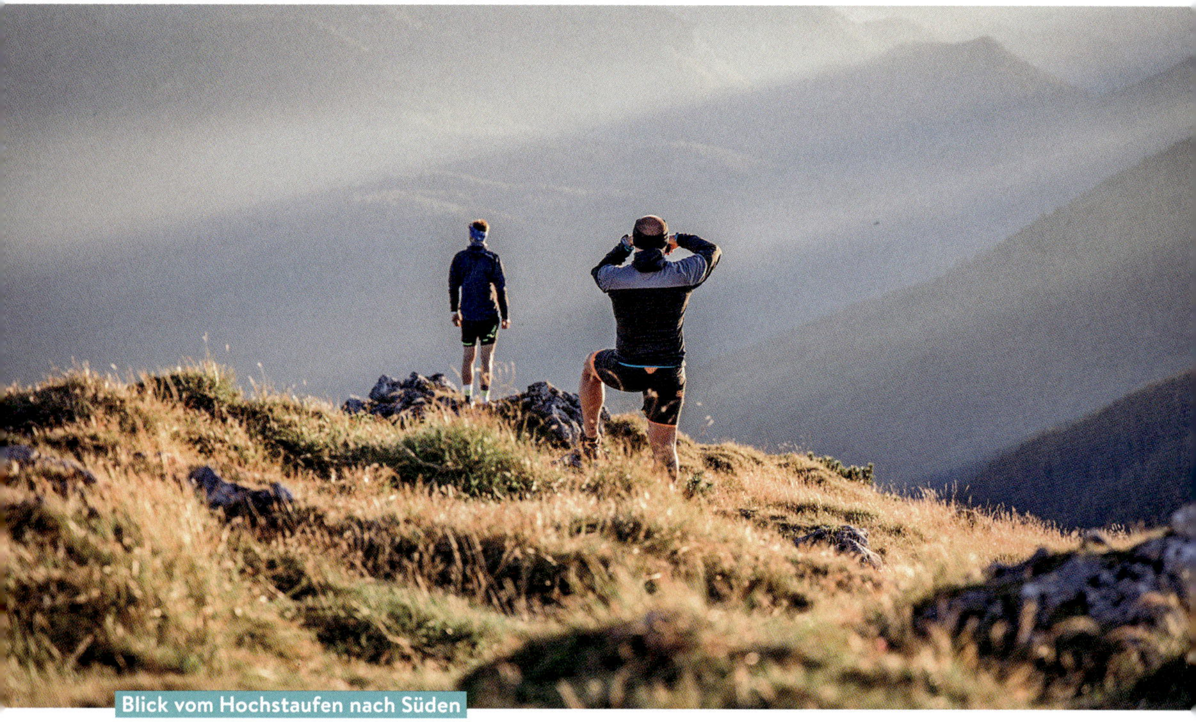

Blick vom Hochstaufen nach Süden

über Bartlmahd« auf einem nun zunehmend steigähnlichen Weg entlang des Felsenkammes zum Hochstaufen. Zuvor erreichen wir das **3 Reichenhaller Haus**. Hier gehen wir mit den Wegweisern »Adlgaß, Inzell« weiter bergauf. Dann geht es die letzten Meter an einer Verzweigung links zum Gipfel des **4 Hochstaufen**. Der Abstieg entspricht der Aufstiegsroute zurück zu den bekannten Endpunkten, dem **Wanderparkplatz Padinger Alm** und **Hauptbahnhof Bad Reichenhall**.

Tipp

ALTSTADT-BUMMEL

Genießen Sie den Abend nach der Tour bei einem Spaziergang durch die schöne Altstadt von Bad Reichenhall mit Kurpark und Gradierwerk, Fußgängerzone und der Alten Saline. Viele Lokale warten hier in der Fußgängerzone auf Ihre Einkehr. Danach ist es nicht mehr weit zu den Parkplätzen sowie zum Bahnhof. Sie können auch alternativ in Bad-Reichenhall-Kirchberg in die Bahn einsteigen.

DER BEBENDE BERG Immer wieder rumpelt es mal im Berg. Also nicht wundern, wenn im Reichenhaller Haus die Tassen fein säuberlich an einem Haken aufgehängt sind – wenngleich Scherben ja Glück bringen sollen. Ein Beben der Stärke 2,5 ist hier keine Seltenheit und ist bis hinunter nach Bad Reichenhall oder Piding zu spüren. Oft auch in der Nacht. »Gespenstisch ist das schon, wenn man nachts im Bett liegt und es wieder mal zu beben beginnt«, erklärte mir eine Anwohnerin. Ihr Haus liegt direkt am Fuß des Berges. Die bisherige Vermutung, dass sich nach Regen die labilen Gesteinsschichten neu setzen und dies mit einem steigenden Wasserdruck in den Gesteinsporen verbunden ist, wird mittlerweile im Rahmen eines Forschungsprojektes der LMU München angezweifelt. Der Ausgang der Nachforschungen bleibt offen und spannend.

DIE SAGE VON DEN STEINERNEN JÄGERN

Über diese Felsformation führt ein Klettersteig zum Gipfel. Eine Sage berichtet von zwei Jägern, die dort zu Stein verwandelt wurden. Denn: Sie gingen nicht zur Andacht, sondern verhöhnten die Gläubigen, als diese die Glocke aus dem Tal hörten. Als die Jäger daraufhin einen Gamsbock schießen wollten, verwandelte sich dieser in den leibhaftigen Teufel. Nebel zog auf und es gab kein Entkommen mehr. So hörte man nur noch einen erstickten Schrei. Kaum war der Nebel verzogen, sah man die zu Stein erstarrten Jäger, die damit für immer diesem Ort verhaftet blieben.

INFO

TOURENCHARAKTER
Spazierwege, Nebenstraßen, Waldwanderwege, steigähnliche Wege

AUSGANGS-/ENDPUNKT
ÖPNV: Bad Reichenhall Hbf.
Pkw: Kiesparkplatz Rupertus Therme P+R

GIPFEL
Hochstaufen 1771 m

ANFAHRT
Mit dem Auto auf A 8 Ausfahrt Bad Reichenhall. Den Wegweisern zur Rupertus-Therme folgen. Mit ÖPNV: Mit der Bahn München – Salzburg bis Freilassing. Nach Berchtesgaden bis Bad Reichenhall Hauptbahnhof

GEHZEITEN
Bad Reichenhall Hbf. – Kiesparkplatz Rupertus-Therme P+R 0.15 Std. (nur ÖPNV) – Padinger Alm 0.45 Std. – Hochstaufen 3.15 Std. – Padinger Alm 2.15 Std. – Kiesparkplatz Rupertus-Therme P+R 0.45 Std. – Bad Reichenhall Hbf 0.15 Std. (nur ÖPNV)

BESTE JAHRESZEIT
Mitte Mai–Ende Oktober bei Schneefreiheit

EINKEHR/UNTERKUNFT
Reichenhaller Haus

mittel | 7 Std. | 17,4 km | 1300 Hm

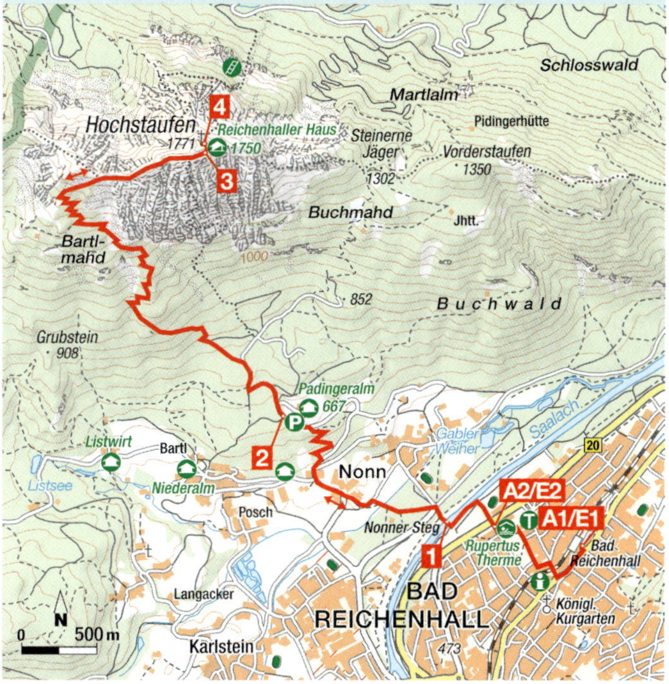

KARTE
Alpenvereinskarte BY19
Chiemgauer Alpen Ost

INFORMATION
Touristinfo Bad Reichenhall
www.bad-reichenhall.de

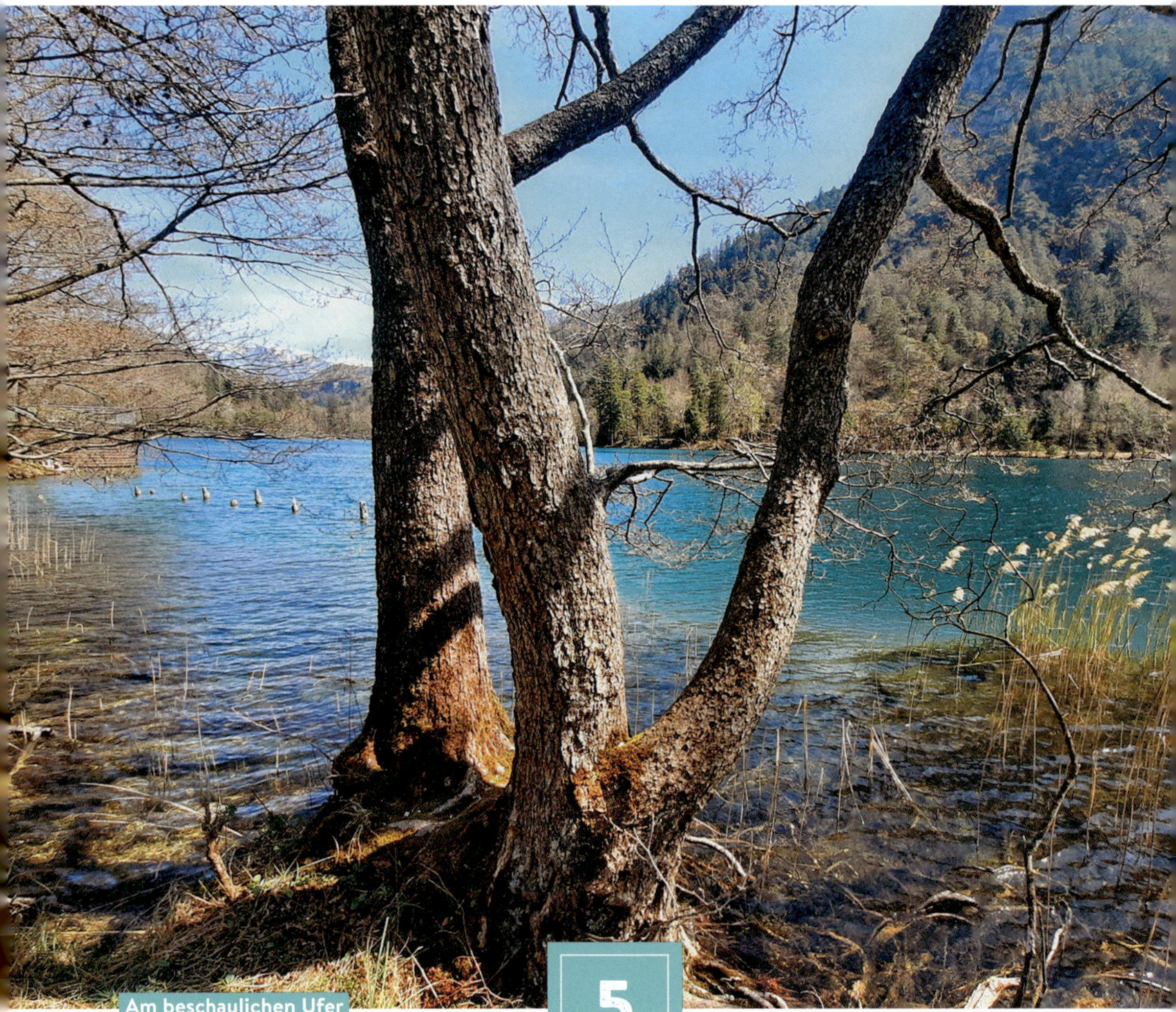

Am beschaulichen Ufer des Thumsees

5

Ois a bisserl anders

Thumsee und Listsee

Eine wahrlich sagenhafte Runde! Über den Brandopferplatz Langacker wandern wir zur Kirche St. Pankraz und zur Burgruine Karlstein. Der Thumsee grüßt mit seinem türkisen Wasser, bevor es über dem Höllenbachsteig zum Listsee unter dem Hochstaufen geht.

OIS A BISSERL ANDERS Ein kostenloser Parkplatz empfängt mich an unserem Ausgangspunkt, dem Listseewirt. Freundlich werde ich von einigen Gästen beim Wirt empfangen, die die Aussicht auf »Neu-Meran« genießen. So nennt sich das nahe gelegene Hotel zwischen Nonn und dem Listsee, weil es hier besonders sonnig und geschützt ist unter den Wänden des Hochstaufen – wie in Meran eben. Auf dem Weg zur Burg Karlstein können wir am Anwesen Palfner ein herrschaftliches Haus mit alten gusseisernen Zäunen und vielen Türmchen bewundern. Es folgt ein alter Hof, schön restauriert in einem herrlichen Taubenblau. Ein Pfau und Skulpturen säumen den Garten. Bald ist schon der Thumsee erreicht. Am Seeufer spielt ein Tibeter auf seiner Shamanic Handpan. Fasziniert hören vorbeiziehende Wanderer dem zauberhaften Klang zu. Die Musik geht mit dem türkisfarbenen Wasser des Sees eine wunderschöne Verbindung ein. Auf dem Höllenbachsteig genießen wir den Ausblick auf den Thumsee und bis hinüber zum Untersberg. Dann ist es nicht mehr weit zum Listsee.

VOM LISTSEEWIRT ZUM THUMSEE Vom A1 E1 **Listwirt-Parkplatz** geht es unbeschildert auf einem Wiesenpfad hinunter über den Bach. Kurz bergan führt ein Wanderweg durch den Wald bis zu einem Forstweg. Hier biegen wir links ab zum »Thumsee«. Der breite Schotterweg mündet in eine geteerte

↑ Rastbank am Thumsee ↓ Blick vom Höllenbachsteig über den See ins Lattengebirge → Idyllisches Anwesen nahe Burg Karlstein

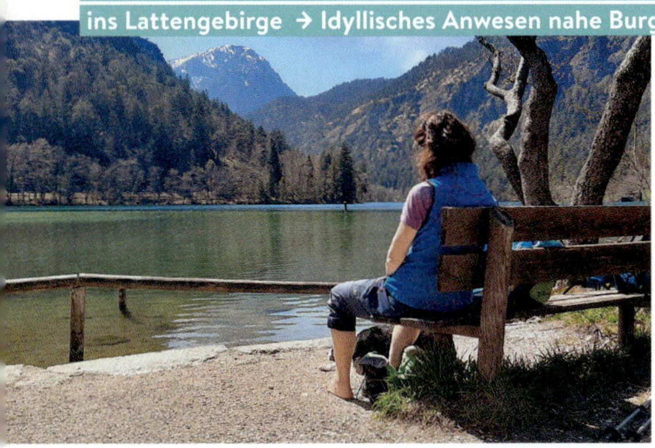

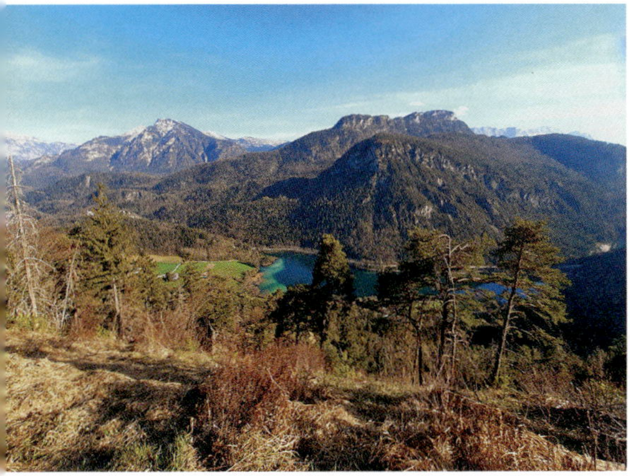

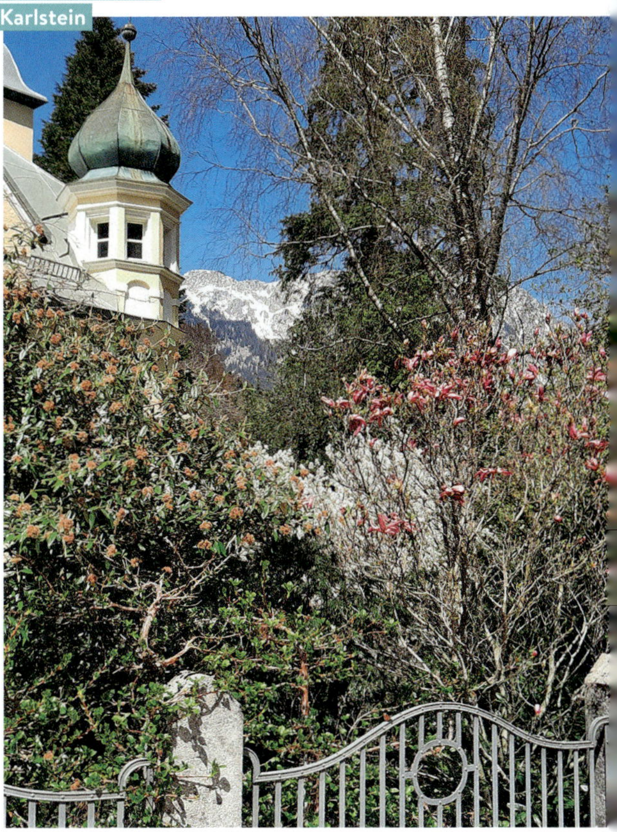

Tipp

SCHWIMMEN MIT AUSBLICK

Der Thumsee eignet sich für einen Badeaufenthalt im dortigen Freibad. Packen Sie also an warmen Sommertagen Ihre Badesachen mit in den Rucksack. So haben Sie eine erfrischende Pause, bevor Sie über den Höllenbachsteig aufsteigen. Thumseewirt und Madlbauer sind zudem beste Einkehrmöglichkeiten und bieten einen schönen Blick über den See.

Nebenstraße. An der nächsten Verzweigung gehen wir geradeaus nach »Karlstein«, passieren den Weiler 1 **Langacker** mit seinem Brandopferplatz. Dann wenden wir uns nach rechts in die Zwieselstraße, wieder treffen wir hier auf das Schild »Karlstein«.

Marterl am Listwirt

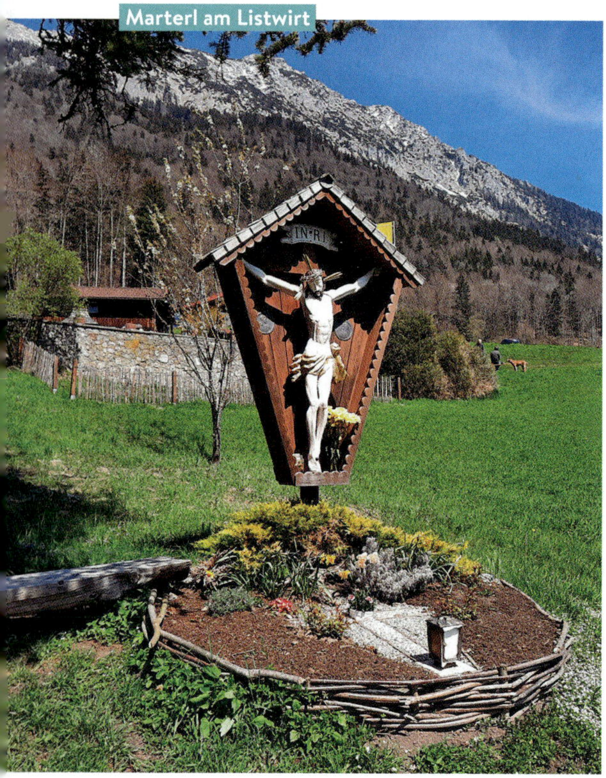

An der nächsten Gabelung folgen wir diesem Wegweiser geradeaus. Dann biegen wir nach rechts auf einen breiten Schotterweg zur »Ruine Karlstein, St. Pankraz« ab. Dort angelangt, bietet sich zunächst 2 **St. Pankraz** für einen Besuch an, dann die 3 **Ruine Karlstein**. Bitte beachten Sie, dass zwischen beiden Aussichtspunkten ein Abstieg bis zum Fuß des Berges erforderlich ist. Dann geht es weiter bergan, nun auf einem geteerten Nebenweg der Schmalschlägerstraße. Nach dem Anwesen Mesnerbauer passieren wir zwei schmucke Anwesen. Bergab geht es nun auf einer Bergwiese. An einer Weggabelung nehmen wir daraufhin den linken Weg ohne Beschilderung und gelangen so an die ST 2101 zum Thumsee. Hier folgen wir dem Schild »Thumsee West« auf dem rechten Uferweg, vorbei am Seebad bis zum Seewirt. Hier wandern wir zur A2 E2 **Bushaltestelle Thumsee Seewirt** und folgen rechts dem Schild »Höllenbachalm«. Über dem Thumsee kommen wir am Madlbauer vorbei. Später zweigt am Waldrand scharf links unser Weg mit der Beschilderung »Höllenbachalm« ab. Steil geht es auf einem Schotterweg durch den Bergwald bergan, bis links der 4 **Höllenbachsteig** abzweigt. Ihm folgen wir weiter bergan. Am höchsten Punkt der Wanderung geht es dann rechts zum »Thumsee«. Über mehrere Abzweigungen folgen wir nun bergab dem Wegweiser 5 **Listsee**, zunächst auf einem Wanderweg, dann auf einem Forstweg. Am See angekommen, nehmen wir den Forstweg weiter bergab und erreichen so den **Listwirt-Parkplatz**.

Wanderer, die mit dem ÖPNV unterwegs sind, folgen ab der Haltestelle Thumsee Seewirt der beschriebenen Wanderung bis zum Listwirt-Parkplatz. Von dort geht es dann weiter mit dem Beginn der Wegbeschreibung bis zum Ausgangspunkt an der **Bushaltestelle Thumsee**.

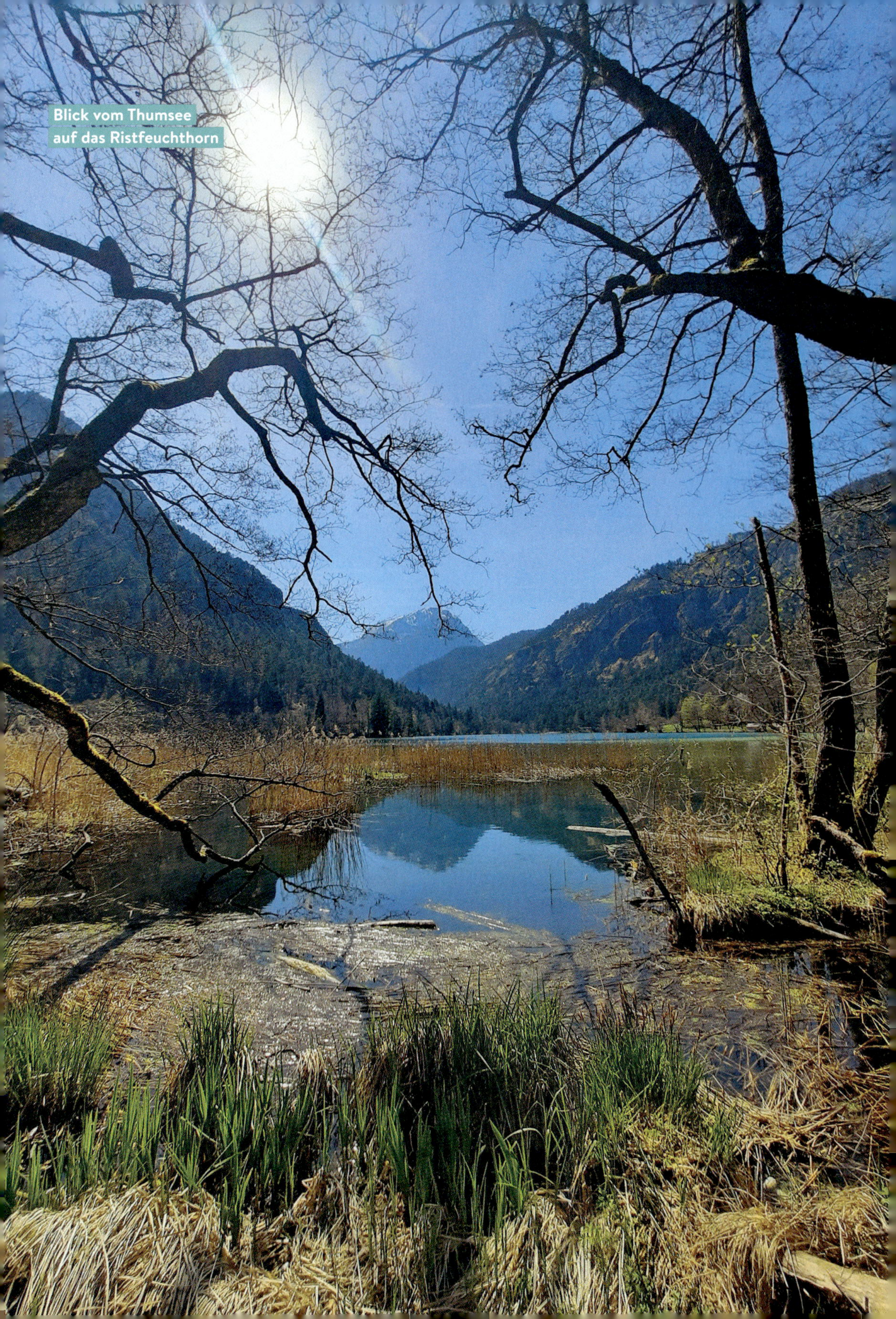

Blick vom Thumsee
auf das Ristfeuchthorn

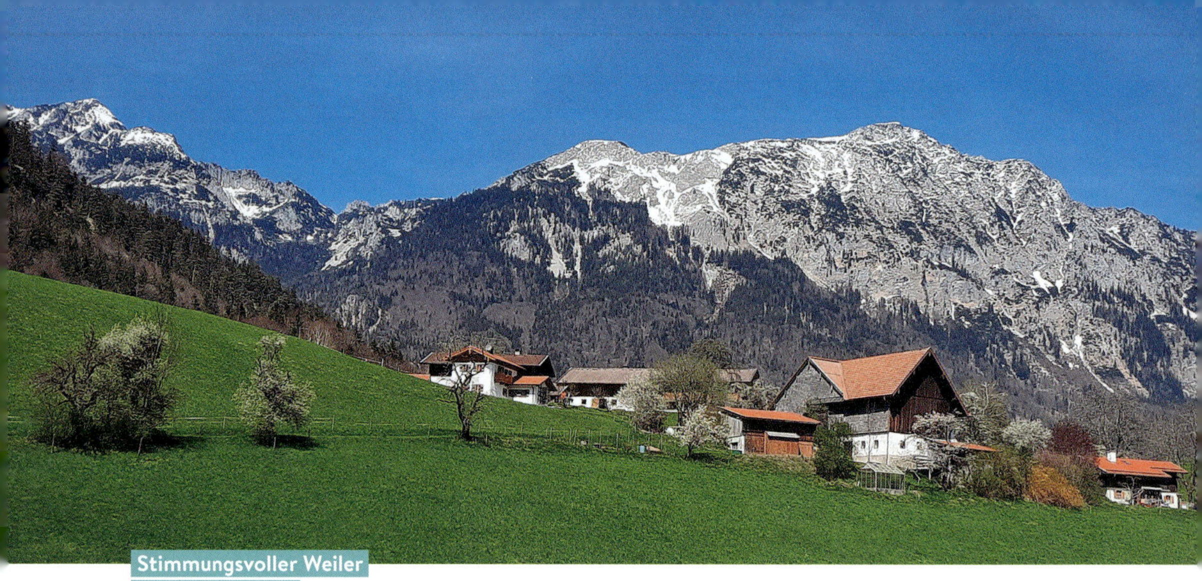

Stimmungsvoller Weiler nahe St. Pankraz

MALERISCHE AUSSICHT VOM HÖLLENBACHSTEIG Türkis bis moosgrün schimmert der Thumsee tief unten. Nach einem Waldbrand haben sich auf einem kleinen Areal verrußte Baumskulpturen gebildet, die einen mystischen Blickfang ergeben. Von hier aus eröffnet sich der Blick hinüber zum Untersberg ganz im Osten mit seiner eindrucksvollen Hochfläche. Es folgt das Lattengebirge. Wir können den Predigtstuhl mit seiner Bergstation und den Seilbahnstützen erkennen sowie den Dreisesselberg. Weiter rechts folgen die bewaldeten Felsenburgen Müllerhörndl, Pflasterbachhörndl und Rabensteinhorn. Dahinter erhebt sich die Hochfläche der Reiteralpe mit ihren steilen Felsabstürzen. An klaren Tagen sieht man dann weiter rechts nach Süden bis zu den Loferer Steinbergen, bevor sich noch ein Stück weiter rechts das Ristfeuchthorn erhebt.

AM BRANDOPFERPLATZ LANGACKER Hier hat es wohl die Einheimischen über Jahrtausende gegruselt, denn diesen »Knochenhügel« rührte man lange nicht an. Noch im 19. Jahrhundert stand hier ein bis zu vier Meter hoher Hügel mit einem Durchmesser von über 30 Metern. Er bestand zum großen Teil aus Tierknochen und zählt zu einem der größten heute bekannten Brandopferplätze. Heute ist davon nichts mehr zu sehen, eine Tafel am Straßenrand informiert ausführlich.

ST. PANKRAZ UND SEIN FELSEN An der Stelle der heutigen Kirche wird ein Kultplatz aus der Jungsteinzeit vermutet, auch eine Fliehburg für schutzsuchende Menschen soll hier einst gestanden haben. Das Christentum fasste erst später Fuß. Der erste Kirchenbau aus romanischer Zeit soll dort ebenfalls gestanden haben. Es könnte auch eine Art Kirchenburg gewesen sein, die als Vorburg der Burg Karlstein diente. St. Pankraz wurde 1711 erbaut. Von der früheren Wallfahrt an diesen Ort erzählen etliche Votivbilder.

BURGRUINE KARLSTEIN Eine Sitzbank gilt als der dunkelste Platz auf dem Felsplateau der Burgruine – sie soll eine ungünstige Ausstrahlung haben. Die Reste der Burg wirken geheimnisvoll, man fühlt sich ins Mittelalter versetzt. Hinzu kommt eine wunderbare Aussicht hinunter zum Thumsee, der wie ein mystisches Auge zwischen den Bergen eingebettet liegt. Hier oben sollen einst die drei Wildfrauen gehaust haben, die in die Zukunft sehen konnten. Bedrohliche

Ereignisse wie Seuchen oder Hungersnöte kündigten sie mit einem schauderhaften Klagen an, das man bis hinunter ins Tal hörte.

LISTSEE Schon in der Bronzezeit war der See angeblich ein Kultort. Eine Sage berichtet vom Wassermann, der im See wohnte. Er half den Menschen und warnte sie von dort oben bei starkem Regen oder nach der Schneeschmelze. So konnten sich die Menschen rechtzeitig in Sicherheit bringen. Alle liebten ihn, nur ein Junge ärgerte ihn. Als dieser erwachsen war, wurde sein Verhalten sogar noch gröber. Da platzte dem Wassermann der Kragen. Den jungen Mann fand man eines Morgens tot im Listsee. Der Wassermann wurde aber seither nie mehr gesehen.

INFO

mittel | **4.45 Std.** | **11,1 km** | **490 Hm**

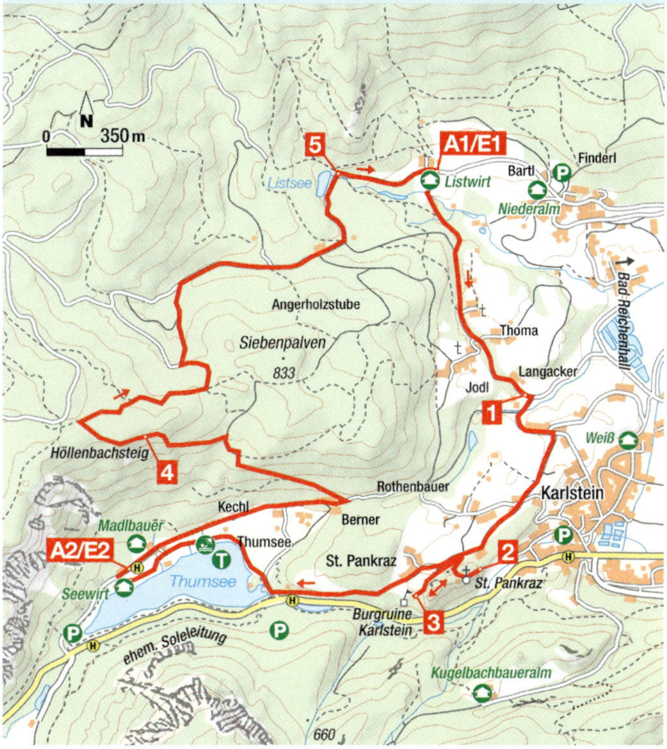

TOURENCHARAKTER

Nebenstraßen, Spazier-, Wander- und Forstwege, gut angelegte Stufenwege, Höllenbachsteig als typischer Bergsteig

AUSGANGS-/ENDPUNKT

ÖPNV: Haltestelle Thumsee Seewirt
Pkw: Wanderparkplatz Listwirt-Parkplatz

ANFAHRT

Mit dem Auto auf A 8 bis Ausfahrt Bad Reichenhall. Kurz vor Bad Reichenhall rechts Richtung Karlstein, Inzell. Nach Überqueren der Saalachbrücke an der Ampelanlage rechts in die Nonnerstraße. An einer Straßengabelung zum »Nonner Oberland« abzweigen. Später dem Wegweiser »Zwieselalm« folgen. Mit dem ÖPNV: München – Salzburg bis Freilassing. Nach Berchtesgaden bis Bad Reichenhall Hauptbahnhof. Stadtbus 2 bis Thumsee Seewirt

GEHZEITEN

Listwirt-Parkplatz – St. Pankraz 0.45 Std. – Burgruine Karlstein 0.30 Std. – Thumsee Seewirt 0.45 Std. – Höllenbachsteig Ende 1.30 Std. – Listsee 1 Std. – Listwirtparkplatz 0.15 Std.

BESTE JAHRESZEIT

Mitte Mai–Ende Oktober bei Schneefreiheit

EINKEHR/UNTERKUNFT

Seewirt Thumsee, Gasthof Madlbauer, Listwirt

KARTE

Alpenvereinskarte BY19

Chiemgauer Alpen Ost

INFORMATION

Touristinfo Bad Reichenhall
www.bad-reichenhall.de

Unterwegs auf dem Schmugglerweg

In die Entenlochklamm

Die Tiroler Ache hat sich eine geheimnisvolle Schlucht in die Felsen gegraben. Das Gasthaus Klobenstein und die darüber liegende Wallfahrtskirche Maria Klobenstein bilden ein sagenträchtiges Ambiente, das wir über eine atemberaubende Hängebrücke erreichen.

Sagenträchtig: die Wallfahrtskirche Maria Klobenstein

6

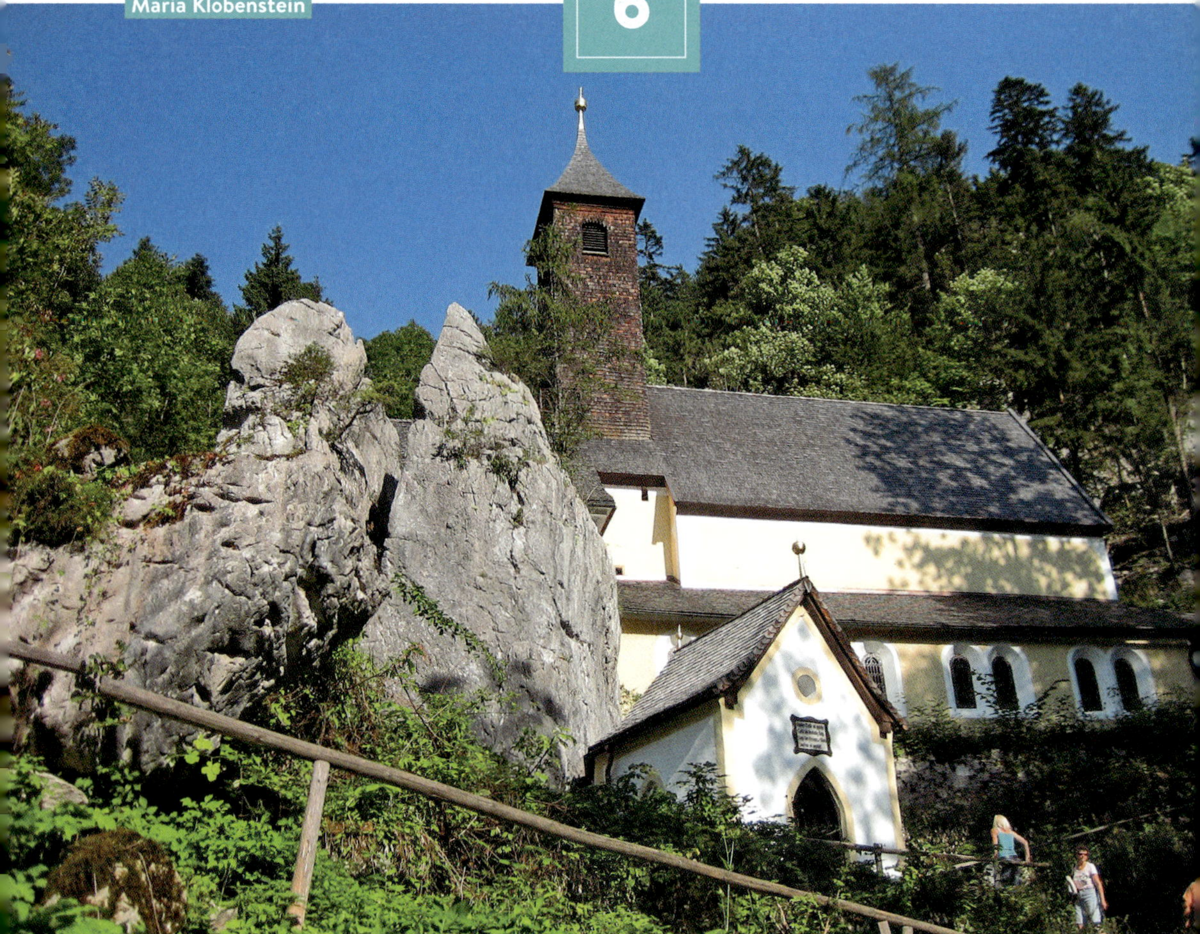

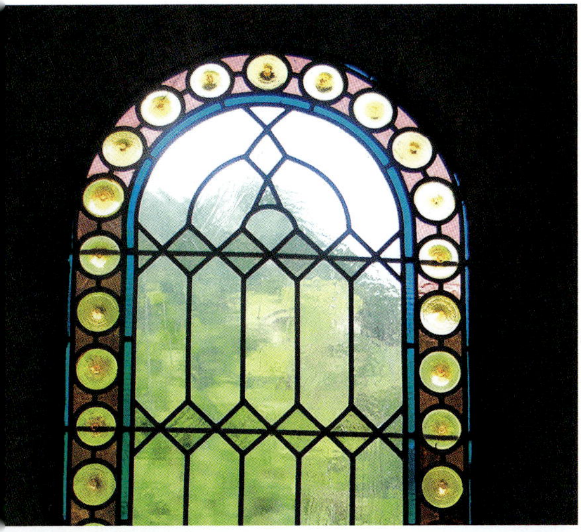

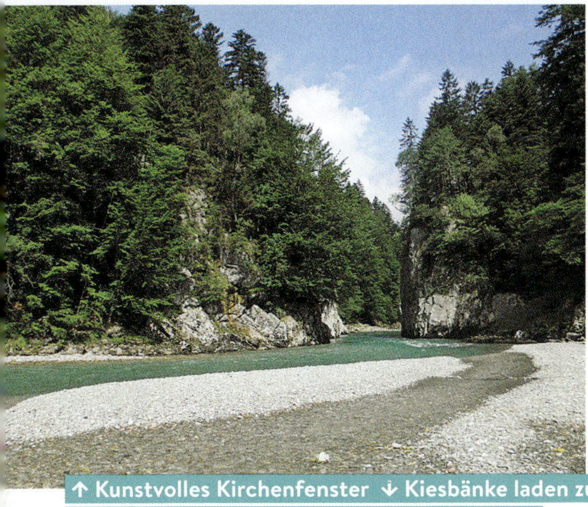

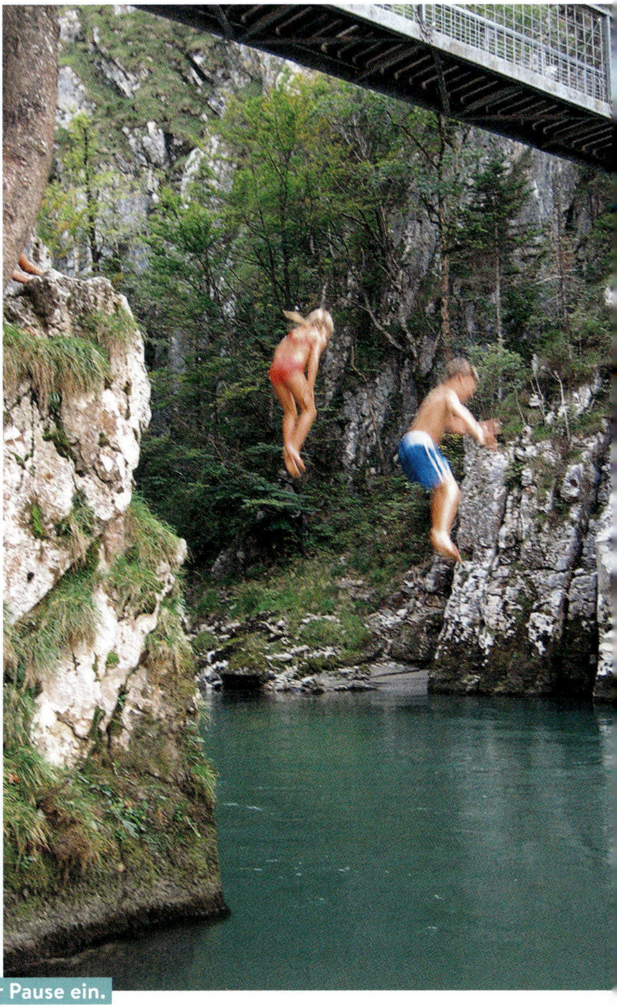

↑ Kunstvolles Kirchenfenster ↓ Kiesbänke laden zur Pause ein.
↗ Erfrischender Sprung von der Hängebrücke

DIE WALLFAHRTSKIRCHE MARIA KLOBENSTEIN Der Legende nach wurde eine Frau hier von einer Mure überrascht. Kurz nachdem sie die Mutter Gottes um Hilfe gebeten hatte, spaltete sich der herabgestürzte Fels und gewährte ihr Schutz. Ein besonderer Ort also, der zusammen mit dem Wirtshaus Klobenstein und der Hängebrücke eine geheimnisvolle Atmosphäre verbreitet. Der Kirche sollten Sie unbedingt einen Besuch abstatten. Im Wirtshaus gibt es wunderschöne

Tipp

ABKÜHLEN AM FLUSS

Ein Abstecher an die Kiesbänke der Tiroler Ache lohnt. An heißen Tagen können Sie hier die Füße ins Wasser halten oder die Hängebrücke von unten betrachten. Vielleicht sehen Sie währenddessen einen Wagemutigen, der von der Brücke in den Fluss springt. Auch Rafter passieren diese Stelle.

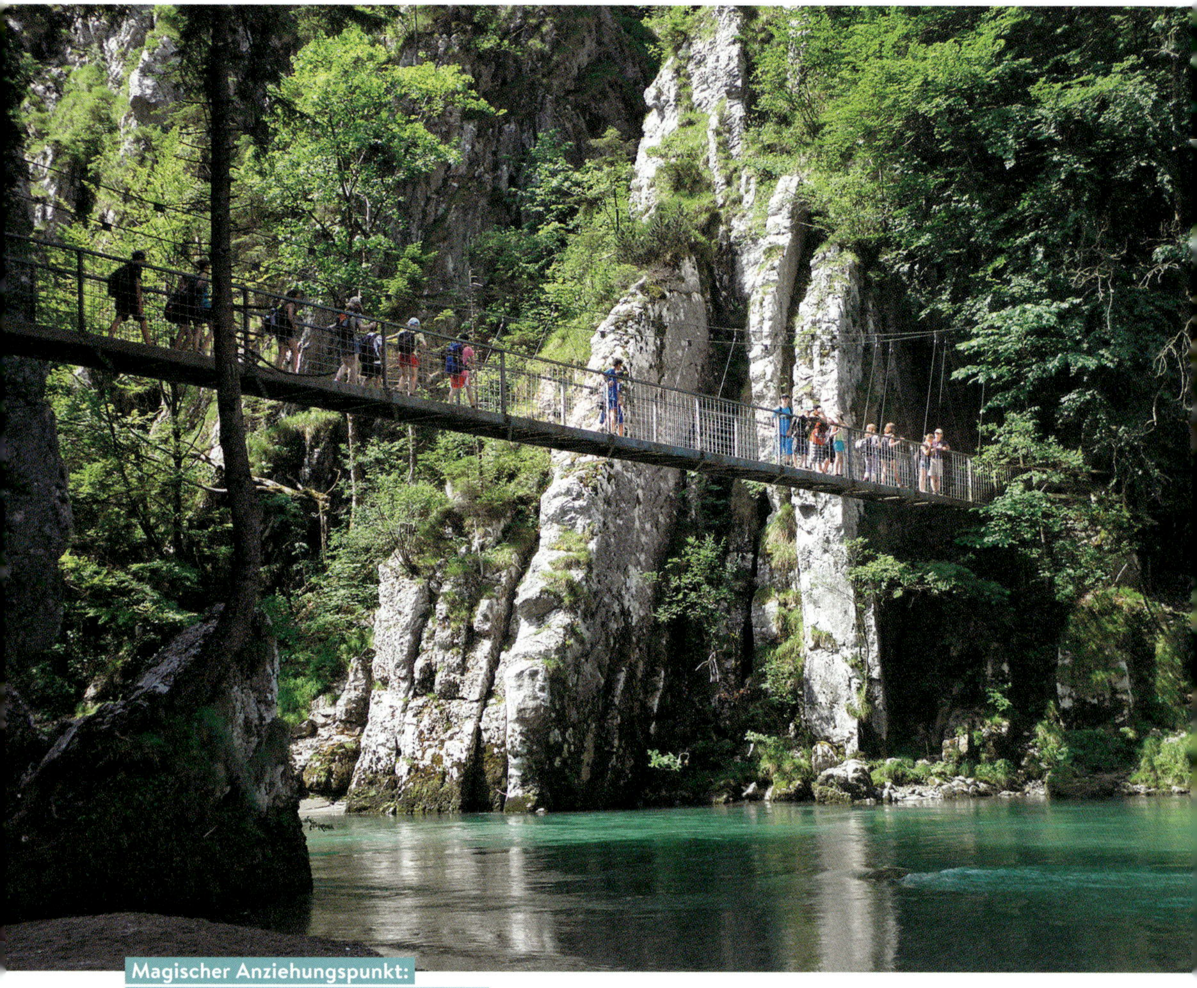

Magischer Anziehungspunkt: die Brücke über die Entenlochklamm

Glasmosaiksteine zu bewundern. Über ihm können Wanderer den geklobenen, also den gespaltenen Felsen aus der Legende mit Blick auf die Wallfahrtskirche bewundern.

UNTERWEGS AUF DEM SCHMUGGLERWEG

Zur Römerzeit waren die Saumwege über der Ache zu beiden Seiten wichtige Verbindungen von Süden nach Norden und zur römischen Siedlung Bedaium, dem heutigen Seebruck am Chiemsee. Die Saumwege verliefen im Osten über den Streichen auf dem immer wieder begehbar gemachten Samerweg und im Westen auf dem heute sogenannten Schmugglerweg.

VON SCHLECHING NACH KLOBENSTEIN

ÖPNV-Anreisende folgen von der A2 E2 **Bushaltestelle Ettenhausen** kommend in südlicher Richtung der Geigelsteinstraße und steigen dort in den im Folgenden beschriebenen Wegverlauf für die Autofahrer ein. Letztere halten sich derweil vom A1 E1 **Oberen Wanderparkplatz an der Geigelsteinbahn** links an den Wegweiser »Schmugglerweg«. An der nächsten Gabelung geht es nach rechts in südlicher Richtung auf einem Spazierweg. In Höhe einer Kehre nach der Brücke verlassen wir den breiten Schotterweg beim Schild »Kössen-Klobenstein, Hängebrücke«. Den nächsten Abzweig nach links ignorieren wir. Der Weg führt nun in südlicher Richtung oberhalb der Tiroler Ache. Weiter geht es nun auf einem etwas schmäleren Weg zur Grenze nach Österreich. In kurzem Auf und Ab wandern wir weiter, bis links der Wegweiser »Hängebrücke-Klobenstein« über die **1 Hängebrücke** zum **2 Gasthaus Klobenstein und der Wallfahrtskirche Maria Klobenstein** führt, nun wenige Meter auf der anderen Talseite bergan. Der Rückweg entspricht dem Hinweg. Es geht zurück zu den bekannten Endpunkten: für Autofahrer zum **Oberen Wanderparkplatz an der Geigelsteinbahn** und für ÖPNV-Anreisende zur **Bushaltestelle Ettenhausen.**

INFO

TOURENCHARAKTER
Forst- und Wanderwege, Hängebrücke über die Tiroler Ache

AUSGANGS-/ENDPUNKT
ÖPNV: Haltestelle Ettenhausen
Pkw: Wanderparkplatz Geigelsteinbahn

ANFAHRT
Mit dem Auto auf A 8 bis Ausfahrt Bernau. Über Grassau nach Marquartstein, über Schleching nach Ettenhausen. Rechts zur Geigelsteinbahn. Mit ÖPNV: München – Salzburg bis Übersee. Mit Bus 9509 Richtung Reit im Winkl bis Ettenhausen

GEHZEITEN
Bushaltestelle Ettenhausen – Zusammenführung Wanderwege 0.30 Std. (nur ÖPNV) – Wanderparkplatz Geigelsteinbahn – Zusammenführung Wanderwege 0.15 Std. (nur Pkw) – Klobenstein 1.30 Std. – Abzweigung Wanderwege 1.30 Std. – Wanderparkplatz Geigelsteinbahn 0.15 Std. (nur Pkw) – Bushaltestelle Ettenhausen 0.30 Std. (nur ÖPNV)

BESTE JAHRESZEIT
Mitte Mai–Ende Oktober bei Schneefreiheit

EINKEHR
Gasthaus Klobenstein

mittel | 3.30 Std. | 8,4 km | 349 Hm

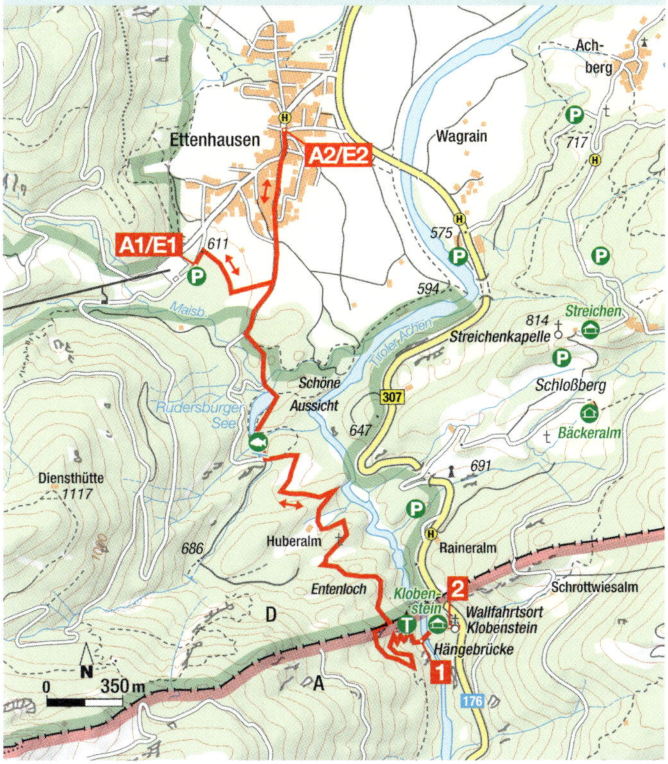

KARTE
Alpenvereinskarte BY17
Chiemgauer Alpen West

INFORMATION
Tourismusverband Kaiserwinkl
www.kaiserwinkl.com

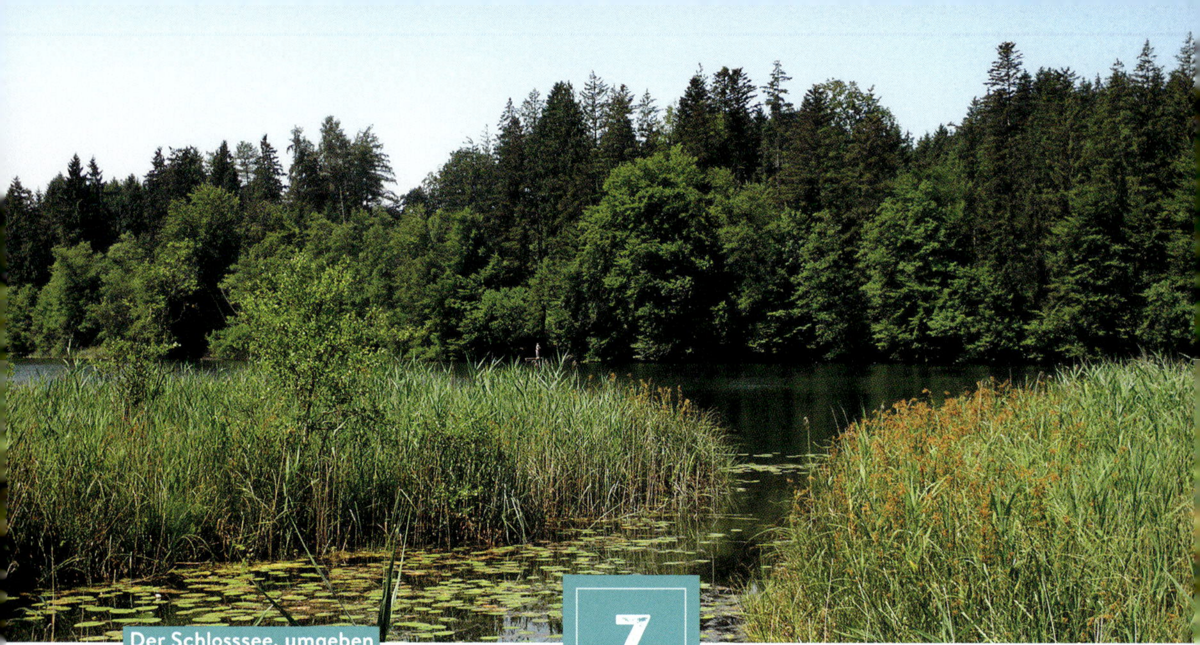

Der Schlosssee, umgeben von Wald und Schilf

7

Archaische Wasserwelten im Chiemgau

Eggstätt-Hemhofer Seen

Bäche, Tümpel, Moore, mit Sonnenlicht durchflutete Bruch- und Auwälder, Orchideen und Seerosen charakterisieren die mystisch und verträumt anmutende 17-Seen-Landschaft. Sie beherbergt viele seltene Vogelarten, Eidechsen, Falter und Libellen.

DIE EGGSTÄTT-HEMHOFER SEENPLATTE – dies ist die Bezeichnung der 17 Seen nordwestlich des Chiemsees. Die fünf größten Seen sind Langbürgner See, Schlosssee, Kautsee, Hartsee und Pelhamer See. Zusammen mit einigen kleineren Seen sind sie durch Wasserläufe verbunden und werden durch Grund- und Regenwasser gespeist. Mit etwa 1000 Hektar ist die Eggstätt-Hemhofer Seenplatte eine der bedeutendsten Eiszerfallslandschaften des Alpenvorlandes.

DIE GROSSE HARTSEERUNDE Von der A1 E1 **Bushaltestelle Eggstätt Kirche** geht es ein paar Meter zur Obinger Straße. Dieser folgen wir rechter Hand, bis links der Wegweiser zum A2 E2 **Hartseeparkplatz Eggstätt** führt, dem Ausgangspunkt für Autofahrer. Hier wandern wir links auf den »Hartseerundweg«. In Nähe des Hartsee-Südufers folgen wir an einer Verzweigung rechts dem Schild »Bad Endorf«. An der nächsten Abzweigung nehmen wir den Weg nach links mit dem

Schild »Stephanskirchen 2,5 km«. Durch den Wald ist der **1 Einbessee** zu sehen. Am nächsten Abzweig geht es wieder rechts nach »Bad Endorf«, dann wieder links den Wegweisern »Stephanskirchen« und »12« folgend. Wir passieren rechts den **2 Kautsee** und links den Schlosssee. An der nächsten Gabelung geht es mit dem Hinweis »Stephanskirchen 0,8 km« nach links zur **3 RO 27**. Ihr folgen wir rechts ein kurzes Stück auf dem Rad- und Fußweg nach »Wasserburg, Amerang«. Dann kehren wir entsprechend der Beschilderung »7-Seen-Platte, Stuhlerhof« in den Wald zurück. An einem Parkplatz im Wald folgen wir rechts dem Schild »Seenplatte-Hartsee 1,5 km« . Gelbe Markierungen an den Bäumen weisen jetzt den Weg, bis links eine Verzweigung ohne Beschilderung kommt, der wir folgen.

Zur Orientierung: Rechts steht hier »Hartseerundweg«. Über den **4 Steg Pelhamer See, Hartsee** geht es weiter mit dem Schild »Hartseerundweg«, bis wir schließlich am Nordufer die RO 15 erreichen. Ihr folgen wir ein kurzes Stück rechts. Nachdem wir die Bachbrücke überquert haben, geht es dann rechts wieder zurück auf den »Hartseerundweg«.

INFO

TOURENCHARAKTER

Spazierwege (Rundtour Nummer 12)

AUSGANGS-/ENDPUNKT

ÖPNV: Bushalt Eggstätt Kirche
Pkw: Hartseeparkplatz

ANFAHRT

Mit dem Auto auf A 8 bis Ausfahrt Prien. Nach Richtung Bad Endorf bis Rimsting, dann Richtung Hochstätt, Breitbrunn, Gstadt. In Hochstätt über Kreisverkehr Natzing nach Eggstätt. Mit ÖPNV: Mit der Bahn von München nach Bad Endorf. Bus 9511 bis Eggstätt Kirche

GEHZEITEN

Bushalt Eggstätt Kirche – Hartseeparkplatz 0.15 Std. (nur ÖPNV) – Kautsee 0.45 Std. – RO 27 0.15 Std. – Steg Pelhamer See - Hartsee 0.45 Std. – Hartseeparkplatz 0.45 Std. – Bushalt Eggstätt Kirche 0.15 Std. (nur ÖPNV)

BESTE JAHRESZEIT

Ganzjährig

EINKEHR

Hartseestüberl in Eggstätt

leicht | 2.30 Std. | 9,4 km | –

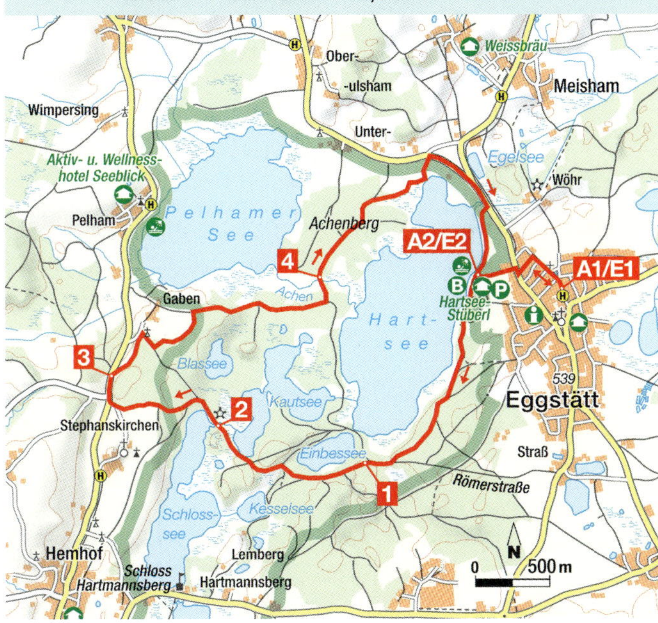

KARTE

Landesamt für Vermessung und Geoinformation Bayern, UK 50-54, Chiemsee, Chiemgauer Alpen

INFORMATION

Tourist-Info Eggstätt
www.eggstaett.de

Seelenlandschaften über dem Priental

Auf das Mühlhörndl

Ein besonderes Schmankerl ist diese Tour, verläuft sie doch zumeist auf geheimnisvollen Pfaden ohne jegliche Markierung und durch mystische, endlos erscheinende Wälder. Das Mühlhörndl bietet zudem eine perfekte Rundumschau von den Tauern bis zum Chiemsee.

Blick auf den Spitzstein nahe der Schachenalm

8

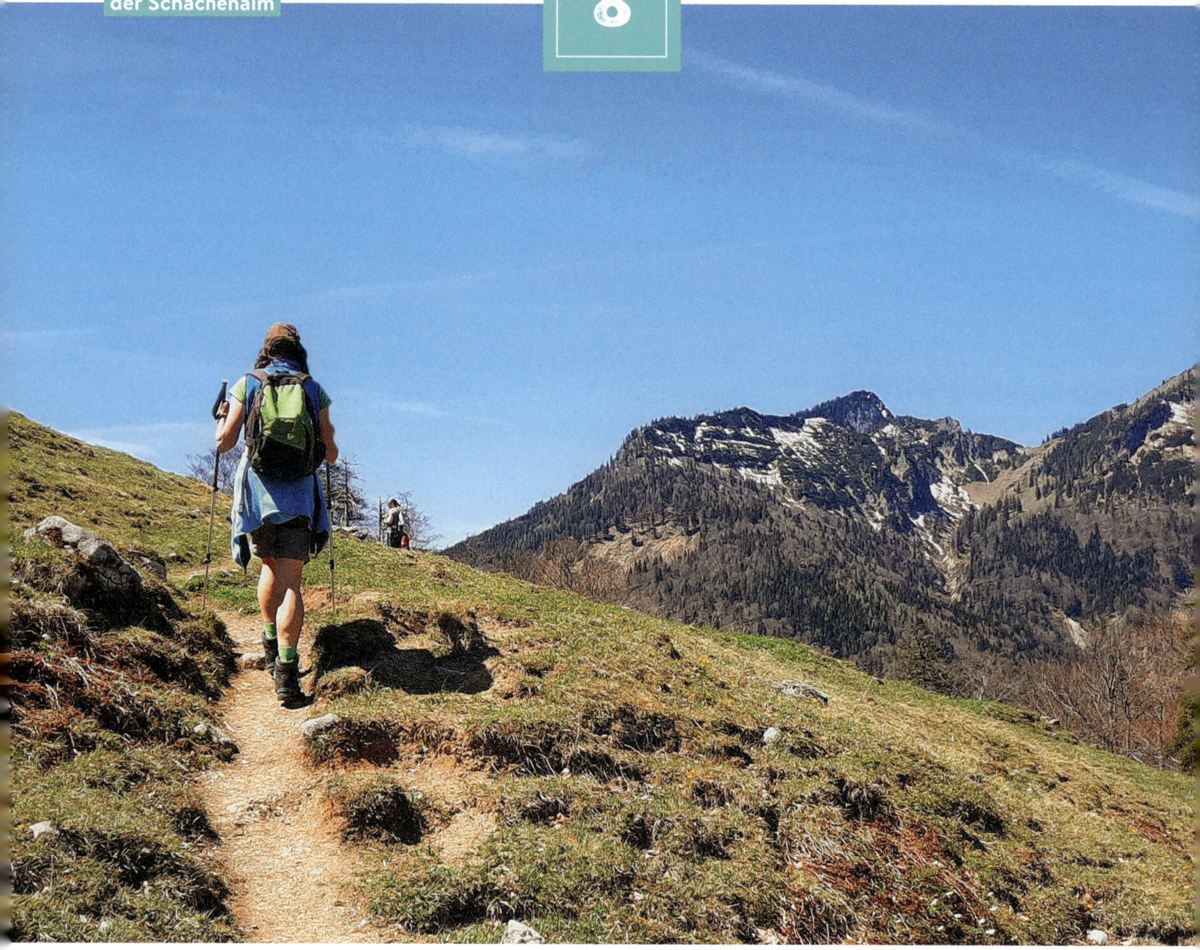

ZWISCHEN SCHACHENALM UND MÜHLHÖRNDL Die vom Prientaler Föhnwind zerzausten Bäume scheinen sich beim Aufstieg in Fabelwesen mit Gesichtern zu verwandeln. Mit seiner mystischen und gleichermaßen heimeligen Aura verzaubert mich der Wald regelrecht. Die Forstwirtschaft hat hier keinen Zugriff. Ausnahme ist der Weg zur verfallenen Wirtsalm, was dem Wald schon weh genug tut. Soll man in diesen Anderswelten hier oben überhaupt einen Pfad beschreiben? Ja, ganz klar. Denn wenn Wanderer diesen Weg nicht mehr begehen, wird er eines Tages zuwachsen und vergessen sein.

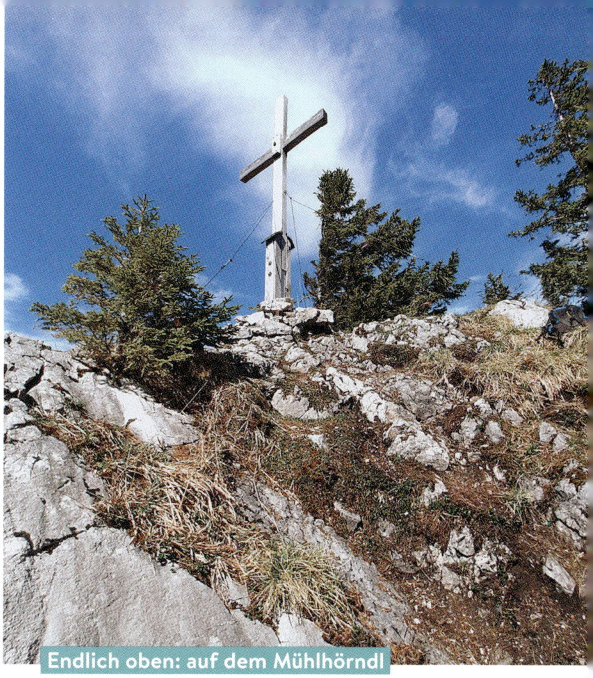

Endlich oben: auf dem Mühlhörndl

VON GRATTENBACH AUF DAS MÜHLHÖRNDL Von der A E **Haltestelle** und dem **Parkplatz Grattenbach** geht es mit den wiederkehrenden Wegweisern »Schachen« auf einem breiten Schotterweg bergan. Links lassen wir den Abzweig über den Grattenbach liegen und biegen dann erst an der nächsten Gabelung links ab. Wenig später geht es auf einem schönen Bergpfad in Serpentinen bergan durch den Bergwald. Rote Markierungen geleiten zusätzlich den Wegverlauf, ebenso Baumstämme, die abzweigende Wege versperren. Bald sind ein Gatter und daran anschließend weite Bergwiesen erreicht. Dann ist es nicht mehr weit bis zur 1 **Schachenalm**. Von dort geht es in südlicher Richtung zunächst auf einem breiten Schotterweg in Richtung »Geigelstein«. Nach etwa 400 Metern laufen wir links auf einem zunächst kaum wahrnehmbaren Wiesenpfad bergan. Als Orientierung dient hier eine Fichte mit zwei Stämmen. Am Waldrand durchqueren wir ein Gatter in den Wald. Das ist der wichtigste Orientierungspunkt am Einstieg! Auf einem nun gut erkennbaren schmalen Pfad geht es bergauf. In schmalen Serpentinen wandern wir über steile, felsdurchsetzte Grashänge. Im Wald hält sich der schmale Pfad in südlicher Richtung weiter bergauf. In östlicher Richtung folgt wieder ein steiler Absatz mit schmalen Kehren. Nun verläuft der Weg fast eben, dann leicht bergab durch den Fichtenwald, bis links der etwas schwer einsehbare Steig zum Mühlhörndl führt. Über den Südhang wandern wir durch den lichten Fichtenwald mit weiten Ausblicken bis zum Alpenhauptkamm bergan, bis der deutliche, felsige Gipfelaufbau des 2 **Mühlhörndl** erreicht ist.

VOM MÜHLHÖRNDL IN DAS PRIENTAL Vom Mühlhörndl geht es zunächst auf dem bereits bekannten Aufstiegsweg bergab, bis wieder die Verzweigung der Pfade erreicht ist. Hier wenden wir uns nach links. Bald geht es über eine kleine Steinmauer aus dem Wald heraus und wir erreichen einen breiten Schotterweg. Diesem folgen wir ohne Beschilderung bergab, bis links ein Wanderweg ebenfalls ohne Beschilderung durch den Wald bergab führt. Zur Orientierung ist hier lediglich ein roter Punkt an einem Baum angebracht. Wieder auf dem Forstweg angelangt, geht es kurz nach links. Dann zweigt

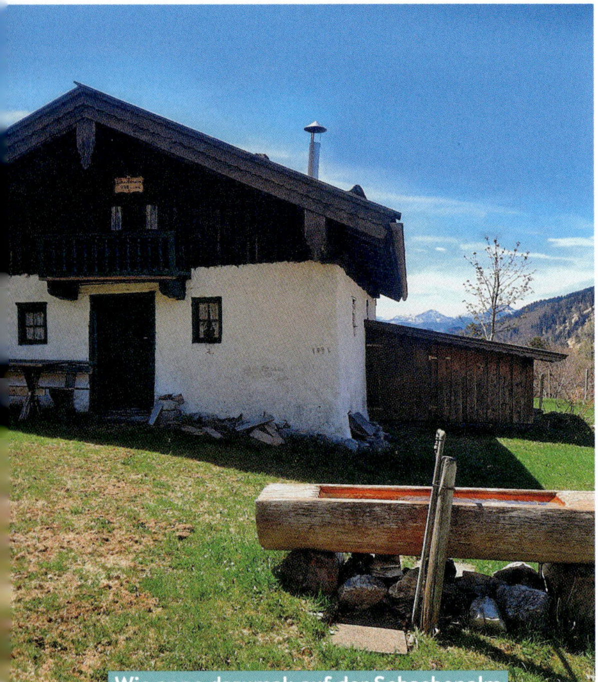

Wie anno dazumal: auf der Schachenalm

neuerlich links der Wanderweg ab, jetzt mit dem Schild »Sachrang, Huben« versehen. In angenehmem Gefälle geht es bergab. Zwischenzeitlich kreuzen wir den Forstweg, wir bleiben aber auf dem Wanderweg. An der nächsten Gabelung im Wald geht es nicht geradeaus zur »Talalm«, sondern wir müssen uns nach rechts wenden – ohne Beschilderung, lediglich einer rot-weißen Markierung folgend. Weiter geht es bergab durch den Bergwald. Wir kreuzen einen Karrenweg und folgen dem Schild »3«, in der Gegenrichtung ist hier der Wegweiser »Geigelstein, Priener Hütte« angebracht. Bald erreichen wir einen Forstweg. Ihm folgen wir wenige Meter linker Hand ohne Schild – in der Gegenrichtung geht es zur »Schachenalm« – bis rechts der Wegweiser »Sachrang, Huben« wieder auf einen Wanderweg führt. An einer scharfen Linkskurve des Forstweges an einer **3 Diensthütte** wandern wir nun rechts bergab auf einem breiten Wanderweg mit gleichmäßigem Gefälle nach »Huben«. Im Talgrund passieren wir die Bachbrücke über die Prien, sodann wenden wir uns nach rechts auf den Rad- und Fußweg zum **4 Wanderparkplatz Innerwald**. Hier kann man auf der anderen Straßenseite den »Priental Grenzenlos-Wanderweg« über Innerwald und weiter an der Prien zurück nach Grattenbach nehmen. Oder man entscheidet sich für die »Direttisima«-Strecke auf dem Rad- und Fußweg neben der St 2093 zurück zum Endpunkt, der **Haltestelle** und dem **Parkplatz Grattenbach.**

AUSBLICK DER EXTRAKLASSE Vom Mühlhörndl reicht der Blick nach Süden bis zum verschneiten Alpenhauptkamm. Von links nach rechts sehen wir die Hohen Tauern mit dem Großglockner, dann bauen sich der Zahme und der Wilde Kaiser davor auf. Weiter geht der Blick über das Inntal hin zu den Kitzbühler und den Tuxer Alpen. Auf der anderen Seite des Inntales folgen Rofan und Mangfallgebirge, auf der anderen Seite des Prientales Spitzstein, Brandelberg und Klausenberg.

Tipp

FÜR DEN PANORAMA-BLICK

Ein Abstecher auf den Schachenberg nahe der Schachenalm lohnt sich. Von dort ist das Gipfelkreuz über den Bergwiesen erkennbar. Der Berg bietet schöne Ausblicke nach Süden durch das Priental bis zum Pendling sowie nach Norden über Hohenaschau bis zum Chiemsee. Die kleine Extratour umfasst 60 Höhenmeter und eine zusätzliche Gehzeit von einer halben Stunde.

DIE VERSUNKENE STADT ROGLAU IM CHIEMSEE Zwischen Schachenalm und Mühlhörndl kann man nach Norden hin den Chiemsee sehen. Die Stadt Roglau befand sich einst an den fruchtbaren Westufern des Chiemsees, so die Sage. Ihre Einwohner waren reich und besaßen große Viehherden. Es ging ihnen sogar so gut, dass sie vergaßen, sonntags in die Kirche zu gehen. Eines Tages kam es, wie es kommen musste: Plötzlich stieg der Wasserspiegel und überflutete die gesamte Stadt. Nur noch drei erhöhte Punkte, an denen einst fromme Frauen und Männer Klöster gebaut hatten, ragten aus dem See – die heutigen Inseln. Bei Windstille und klarem Wasser kann man noch den Kirchturm der versunkenen Stadt im See sehen, heißt es.

BETRETUNGSVERBOT NATURSCHUTZGEBIET GEIGELSTEIN Bitte beachten Sie, dass zwischen 1. Dezember und 31. Mai ein Betretungsverbot für Teile dieser Wanderung, auch für den Weg zum Mühlhörndl, besteht. Die Tour lässt sich also nur zwischen 1. Juni und 30. November durchführen. Durch Neuschnee kann sich der Zeitraum auf Mitte Oktober verkürzen.

INFO

TOURENCHARAKTER
Wander-, Forst- und Spazierwege, unmarkierte Pfade und Steige. Alternativ: asphaltierter Rad- und Fußweg

AUSGANGS-/ENDPUNKT
ÖPNV: Haltestelle Grattenbach
Pkw: Parkplatz Grattenbach

GIPFEL
Schachenberg 1076 m (Variante)

Mühlhörndl 1519 m

ANFAHRT
Mit dem Auto auf A 8 bis Ausfahrt Frasdorf. Nach Aschau. In Aschau Richtung Sachrang bis Grattenbach. Mit ÖPNV: Bahn München–Aschau oder Bernau. Zwischen Juni und Oktober auch ab Oberaudorf. Mit Bus 9502 nach Grattenbach

GEHZEITEN
Grattenbach – Schachenalm 1 Std. – Mühlhörndl 2.30 Std. – Diensthütte 2.00 Std. – Parkplatz Innerwald 0.45 Std. – Grattenbach 0.30 Std.

BESTE JAHRESZEIT
1. Juni–Mitte Oktober

schwer | 6.45 Std. | 9,9 km | 820 Hm

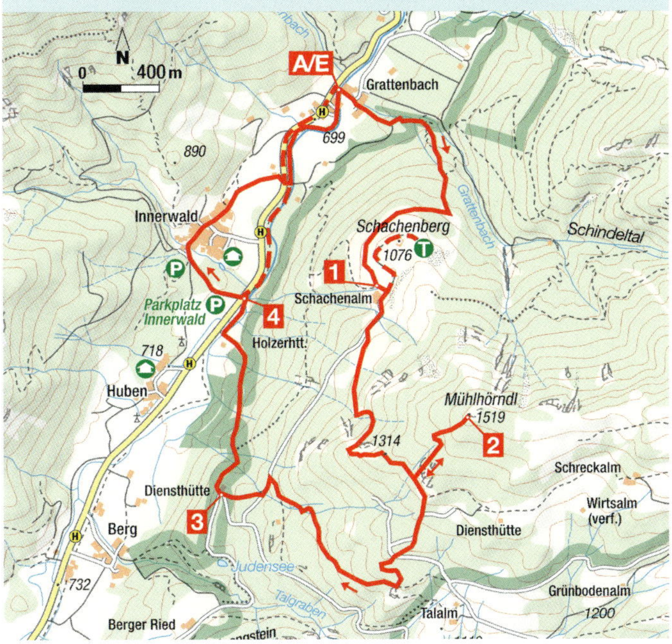

KARTE
Alpenvereinskarte BY17 Chiemgauer Alpen West

INFORMATION
Touristeninformation Aschau im Chiemgau, www.aschau.de

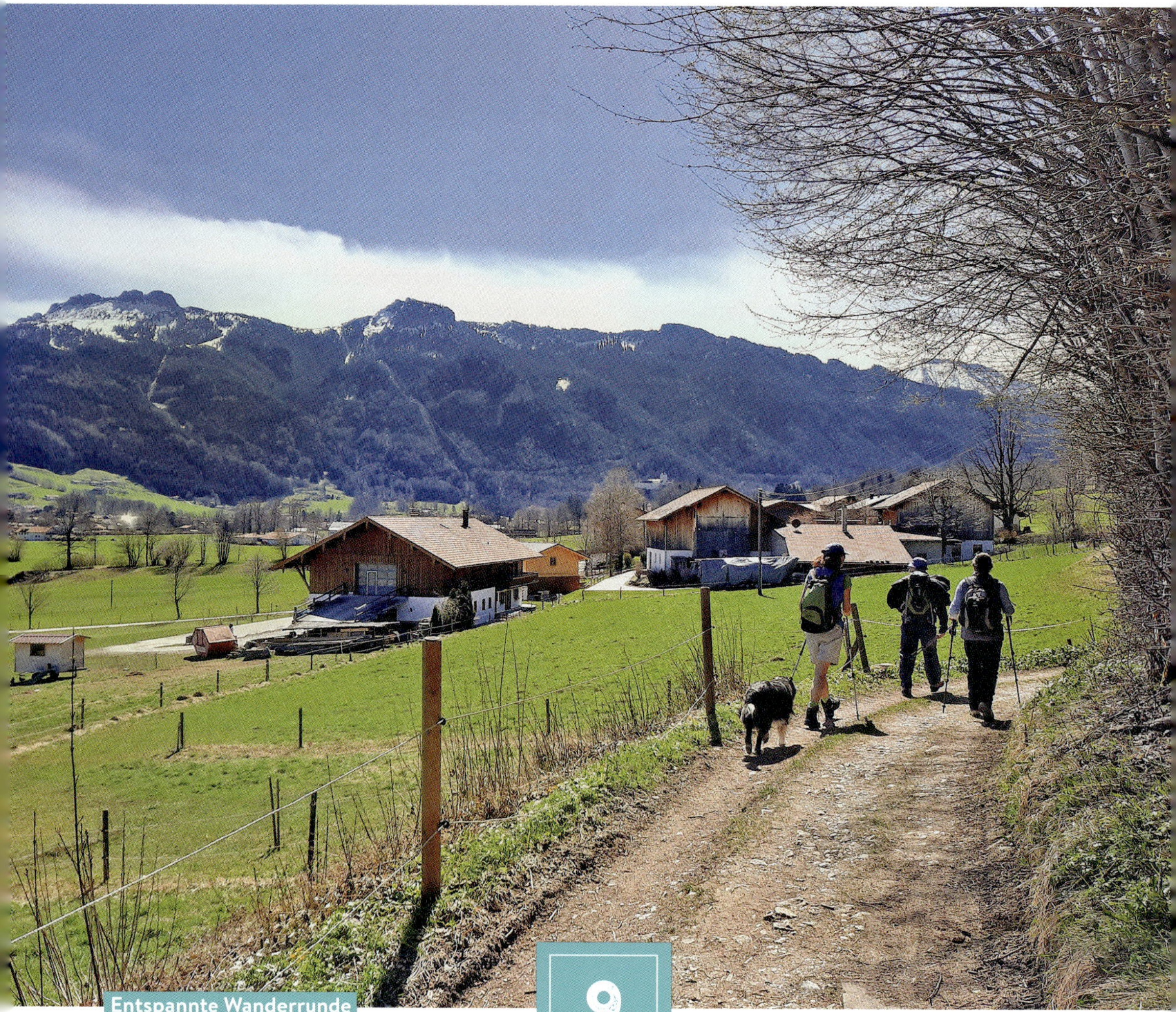

Entspannte Wanderrunde bei Pölching mit Blick auf die Kampenwand

9

Geheimnisvolle Hofalmrunde

Kettenkapelle und Mariengrotte Waizenreit

Diese aussichtsreiche Wanderrunde bei Aschau bietet atemberaubende Ausblicke auf Chiemsee und Kampenwand. Auf der Tour liegen die sagenumwobene Kettenkapelle in der Prientalschlucht sowie die geheimnisvolle Mariengrotte von Waizenrait bei Frasdorf.

DIE KETTENKAPELLE IN DER PRIENTAL-SCHLUCHT Die Engstelle hoch über der Prien ziert eine eigenartige Felsenkapelle mit dem Namen »Maria in Ketten«. Der Name rührt daher, dass die einzige Straße durch das Priental früher nur gegen Zahlung von Maut passiert werden konnte. Deshalb war die Straße mit einer Kette abgesperrt. Man sagt, dass hier immer wieder Menschen von einer unsichtbaren Kraft hinunter in die Schlucht gezogen worden seien – sogar ein Fuhrmann samt seinen sechs Rössern. Eine Marienfigur, in früheren Zeiten war es ein Christophorus-Bild, gibt den Vorübergehenden Schutz und Segen vor den Dämonen und Geistern.

VON ASCHAU AUF DIE HOFALM Vom **A E Bahnhof** und **Parkplatz Aschau** am Hans-Clarin-Platz laufen wir rechts in die Bahnhofstraße bis zum Kreisverkehr. Hier geht es weiter in die Rosenheimer Straße, dem Autowegweiser »Rosenheim« folgend, bis kurz vor dem Ortsendeschild in Aschau die Pölchinger Straße links abzweigt. Der kleinen Nebenstraße folgen wir nun aus dem Ort leicht bergan bis nach **1 Pölching**. Ab hier nehmen wir nun in entgegengesetzter Richtung den Bankerlweg, weshalb wir uns in der Folge an dem Wegweiser »Höhenweg West« orientieren. So geht es zunächst bergan, bis der Weg am Wildgehege linker Hand wieder bergab führt. Am nächsten Abzweig wandern wir am Bach Kalkgraben ein Stück linker Hand bergab und wenden uns dann wieder nach rechts. So bleiben wir auf dem Bankerlweg und passieren dabei ein oranges Sofa. Wir ignorieren hier ausnahmsweise den Wegweiser »Höhenweg West«, gehen über die Wiese und gelangen zur »Himmelswiege«. An dieser Station des Bankerlweges vereinen sich beide Wege wieder. Wir folgen nun also weiter dem »Höhenweg West« bis zu seinem Ende. Hier nehmen wir den Heurafflerweg links und gleich darauf die **2 Zellerhornstraße** rechts, dem Schild »Wanderweg 10, Klausenberg, Spitzstein« folgend. Am Abzweig Hammerbach gehen wir zunächst ein Stück geradeaus, nun etwa fünf Minuten dem Schild »Priental, Sachrang« folgend, bis zur **3 Kettenkapelle** über der Prientalschlucht. Dann geht es wieder zum Abzweig Hammerbach zurück und links auf dem Weg mit der Beschilderung »Hofalm« bergan. Über eine Nebenstraße kommen wir an einem Wasserfall vorbei, gleich darauf gibt rechts das Schild »Klausenberg, Spitz-

↓ Geheimnisvoll: die Kettenkapelle über der Prientalschlucht ↘ Am Wasserfall des Hammerbaches

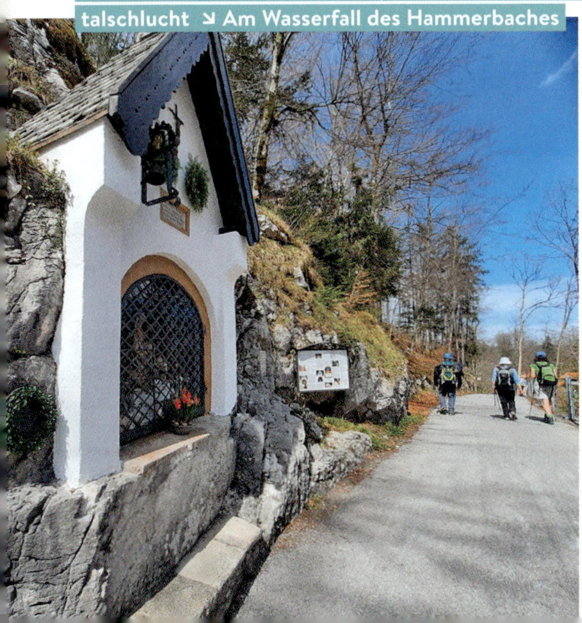

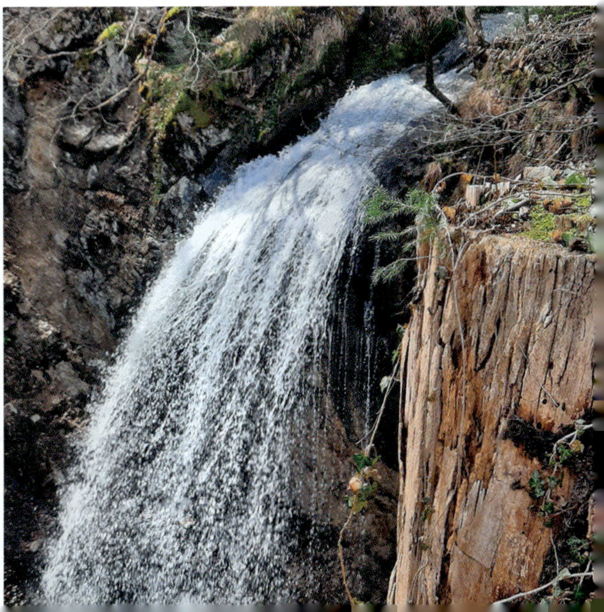

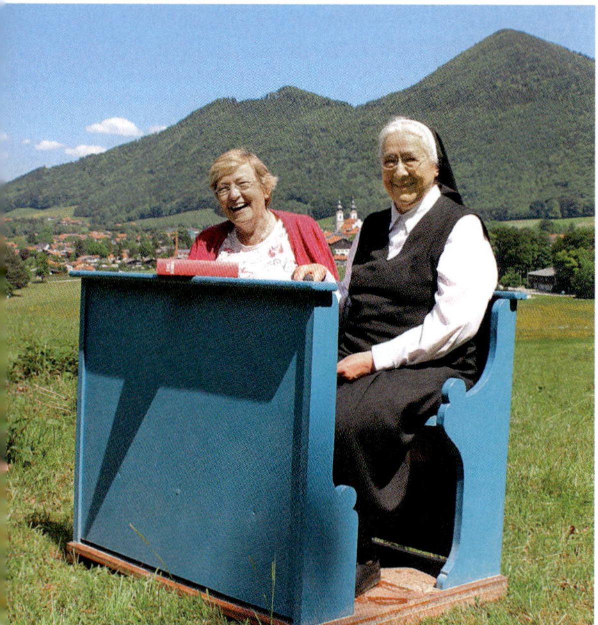

Das Aschauer Kirchenbankerl

stein« die Richtung vor. In Kehren führt der Weg nun bergan, wir passieren die **4 Hammerbachquelle**, bis es an einer Verzweigung rechts zur »Hochries, Riesenhütte« geht. Der Weg verengt sich nun zu einem schmalen Bergsteig durch die steilen Berghänge. Trittsicherheit ist hier unbedingt erforderlich. Dann ist auch schon die **5 Hofalm** erreicht.

ÜBER SAGBERG NACH ASCHAU Von der Hofalm wandern wir ohne Beschilderung nordwärts bergab über die Bergwiesen in den Wald, der Weg verbreitert sich. An der nächsten Verzweigung geht es geradeaus mit dem Hinweis »Hofalmrunde«. An der folgenden Gabelung wandern wir geradeaus dem letzten Wegweiser folgend. Ein breiter Schotterweg führt nun hinaus nach **6 Sagberg**. Hier laufen wir über eine Nebenstraße mit dem letzten Wegweiser bergab, bis es an einer Hackschnitzelanlage rechts geht. Zuvor ist ein Abstecher zur **7 Mariengrotte Waizenreit** zu empfehlen. Dazu geht man wenige Meter auf der Nebenstraße geradeaus bergab, von der nächsten Gabelung ohne Schild sind es links nur wenige Meter bis zur Grotte. Anschließend kehren wir wieder bergauf auf dem bekannten Weg bis zur Hackschnitzelanlage zurück. Nun wandern wir über einen schönen Wiesenpfad bergab und orientieren uns dabei wieder am Schild »Hofalmrunde«. Es geht dann in den Wald und mit dem nun schon gewohnten Wegweiser an der nächsten Verzweigung links, bis die St 2093 erreicht ist. Hier laufen wir wenige Meter neben der Straße auf einem Wiesenpfad, dann leiten die Wegweiser »Westlicher Höhenweg, Aschau« uns über **8 Fellerer** nach **1 Pölching**. Auf der gleichen Strecke wie auf dem Hinweg gelangen wir zurück zum Endpunkt, dem **Bahnhof** und **Parkplatz Aschau**.

MARIENGROTTE WAIZENREIT Im Mittelpunkt der folgenden Geschichte steht die Wassertrinkerin von Frasdorf. Die Bauerstochter Maria Furtner von Waizenreit führte ein Opferleben und verzichtete auf jegliche Speisen. Sie kam mit dem geweihten Wasser der Quelle nahe des elterlichen Hofes aus, mehrmals in der Woche empfing sie die Hos-

Tipp

WEITERE PARKMÖGLICHKEIT

Sollten einmal alle Parkplätze am Bahnhof Aschau belegt sein, fahren Sie auf der Kampenwandstraße weiter bis zum Parkplatz Festhalle Aschau. Dort gehen Sie auf der Schlossbergstraße in westlicher Richtung bis zur Zellerhornstraße und sind so auf der beschriebenen Route. Zurück gehen Sie dann einfach auf dem Bankerlweg bis zu seinem Ende. Dann haben Sie auch schon die Zellerhornstraße erreicht.

tie der heiligen Kommunion oder nahm ausgepressten Birkensaft zu sich. Über 50 Jahre verhielt sie sich auf diese Weise und blieb bei bester Gesundheit, so sagt man. Einen ergreifenden Eindruck hinterlässt die Mariengrotte, die am Wegesrand neben einem großen Kreuz unter alten Bäumen hoch über Frasdorf steht. Viele Menschen kommen im Gebet hierher, um eine Lösung für ihre Probleme zu erhalten. Ich selbst konnte in den 1990er-Jahren einmal den alten Bauern von Waizenreit erleben. Damals rief er verärgert aus seinem Hof: »Nehmt nur so viel Wasser mit, dass es für alle anderen auch noch reicht.« Es war ein VW-Bus aus München gekommen, der das Wasser der Quelle in ganzen Kanistern abfüllte. Ich konnte es kaum glauben, als ich selbst Wasser holen wollte und die Quelle keines mehr hergab. Gott sei Dank fließt das Wasser inzwischen wieder, aber es versteht sich von selbst, diesen Ort mit besonderer Wertschätzung zu betreten.

INFO

TOURENCHARAKTER
Bankerlweg als Spazierweg, Bergsteig, Wander- und Forstwege, Nebenstraße

AUSGANGS-/ENDPUNKT
ÖPNV: Bahnhof Aschau
Pkw: Parkplatz Bahnhof Aschau

ANFAHRT
Mit dem Auto auf A 8 bis Ausfahrt Frasdorf, dann Richtung Aschau. In Aschau nach Sachrang, dann links zum Bahnhof in den Hans-Clarin-Platz. Mit ÖPNV: München – Prien, weiter nach Aschau

GEHZEITEN
Bahnhof und Parkplatz Aschau – Pölching 0.30 Std. – Kettenkapelle 0.45 Std. – Hofalm 1.15 Std. – Sagberg 1 Std. – Pölching 0.45 Std. – Bahnhof und Parkplatz Aschau 0.30 Std.

BESTE JAHRESZEIT
Mitte Mai–Ende Oktober bei Schneefreiheit

EINKEHR
Hofalm, Frasdorfer Hütte (Abstecher)

KARTE
Alpenvereinskarte BY17 Chiemgauer Alpen West

mittel | 4.45 Std. | 15,8 km | 508 Hm

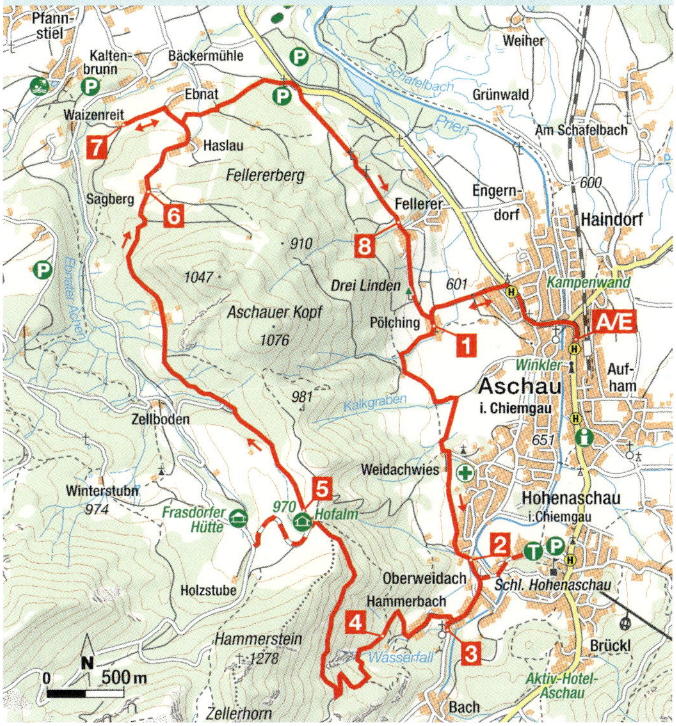

INFORMATION
Tourist Info Aschau im Chiemgau
www.aschau.de

Der Drache, der das Paradies erschuf

Filzenrunde Samerberg

Stimmungsvolle Weitblicke über die Filze bis zum Wendelstein hinüber, melancholische Bohlenwege und ein geheimnisvoller Wald, in dem es so manches zu entdecken gibt – das alles hat diese schöne Rundtour zu bieten. Und außerdem: eine uralte Legende.

Idylle für sich: der Dorfplatz zu Törwang

10

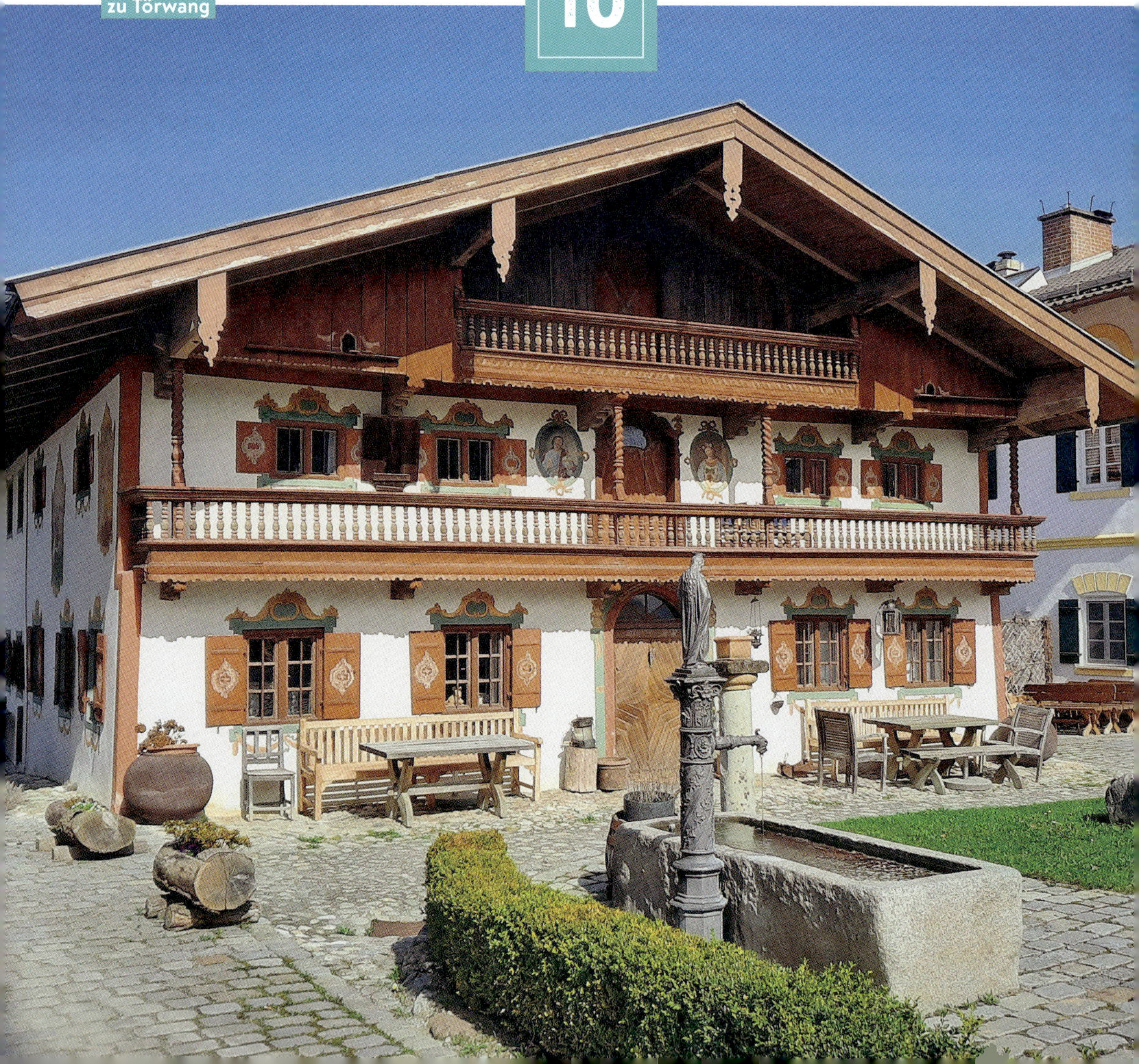

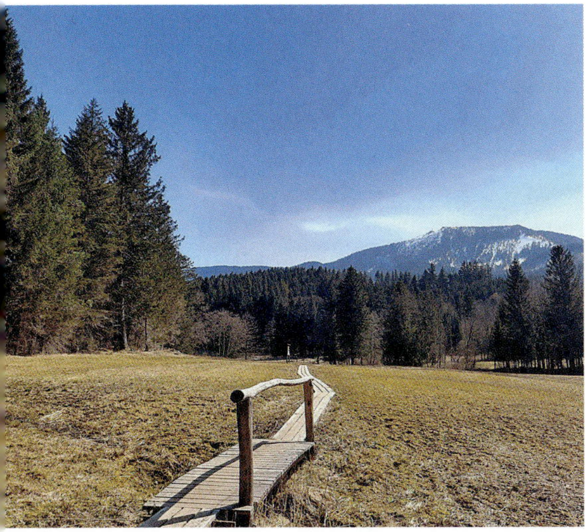

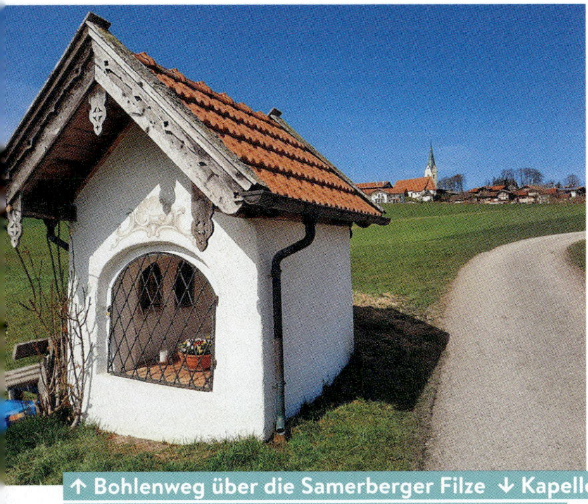

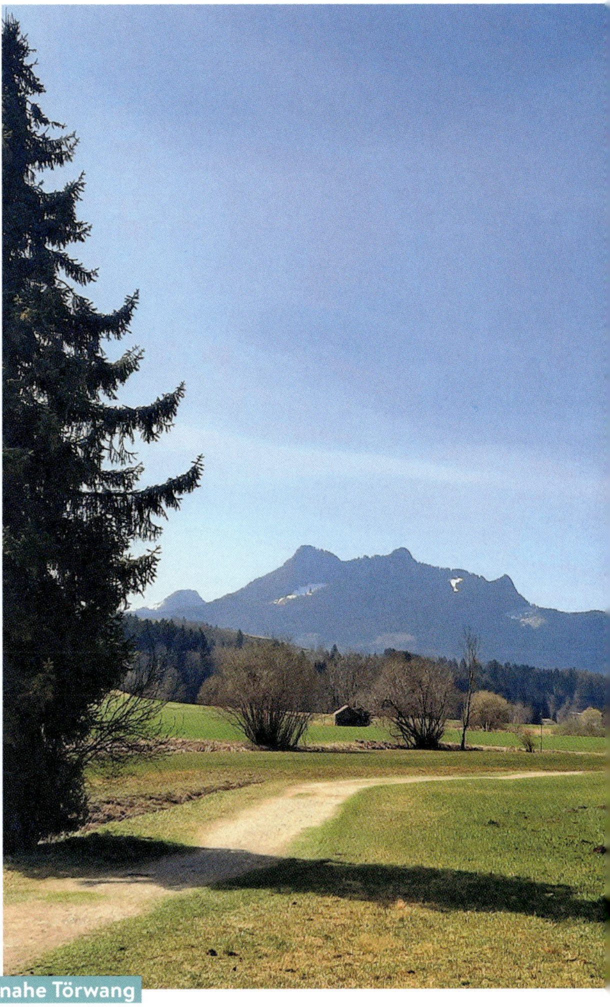

↑ Bohlenweg über die Samerberger Filze ↓ Kapelle nahe Törwang
↗ Am Steinbach geht der Blick auf den Heuberg

IN DER SAMERBERGER FILZE Idyllisch plätschert der kleine Steinbach in Mäandern durch die Moorlandschaft. Über die weiten Flächen geht der Blick auf die Kette der westlichen Chiemgauer Alpen. Von links nach rechts sind Riesenberg, Hochries, Karkopf und Feichteck zu sehen, daneben grüßt der mystisch anmutende Heuberg mit seinen dunklen Wänden herüber. Auf der anderen Seite des Inntales weiter rechts sieht man das Mangfallgebirge mit dem Großen Traithen, dem Rehleitenkopf und dem Wendelstein. Besonders im Frühjahr bildet das frische Grün in der Samerberger Filze einen schönen Kontrast zu den weißen, tief verschneiten Bergen rundherum. Mittags läuten die Glocken von Törwang und Grainbach und breiten einen wundersamen Klangteppich über die weiten Wiesen des Moores aus. Es ist eine Wanderung für die Sinne. Nach einem melancholisch anmutenden Bohlenweg kommen wir in einen verwunschenen Wald.

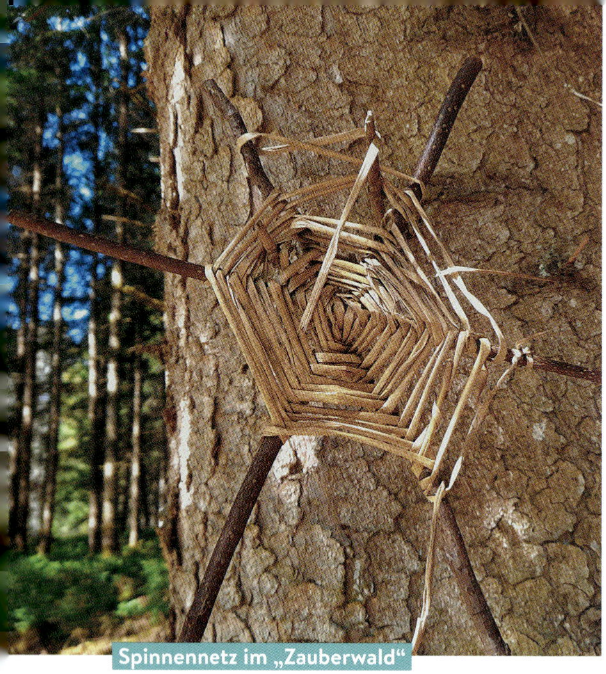
Spinnennetz im „Zauberwald“

Dort hängt ein gebasteltes Spinnennetz aus Stroh und Ästen an einer alten Fichte herunter, ein paar Meter weiter sind bemalte Steine zu einer Kunstinsel auf dem bemoosten Waldboden ausgelegt. Der ganze Wald wirkt wie verzaubert, dazu tragen auch die Sonnenstrahlen bei schönem Wetter bei. Sie bahnen sich ihren Weg durch das Dickicht der Tannen und lassen das Moos leuchten oder fallen auf das Wasser des Steinbaches, in dem sich dann die Bäume spiegeln. Hier darf man die Mystik dieser Landschaft in vollen Zügen genießen und die Seele baumeln lassen. Bei so vielen Eindrücken laufen die Füße von ganz allein. Am Ende der Wanderung bietet sich ein Bummel durch Törwang an, mit seinen alten Bauernhäusern und der markanten Dorfkirche Maria Himmelfahrt. In aller Ruhe können Sie diesen Tag im Gasthof zur Post ausklingen lassen, Sie sind ja schon am Ende der Wanderung angelangt.

Tipp

BADEVERGNÜGEN

Besuchen Sie auf der Tour an warmen Sommertagen das Naturbad Samerberger Filze. Die Anlage überzeugt durch eine einwandfreie Wasserqualität. Gemütliche Holzdecks, große Liegewiesen sowie einen Spielplatz für die kleinen Badegäste gibt es hier.
www.samerberg.de/freizeitspass/bad

DIE RUNDWANDERUNG Vom A1 E1 **Wanderparkplatz Törwang** geht es rechter Hand auf der Fahrstraße bergan vorbei am Seniorenheim Mangst. Wir folgen der Rechtskurve der Straße über den Dorfplatz und kommen zur A2 E2 **Bushaltestelle Törwang**, dem Ausgangspunkt für ÖPNV-Anreisende. Vorbei am Kaufhaus Willkommer wandern wir auf der Samerstraße bergab. Wenig später geht es rechter Hand in eine Nebenstraße mit dem Schild »Naturbad, Samerberger Filze«. Wir überqueren die RO 9 und gelangen so auf einen breiten Schotterweg bergab über weite Wiesen, die den Blick nach Westen bis zum Wendelstein freigeben. Im Wald folgen wir an einer Wegkreuzung dem Wegweiser »Wanderwege, Grainbach« geradeaus, vorbei am 1 **Naturbad Samerberger Filze**. Über weite Wiesen mit Blick auf die Hochries geht es südwärts der Sonne entgegen, bis man rechts dem Schild »Samerberger Filze« westwärts entlang des Steinbaches folgt. Dann geht es links über den Steinbach nach »Mitterhof, Mosen«. Gleich darauf wandern wir an einer Verzweigung zweimal rechts weiter auf den »Filzenrundweg«. Dann geht es mit diesem Wegweiser abermals rechts über die Bachbrücke, nun aber nur wenige Meter. Sodann laufen wir links Richtung »Lehrbienenstand«. Über einen Bohlenweg gelangen wir an den Waldrand. Hier nehmen wir den kleinen Holzwegweiser »Rundweg« in ein geheimnisvolles Waldstück. Am Ende des

Waldpfades geht es rechts ohne Beschilderung. In der Folge orientieren wir uns am Wegweiser »Törwang« bis nach Geisenkam. Wir wandern nun auf einem breiten Schotterweg vorbei am **2 Lehrbienenstand**, dann erreichen wir wieder die RO 9. Ihr folgen wir ein kurzes Stück mit Vorsicht rechts, dann zweigt an einem kleinen Bachlauf links ein schöner Wanderpfad ab, der am Waldrand bergauf nach **3 Geisenkam** führt. Dort folgen wir zunächst dem Schild »Samerberger Filze, Grainbach«. An der nächsten Verzweigung laufen wir über weite Bergwiesen geradeaus nach »Törwang«. Dort geht es auf dem gewohnten Weg zurück zu den Ausgangspunkten, der **Bushaltestelle Törwang** und dem **Wanderparkplatz Törwang**.

DIE LEGENDE DES DRACHEN VOM SAMERBERG Auf der Samerberger Filzenrunde soll ein riesiger Drache der Legende nach einst einen großen Damm durchbrochen haben. Das Wasser stürzte in einer einzigen Sintflut bis hinunter in das Inntal zwischen Neubeuern und Nussdorf. Übrig geblieben ist heute ein wunderschönes Hochmoorgebiet, die »Samerberger Filze«. In ihr sind seltene Blumen und Kräuter zu finden und sie ist ein einzigartiger Lebensraum vieler Insekten und Vögel.

INFO

TOURENCHARAKTER
Spazierwege, breite Schotterwege, Bohlenwege, Nebenstraßen

AUSGANGS-/ENDPUNKT
ÖPNV: Bushalt Törwang
Pkw: Wanderparkplatz Törwang

ANFAHRT
Mit dem Auto auf A 8 bis Ausfahrt Achenmühle. Links nach Achenmühle, rechts nach Törwang. Auf RO 9 bleiben, am Ortsende rechts zum Wanderparkplatz Törwang am Seniorenheim Mangst. Mit ÖPNV: Bahn bis Rosenheim. Dann Bus 9493 nach Törwang-Kirche

GEHZEITEN
Törwang – Naturfreibad 0.30 Std. – Lehrbienenstand 0.45 Std. – Törwang 0.30 Std.

BESTE JAHRESZEIT
Ganzjährig. Im Winter nur bei schnee- und eisfreien Bohlenwegen

EINKEHR/UNTERKUNFT
Gasthof und Hotel zur Post, Törwang; Kiosk und Bellas Moorstüberl, Naturfreibad

leicht | 1.45 Std. | 5 km | 90 Hm

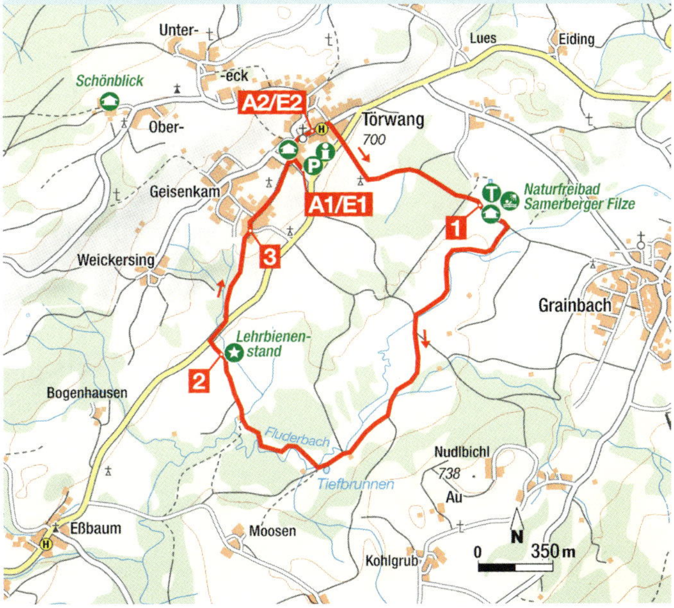

KARTE
Alpenvereinskarte BY17
Chiemgauer Alpen West

INFORMATION
Touristinfo Samerberg
www.samerberg.de

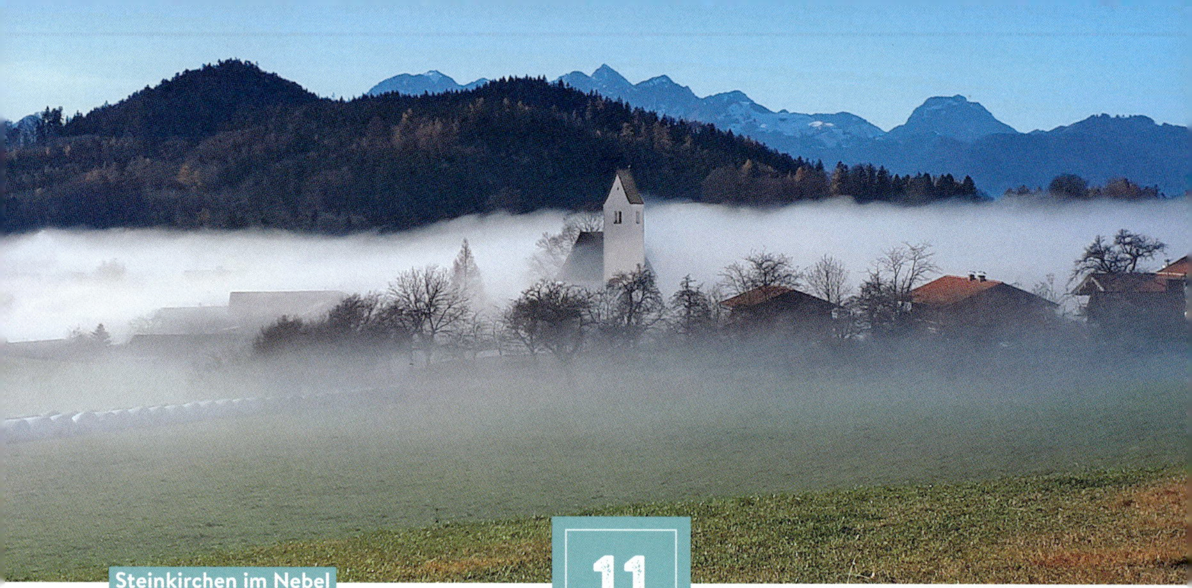

Steinkirchen im Nebel

11

Über dem Nebelmeer bei Steinkirchen

Auf dem Samerberg

Wer kennt sie nicht: graue Novembertage, die nicht enden wollen. Doch der Weg ins Paradies liegt oft nur wenige Meter über dem Tal. Im gleißenden Licht der Sonne, auf einem Meer voller Watte, glaubt man manchmal zwischen Steinkirchen und dem Dandlberg, hier oben zu fliegen.

ZWISCHEN STEINKIRCHEN UND DEM MYSTISCHEN DANDLBERG Ich fahre hinauf nach Steinkirchen und glaube nicht, dass es heute aufreißt. Doch wenig später liegt die Kirche St. Peter im gleißenden Licht, darüber tiefblauer Himmel. Nebelschwaden kriechen den Kirchturm empor und fallen auf der anderen Seite wieder in sich zusammen. So viele Anläufe der Nebel auch nimmt, er schafft es nicht, die Hochfläche einzunehmen.
Am Ende der Tour, im letzten Abendlicht möchte man nicht ins Tal, denn in Törwang ist es dann manchmal schon stockfinster.

VON DORFEN ZUM DANDLBERG Vom A E **Wanderparkplatz Dorfen** geht es rechter Hand auf der Fahrstraße bergan. Wir passieren das Ortsschild von 1 **Dorfen**. An der nächsten Straßengabelung biegen wir links in den Dandlbergweg und folgen hier dem Wegweiser »Dandlberg 54, 55«. Nun gehen wir auf einem breiten Schotterweg über weite Wiesen. An einer Weggabelung am Waldrand folgen wir hier weiter geradeaus dem nun geteerten Weg mit dem Wegweiser »54, 55«. Dann nehmen wir an einer weiteren Weggabelung den geteerten Fahrweg mit dem Wegweiser »55« rechter Hand und ignorieren das Schild »Dandlbergalm«, das geradeaus führen würde. Nachdem wir ein Stück auf dem breiten Schotterweg durch den Wald zurückgelegt haben, geht es an einer Weggabelung nach rechts weiter, dem Wegweiser »Dandlberg, 55« folgend. Dieser Wegweiser führt uns kurz darauf an einer weiteren Weggabelung links auf einen schmalen Waldpfad. Nun geht es über den Kamm des **2 Dandlbergs** steil bergauf zum höchsten Punkt, der an einem Holzkreuz zu erkennen ist. Dann führt der Pfad erst eben, direkt an der Hangkante, dann bergab aus dem dunklen, mystischen Bergwald heraus. Am Ende des Kammweges an einer großen Antenne befindet sich eine Weggabelung. Hier gehen wir linker Hand noch wenige Meter zur **3 Dandlbergalm**.

Zurück laufen wir auf einem breiten Schotterweg nach »Steinkirchen«, zunächst steil bergan, dann in leichtem Auf und Ab, bis zum bekannten Abzweig des Hinweges. Hier steht ein geheimnisvolles Ensemble aus Steinmännchen. Ab hier geht es schließlich auf dem gewohnten Weg zurück zum Ausgangspunkt, dem **Wanderparkplatz Dorfen**.

INFO

mittel | **2.45 Std.** | **5,9 km** | **179 Hm**

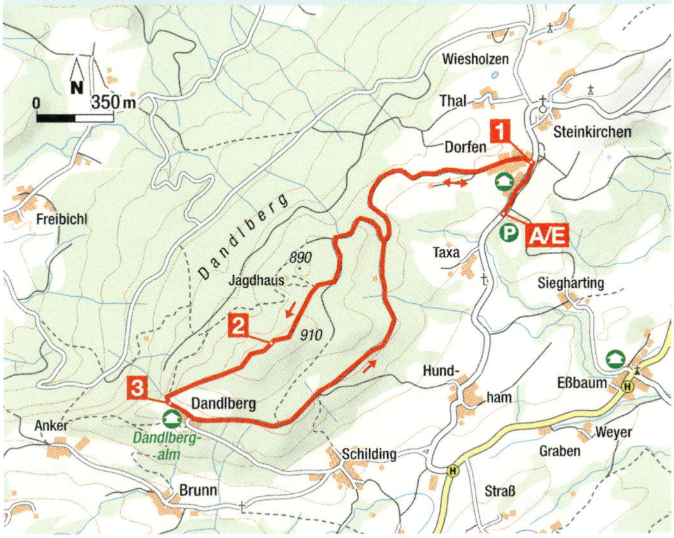

TOURENCHARAKTER

Forst- und Nebenstraßen, steigähnliche Wege

AUSGANGS-/ENDPUNKT

Wanderparkplatz Dorfen

GIPFEL

Dandlberg, 920 m

ANFAHRT

Mit dem Auto auf A93 bis Ausfahrt Brannenburg. Rechts Richtung Nußdorf über die Innbrücke. In Nußdorf links Richtung Neubeuern. Nach etwa 1 km an der nächsten Abzweigung rechts Richtung Grainbach, Samerberg. Nach der Ortschaft Roßholzen links Richtung Hundham, Steinkirchen bergauf. Vor dem Ortsschild Dorfen ist rechts der Wanderparkplatz (nicht mit ÖPNV erreichbar).

GEHZEITEN

Wanderparkplatz Dorfen – Dandlberg 0.45 Std. – Dandlbergalm 0.45 Std. – Wanderparkplatz Dorfen 1.15 Std.

BESTE JAHRESZEIT

Ganzjährig. Nach Neuschnee zwei Tage warten, bis der Weg getrampelt ist.

EINKEHR

Dandlbergalm

KARTE

Alpenvereinskarte BY17 Chiemgauer Alpen West

INFORMATION

Touristinfo Samerberg
www.samerberg.de

Warum geht mei Hirnbirn immer aus?

Auf das Feichteck

Das Feichteck ist für mich ein ganz besonderer Berg. Geheimnisvolle Wälder, steile Bergflanken und ein ewiger Wind, begleitet von einer mystischen Aura, charakterisieren ihn. Auf diesem Berg habe ich schon meine ganz eigenen Erfahrungen gemacht.

Schlussanstieg zum Feichteck

12

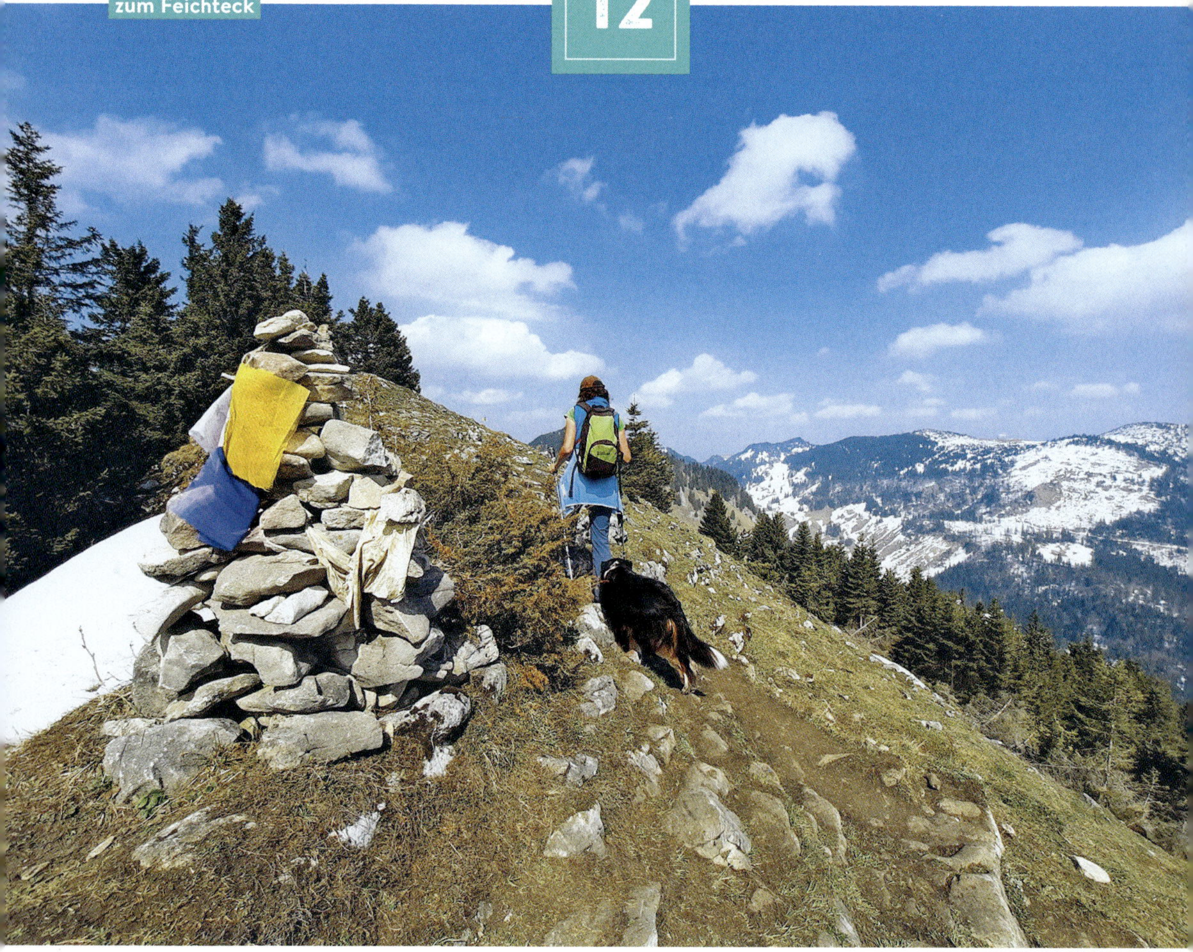

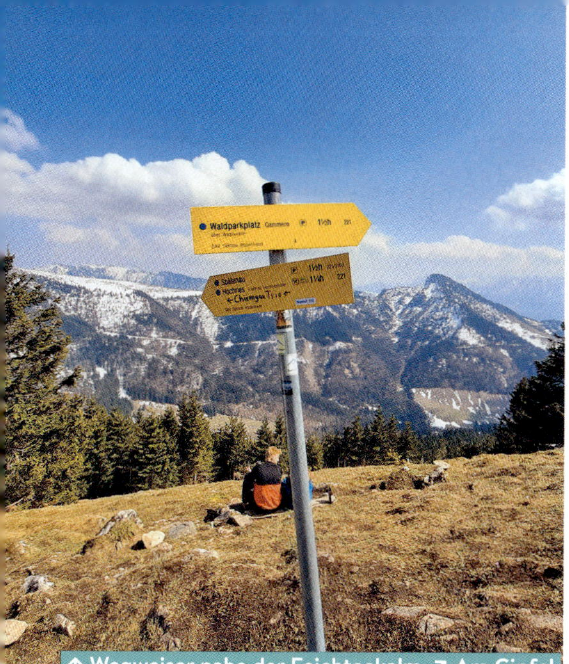

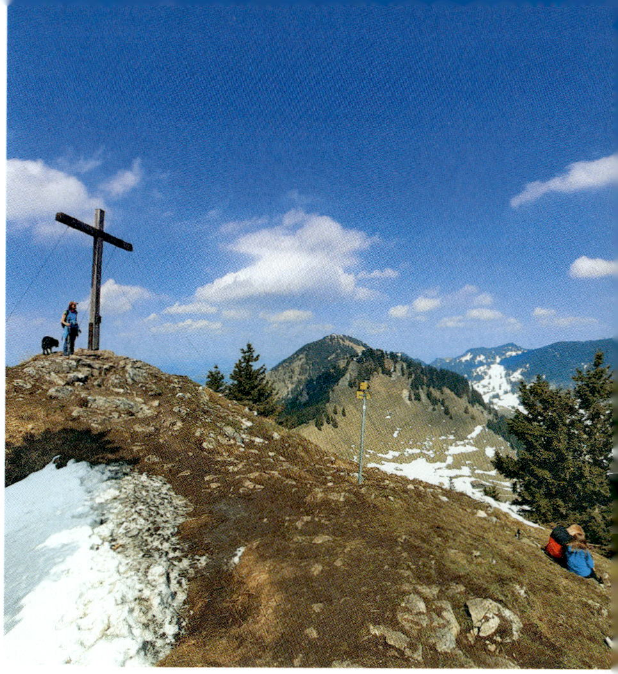

↑ Wegweiser nahe der Feichteckalm ↗ Am Gipfel des Feichteck: Blick auf Karkopf und Hochries

IMMER GING UNS DAS LICHT AUS Ich könnte einfach sagen, ich habe eine schlechte Beziehung zu diesem Berg. Bin ich doch nach der Trennung von meiner ersten Frau eines Sommermorgens um 4 Uhr auf den Gipfel gerannt und konnte trotzdem nicht vor meinem persönlichen Drama davonlaufen. Inzwischen habe ich den Weg dort hinauf wirklich in mein Herz geschlossen. Und spätestens seit der Geschichte mit der Hirnbirn, also der Stirnlampe, bin ich mir sicher, dass es hier oben um weit mehr geht, als um meine persönlichen Erinnerungen. Denn auf dieser Tour ging mir, und auch meinem Bergkameraden, immer wieder mal das Licht aus trotz neuer Batterien. Gott sei Dank schien beim nächtlichen Abstieg der Mond, sodass wir lediglich mit einem Schaudern ins Auto zur Heimfahrt stiegen. Einmal sprach ich mit einem Bergbauern am Samerberg über diese Vorfälle. Der sagte: »Des is völlig normal in dera Ecken, i hab immer a zwoate Lampen dabei.« Also hatte ich künftig auch immer eine zweite Stirnlampe dabei, um an den vermeintlich so energiezehrenden Stellen entlang des idyllischen Fluderbaches unbeschadet ins Tal zu kommen. Trotzdem bekomme ich bis heute Gänsehaut, wenn der Wind im Anstieg über der Wagneralm durch die Fichten rauscht, während es andernorts windstill ist.

AUF DAS FEICHTECK Vom A1 E1 **Parkplatz Duftbräu** wenden wir uns dem Fluderbach in östlicher Richtung neben der Straße zu. Neben dem Bach und seinen Wasserfällen geht es bergan zum »Heuberg«. An einer Wegkreuzung laufen wir weiter geradeaus zum »Heuberg«, zunächst entlang des Baches, dann über eine idyllische Bergwiese mit Blick auf den Heuberg. An der folgenden Wegkreuzung geht es linker Hand auf einem Forstweg zum 1 **Waldparkplatz**. Hier wandern wir rechter Hand zum »Feichteck«, entweder auf dem Wanderweg oder auf dem Forstweg. Beide Wege vereinen sich im weiteren Anstieg. An einer Gabelung geht es linker Hand weiter zum »Feichteck«, bis man an einer Wegkreuzung geradeaus dem Wanderweg zur »Wagneralm« mit rotem Punkt folgt. Über eine Bergwiese passieren wir die 2 **Wagneralm**, dann zweigt links der Steig mit dem Hinweis »Feichteck« ab, allerdings in der falschen Farbkategorie Blau. Rot wäre hier richtig. Der schöne Bergsteig führt in Kehren über eine Bergwiese in den Wald. Weiter geht es in Kehren teilweise steil bergan. Zwischenzeitlich gesellt sich ein etwas breiterer Karrenweg zu unserem Weg bergauf, bis wir auf dem nun schon gewohnten Bergsteig freies Gelände in der Nähe der Feichteckalm erreichen. Hier wandern wir am Waldrand der Markierung folgend bergan, bis der Gipfel des **3 Feichteck** erreicht ist. Zurück geht es auf dem gleichen Weg bis zum Ausgangspunkt unserer Tour, dem **Parkplatz Duftbräu**.

RUNDWANDERUNG ÜBER FEICHTECKSATTEL Wer möchte, kann auch eine Runde über **4 Sachrinnstein** und den **5 Feichtecksattel** machen. In welcher Richtung man diese Route absolviert, hängt von den Verhältnissen ab. Beispielsweise ist es bei rutschigen Wegen besser, die vorgeschlagene Route für den Abstieg zu nehmen. Man muss dann nicht den steilen Weg zur Wagneralm hinunter. Allerdings ist dieser Nordhang gerne noch bis ins Frühjahr hinein mit Schnee bedeckt, während die Bergflanken der oben beschriebenen Route über die Wagneralm häufig schon durch die südwestseitige Ausrichtung schneefrei sind. Achten Sie deshalb vor Antritt der Tour unbedingt auf die Wegverhältnisse vor Ort.

Frühlingserwachen: Krokuswiesen unter dem Feichteck

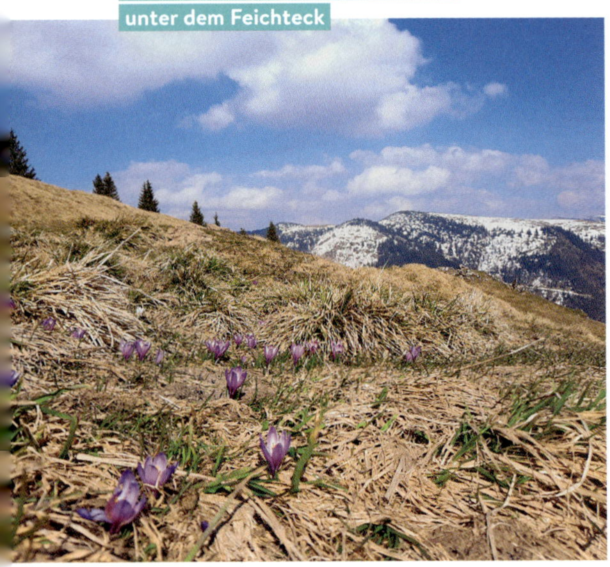

Tipp

Wenn Sie die Wanderung verkürzen möchten, können Sie auch zum **A2 E2 Waldparkplatz** fahren. Zwischen den Parkplätzen Spatenau und dem Duftbräu führt eine Schotterstraße mit einem Wegweiser vorbei am Bruchfeldhaus dorthin. Damit verkürzt sich die gesamte Gehzeit auf 3.15 Stunden, die Höhenmeter verringern sich auf 750.

PANORAMA DER EXTRAKLASSE Im Frühjahr bieten die bunten Farbtupfen der Krokusse auf den Wiesen einen wunderbaren Kontrast zu den oft noch verschneiten Berggipfeln. Im Nordwesten erblicken wir die Ebene des Rosenheimer Beckens. Traumhafte Sonnenuntergänge im Sommerhalbjahr sind deshalb garantiert. Allerdings sollte man anschließend schnell mit Stirnlampe, entsprechender Trittsicherheit und Orientierung absteigen. Zudem sollte man dann das Auto weiter oben am Waldparkplatz stehen haben (siehe Tipp). Nach Osten sehen wir erstmal über den Karkopf hinüber zur Hochries mit seiner Hütte, weiter rechts liegt der Klausenberg und über den Brandelberg geht der Blick bis hinüber zum Spitzstein. Dahinter bauen sich von links nach rechts die weiteren Chiemgauer Alpen auf mit Kampenwand, Hochgern und, ganz nah, dem Geigelstein. In letzter Reihe spitzen die Leoganger und die Loferer Steinberge heraus. Weiter rechts haben wir es mit den Felsspitzen des Kaisers zu tun. Im Süden liegt tief unter uns das Inntal mit dem Pendling, dem Kufsteiner Hausberg und der Hohen Salve. An föhnigen Tagen baut sich dahinter der Alpenhauptkamm auf, von den Zillertaler Alpen bis hinüber zu den Stubaier Alpen. Noch weiter rechts im Südwesten sehen wir das Mangfallgebirge mit dem Großen Traithen und dem Wendelstein.

CHIEMGAU-TRIO Wer noch Kraft für diesen Abstecher hat, wandert ostseitig über den 5 **Feichtecksattel** zum 6 **Karkopf**. Für den Überstieg über diesen Gipfel benötigt man Trittsicherheit und Schwindelfreiheit, da eine kurze Kletterpassage bewältigt werden muss. Weiter geht es dann auf die 7 **Hochries**. Zurück kann man dann auf einem Weg unter dem Karkopf herumgehen, bevor man dann am Feichtecksattel über Sachrinnstein oder auf dem Hinweg der Normalroute absteigt. Unterhalb der Wagneralm führen beide Wege wieder zusammen.

INFO

TOURENCHARAKTER
Wanderwege, Forststraße

AUSGANGS-/ENDPUNKT
Waldparkplatz Gammern

GIPFEL
Feichteck 1514 m
Karkopf 1498 m (Variante)
Hochries 1569 m (Variante)

ANFAHRT
Mit dem Auto auf A 8 bis Ausfahrt Achenmühle. Links nach Achenmühle. Nach Grainbach. Über Spatenau zum Duftbräu (nicht mit ÖPNV erreichbar)

GEHZEITEN
Duftbräu – Waldparkplatz 0.45 Std. – Wagneralm 0.30 Std. – Feichteck 1.15 Std. – Wagneralm 1 Std. – Waldparkplatz 0.30 Std. – Duftbräu 0.45 Std.

BESTE JAHRESZEIT
Ganzjährig. Im Winter auf getrampelten Steigen mit Gleitschutz, Bergerfahrung, Trittsicherheit. Der Weg über Sachrinnstein, Feichtecksattel ist bei Schnee zu meiden. Ebenso das Chiemgau-Trio.

mittel	4.45 Std.	11,6 km	736 Hm

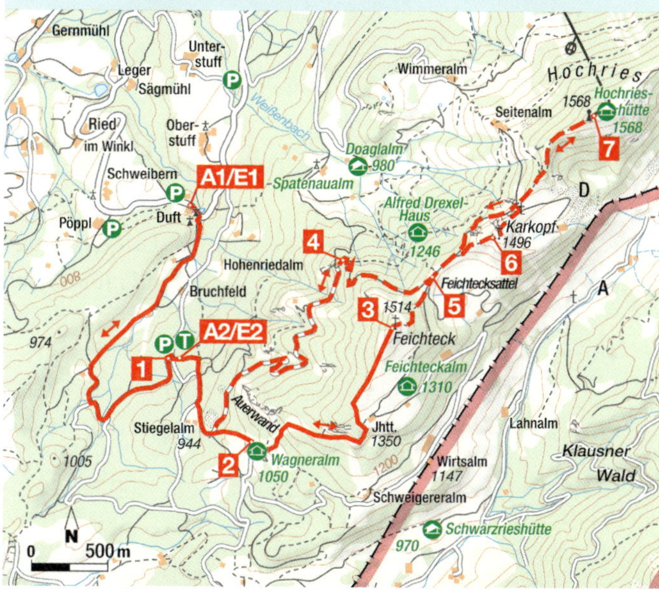

EINKEHR
Wagneralm, Duftbräu, Hochrieshaus (Abstecher)

KARTE
Alpenvereinskarte BY17
Chiemgauer Alpen West

INFORMATION
Touristinfo Samerberg
www.samerberg.de

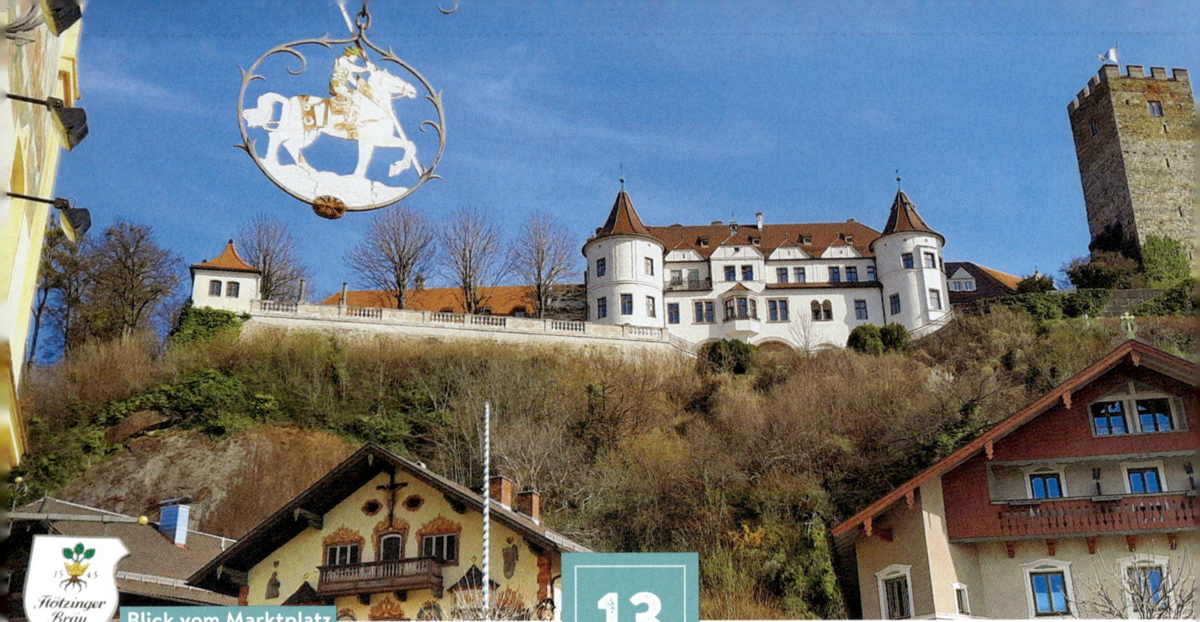

Blick vom Marktplatz auf Schloss Neubeuern

13

Die Blaue Frau und der Schlossturm

Runde in Neubeuern

Neubeuern mit seinem alten Marktplatz ist einer der schönsten Orte im bayerischen Inntal. Über dem Dorf steht das Schloss – dessen Turm ist in der Sage von der Blauen Frau von Bedeutung. Auf dem Rundweg durch diese malerische Landschaft geht es in der geheimnisvollen Wolfsschlucht durch eine Höhle.

DIE SAGE VON DER BLAUEN FRAU Aus Angst, seine Frau würde untreu werden, sperrte ihr Ehemann sie in den Schlossturm zu Neubeuern. Vor lauter Kummer stürzte die Unglückliche sich daraufhin vom Turm hinunter und starb. Seitdem zieht sie als Geist in blauem Gewand durch das Schloss und um den Turm herum, so heißt es. Dabei beschützt sie alle Bewohner des Herrschaftssitzes – beispielsweise als dieser einmal in Brand geriet.

PANORAMABLICK ÜBER DAS BAYERISCHE INNTAL An klaren Tagen geht der Blick vom Schloss Neubeuern bis in die Hohen Tauern. Markant ist die Eispyramide des Großvenedigers. Links davon erheben sich die Chiemgauer Alpen mit dem Heuberg und der Hochries. Rechts, auf der anderen Seite des Inntales, sieht man im Mangfallgebirge von links nach rechts Wildbarren, Riesenkopf und darunter das Petersbergl mit seiner Kirche sowie den Wendelstein.

RUNDGANG NEUBEUERN Von der **A1 E1 Bushaltestelle Neubeuern** geht es in die Schlossstraße zum **A2 E2 Parkplatz P1 Neubeuern**. Hier folgen wir auf einem geteerten Fußweg dem Wegweiser »Wolfsschlucht«. Nach wenigen Metern laufen wir scharf links in die **1 Wolfsschlucht,** dabei durchschreiten wir eine Durchgangshöhle. Auf deren anderer Seite geht es aus der Schlucht bergab, bis wir rechts zu den Stufen hinunter nach »Neubeuern« gelangen, vorbei an einem Tennisplatz. An der Straße »Am Gaststeig« wandern wir wenige Meter linker Hand. Dann steigen wir rechts über einen Stufenweg hinunter zur **2 Sailerbachstraße**. Dieser folgen wir links bis zum Anwesen Haus Nummer 8. Dann laufen wir auf den Stufen wieder hinauf zum **3 Historischen Marktplatz**. Diesen überqueren wir und wenden uns links dann dem **4 Münchner Tor** zu. Direkt davor gehen wir auf einem weiteren Stufenweg bergan zum **5 Schloss Neubeuern**, die letzten Meter dabei auf der Zufahrtsstraße bis zum Schloss. Dort laufen wir gegen die Fahrtrichtung der Straße auf der anderen Seite wieder bergab. Nach wenigen Metern gelangen wir an eine kleine Kapelle und wandern ohne Beschilderung auf einem kleinen Waldpfad zurück zur **Wolfsschlucht**. Die Wegstrecke zurück entspricht der des Hinweges.

Tipp

Ein schöner Aussichtspunkt befindet sich hinter der Kirche am Marktplatz. Nur wenige Stufen geht es hinauf zum Geotop Haschlberg. Von dort hat man von zwei Aussichtskanzeln einen herrlichen Blick auf den Marktplatz Neubeuern und das Schloss dahinter sowie auf das bayerische Inntal bis hinein nach Österreich.

INFO

TOURENCHARAKTER

Spazier-, Wander- und Stufenwege sowie Nebenstraßen

AUSGANGS-/ENDPUNKT

ÖPNV: Bushalt Neubeuern Ortsmitte
Pkw: Parkplatz P1 Neubeuern

ANFAHRT

Mit dem Auto auf A 8 Ausfahrt bis Rohrdorf. Dann nach Neubeuern. Rechts in die Schlossstraße. Mit ÖPNV: Bahn bis Rosenheim. Bus 9490 nach Nußdorf bis Neubeuern

GEHZEITEN

Gesamter Rundweg: 1.30 Std.

BESTE JAHRESZEIT

Ganzjährig. Vorsicht bei Schnee und Eis in der Schlucht und an den Stufenwegen, dann Fahrstraße vom Schloss ohne den Waldpfad gehen

EINKEHR

Gasthaus Stangenreiter

leicht	1.30 Std.	2,9 km	131 Hm

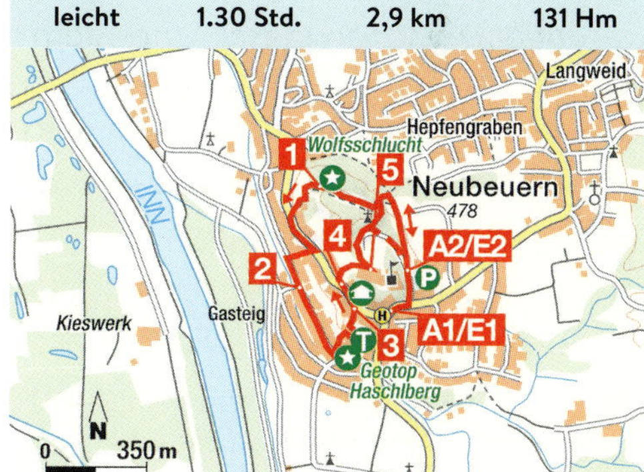

KARTE

Alpenvereinskarte BY16 Mangfallgebirge Ost

INFORMATION

Fremdenverkehrsverein Neubeuern am Inn
www.kulturdorf-neubeuern.de

Auf der Suche nach dem versunkenen Dorf

Ratzinger Höhe und Simssee

Eine weite Runde führt auf die Ratzinger Höhe mit ihrem traumhaften Chiemseeblick. Der Aussichtsturm bietet ein Panorama auf die Kette der Chiemgauer Alpen. Über das stille Tal der Thalkirchner Achen gelangt der Wanderer an die verwunschenen Uferpfade des Simssees.

Ist ein Dorf im Simssee versunken?

14

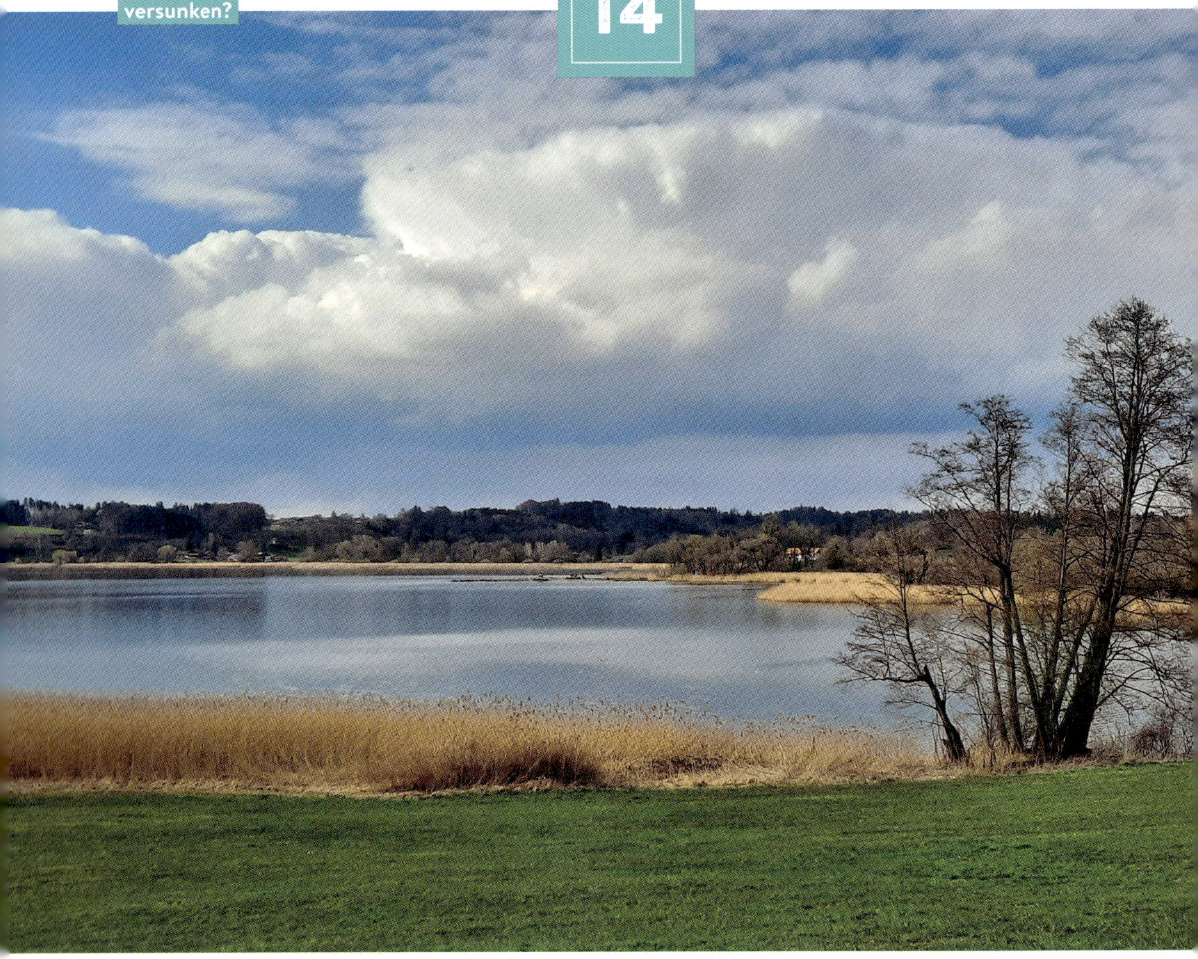

IMPRESSIONEN AUS DEM PARADIES

Reisende mit der Bahn dürfen schon während der Fahrt den Ausblick über das Thalkirchener Moos in die Chiemgauer Bergwelt genießen. Ist man auf der Tour am Aussichtsturm angekommen, reicht der Blick vom Hochstaufen im Osten über den Alpenrand bis zum Wendelstein im Westen. Unten am Simssee präsentiert sich dann eine völlig andere Welt. Kleine Bäche mäandern durch mystische Waldschluchten. Das Schilf an den Ufern des Simssees leuchtet im Licht der Abendsonne und der Wind zaubert kleine Wellen über das Wasser.

VON BAD ENDORF NACH THALKIRCHEN

Vom A1 A2 **Bahnhof Bad Endorf** gehen wir in Fahrtrichtung des Zuges von Gleis 4 bis zur Ströbingerstraße am Bauernwirt. Dieser folgen wir rechts, bis sie links an einer Straßenkreuzung weiterführt zu den 1 **Chiemgauthermen**. Vorbei geht es am Parkhaus. Hier und für den Rest des Weges orientieren wir uns an den Wegweisern »Antwort, 5« oder »5«. Es geht nun an einem kleinen Waldstück vorbei, an dem sich eine Orangerie befindet. Von dort wandern wir an der nächsten Wegkreuzung rechts bergab auf einem geteerten Weg mit dem Zusatzschild »Panoramaweg«. Am 2 **Kurfer Hof** laufen wir links in Richtung »Simssee«. In Höhe der Mariengrotte geht es wieder rechts und weiter bergab. Dann nimmt der Weg eine Linkskurve, das Schild »Hirnsberg, Thalkirchen« gibt in der Folge den Weg vor – an einem Wegedreieck weist es uns nach rechts. Wir durchqueren nun das Thalkirchner Moos auf einem schönen Wiesenpfad, bis Thalkirchen erreicht ist. Hier folgen wir rechts dem Schild »Simssee«, passieren die Brücke über die Thalkirchner Achen zum A2 E2 **Parkplatz Kirche St. Andreas Thalkirchen**, der sich direkt am Bach befindet. Hier lohnt sich ein Abstecher zur Kirche.

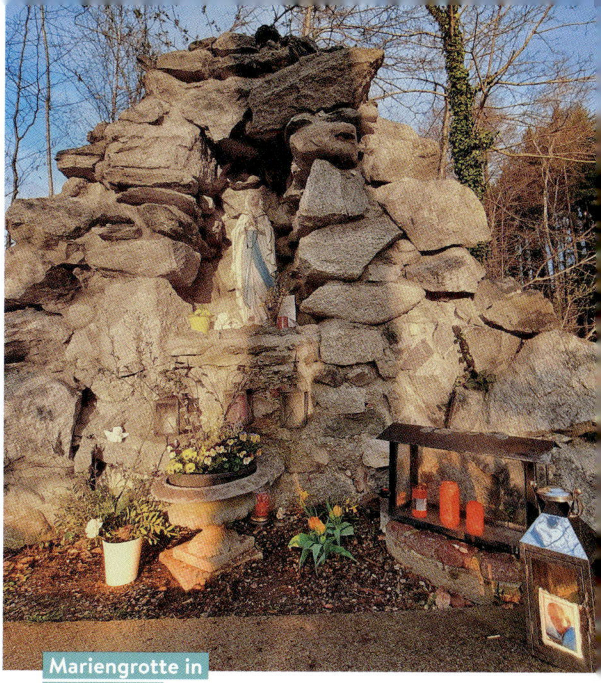

Mariengrotte in Bad Endorf

STEIL HINAUF ZUR RATZINGER HÖHE

Vom Parkplatz wandern wir südwärts an der Thalkirchner Achen entlang bis zur RO 16. Dieser folgen wir ein kurzes Stück links bergan. Dann wandern wir rechts steil bergauf auf einer kleinen Nebenstraße zur »Ratzinger Höhe« über Holzberg, Hocheck und Gattern. Danach führt uns der zuletzt erwähnte Wegweiser zur nächsten Straßengabelung. Hier wenden wir uns nach links, dann ist auch schon die 3 **Ratzinger Höhe** erreicht.

ÜBER IRNKAM ZUM SIMSSEE Nun wandern wir wieder ein Stück zurück, an der nächsten Straßengabelung rechts, dann gleich links in ein Waldstück hinein und folgen dabei dem Schild »Aussichtsturm über Kapelle Gattern« über einen Wiesenpfad. Sodann passieren wir den Weiler 4 **Ratzing** und das Schild »Naturweg« und gehen an einer Wegkreuzung geradeaus, bis wir die RO 22 erreichen. Dieser folgen wir rechts mit dem Wegweiser »Aussichtsturm«, bis der Abzweig links über weite Wiesen auf einem

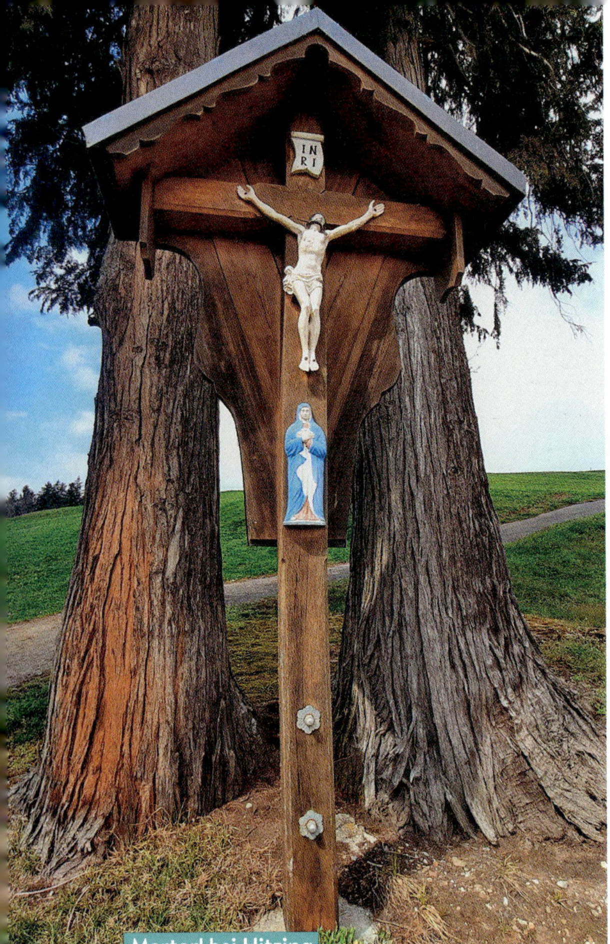

Marterl bei Hitzing

Schotterweg zum **5 Aussichtsturm** führt. Von dort aus gehen wir in einer Schleife nach »Hitzing«. Hier wandern wir kurz rechts auf der RO 22 und gleich wieder links nach »Irnkam« auf einem breiten Schotterweg bis nach Ulperting. Weiter bergab geht es nun auf einer geteerten Nebenstraße, bis diese links in das Tal der Thalkirchner Achen führt. Am Bach wandern wir links nach »Irnkam, Schralling« über die Bachbrücke. Bergan führt die Nebenstraße nun nach **6 Irnkam**, in der Folge erreichen wir **7 Schralling**. Hier queren wir die RO 16 direkt in einen Nebenweg. Vorbei an einigen Bauernhöfen geht es immer geradeaus in westlicher Richtung, nun ohne Beschilderung über weite Wiesen leicht bergab. An der nächsten Verzweigung gehen wir rechts, passieren einen Geräteschuppen, bevor wir an der folgenden Gabelung links abbiegen. Gleich darauf wandern wir am Waldrand neuerlich nach links. In einem Bachgraben an einer Verzweigung halten wir uns rechts und erreichen auf einem breiten Schotterweg den Simssee. Anschließend geht es an einer Wegkreuzung in nördlicher Richtung weiter. Zunächst wandern wir auf einem breiten Weg bergan, der sich schließlich verschmälert. Dann führt mit oranger Markierung ein Pfad über eine Waldlichtung in Seenähe. Der Weg verbreitert sich nun wieder. Wir passieren eine kleine Waldschlucht und wandern im Auf und Ab ohne Beschilderung über dem Simssee. Etwas Gespür für den Weg ist wichtig, grundsätzlich sollte man sich immer in Seenähe halten. Der **8 Campingplatz Eichen** ist bald erreicht.

ÜBER HIRNSBERG NACH THALKIRCHEN

Am Campingplatz Eichen nehmen wir den Stufenweg durch den Wald hinauf nach **9 Hirnsberg**. Hier folgen wir kurz links der RO 16 Richtung Bad Endorf. Dann zweigt links der Wanderpfad bergab nach »Thalkirchen« ab und kreuzt neuerlich die RO 16. Über die Ölbergkapelle erreichen wir ein kleines Anwesen. Hier folgen wir rechts

Tipp

IDYLLISCHES PICKNICK

Packen Sie an warmen Sommertagen einfach Badesachen und ein Handtuch in den Rucksack. Damit haben Sie nicht viel mehr Gewicht zu tragen. So können Sie sich an den Ufern des Simssees ihre schönste Bucht suchen und den Badeaufenthalt im milden Licht der Nachmittagssonne mit einem Picknick verbinden, bevor Sie sich auf den Rückweg nach Thalkirchen oder Bad Endorf machen.

wieder der RO 16, bis an der Brücke über die Thalkirchner Achen links der Weg am Bach entlang zurück zum **Parkplatz Kirche St. Andreas Thalkirchen** führt. Autofahrer sind am Ende der Wanderung angelangt. Für Bahnfahrer geht es wie auf dem Hinweg zurück zu ihrem Endpunkt, dem **Bahnhof Bad Endorf**.

DIE SAGE VOM VERSUNKENEN DORF

Bei Baierbach am Oberen und Unteren Kirchfeld soll einst eine Kirche gestanden haben. Drumherum wohnten stolze und reiche Bauern. Als diese das Beten in der Kirche vergessen hatten, kam eine Flutwelle, verwüstete das Dorf und spülte es anschließend in den Simssee.
Nur wer an einem Sonntag geboren ist und ein reines Herz hat, kann in Vollmondnächten draußen auf dem See die Glocken des versunkenen Dorfes läuten hören, so die Überlieferung.

INFO

TOURENCHARAKTER

Spazier-, Wander- und Forstwege, Nebenstraßen, unmarkierte Wanderpfade

AUSGANGS-/ENDPUNKT

ÖPNV: Bahnhof Bad Endorf
Pkw: Parkplatz Kirche St. Andreas Thalkirchen

ANFAHRT

Mit dem Auto auf A 8 bis Ausfahrt Prien. Dann nach Bad Endorf bis Mauerkirchen. Nach Riedering über Antwort bis Thalkirchen. Nach Passieren der Thalkirchner Achen rechts wenige Meter nach Krottenmühl. Mit ÖPNV: München – Bad Endorf

GEHZEITEN

Bhf. Bad Endorf – Thalkirchen St. Andreaskirche 0.45 Std. (nur ÖPNV) – Ratzinger Höhe 0.45 Std. – Aussichtsturm 0.45 Std. – Schralling 0.45 Std. – Campingplatz Eichen 1.15 Std. – Hirnsberg 0.30 Std. – Thalkirchen St. Andreaskirche 0.15 Std. – Bhf. Bad Endorf 0.45 Std. (nur ÖPNV)

BESTE JAHRESZEIT

Ganzjährig, im Winter nur bei schnee- und eisfreien Wegen

EINKEHR

Gasthaus Hilger, Hirnsberg

mittel | 4.15 Std. | 21,4 km | 469 Hm

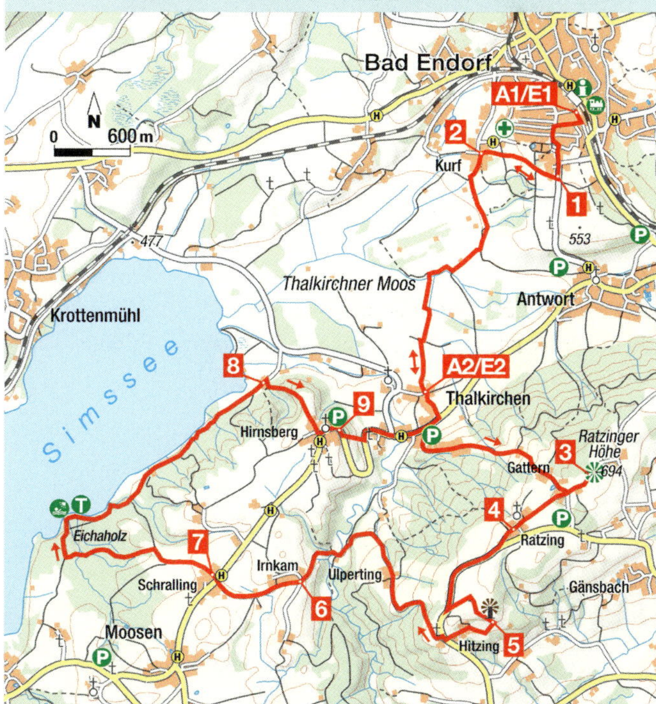

KARTE

Landesamt für Vermessung und Geoinformation Bayern, UK 50–54, Chiemsee, Chiemgauer Alpen

INFORMATION

Tourist-Info Bad Endorf
www.bad-endorf.de

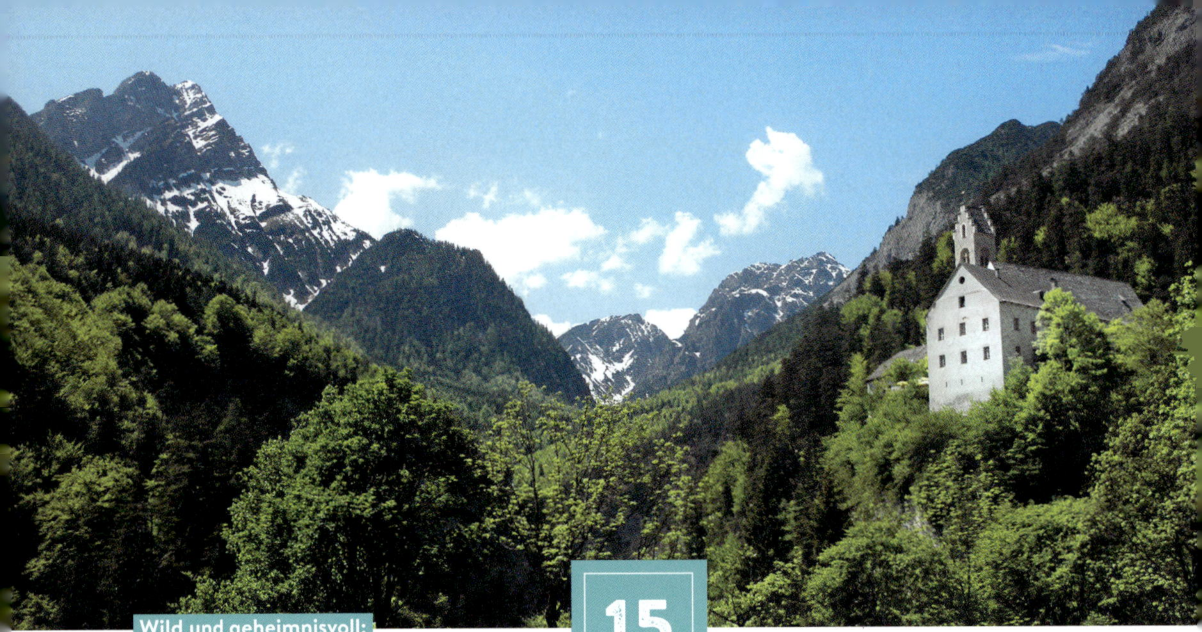

Wild und geheimnisvoll: St. Georgenberg über der Wolfsklamm

15

Wo die wilden Tiere wohnten

In die Wolfsklamm

Smaragdgrüne Tümpel, tosende Wasserfälle und ein Schauplatz zahlreicher Sagen, das ist die Wolfsklamm bei Stans, nur eine gute halbe Stunde hinter der Grenze. Hoch über der Klamm thront majestätisch St. Georgenberg. Beim Abstieg geht es über die Wallfahrtskirche Maria Tax.

NACH ST. GEORGENBERG Vom **A1 E1 Bahnhof Stans** gehen wir durch die Unterführung. Dann folgen wir linker Hand der Straße »Unterdorf« durch die Unterführung der alten Bahnlinie. Weiter geht es geradeaus in die Ortsmitte. An einer Straßengabelung folgen wir ohne Beschilderung der rechten, schmalen Straße in Richtung der Kirche. An der Hauptstraße orientieren wir uns linker Hand und folgen der Rechtskurve. An der nächsten Linkskurve der Hauptstraße gehen wir weiter geradeaus zur »Wolfsklamm« bis zum **A2 E2 Parkplatz Wolfsklamm**. Nun laufen wir den Wegweisern »Wolfsklamm« folgend zunächst auf einer Straße. Ab dem Kassenhäuschen wandern wir dann auf dem Schluchtweg durch die **1 Wolfsklamm** über Stege und Treppen. Am Ende der Klamm nehmen wir den breiten Schotterweg bis zur Bachbrücke. Hier geht es rechter Hand bergan nach »St. Georgenberg«. Dabei überqueren wir die imposante historische Holzbrücke zur **2 Wallfahrtskirche St. Georgenberg** und zur darüberliegenden Kirche »Maria unter der Linde«.

ÜBER MARIA TAX HINUNTER NACH STANS Zunächst geht es wie beim Aufstieg über die Holzbrücke. An der nächsten Weggabelung laufen wir links bergauf und folgen dem Wegweiser »Stans, Maria Tax« auf einem breiten Schotterweg. An der nächsten Weggabelung nehmen wir den rechten Weg und folgen auch hier dem Wegweiser »Stans, Maria Tax«. An einer weiteren Weggabelung folgen wir dem gleichen Wegweiser erneut auf dem rechten Weg. Zunächst geht es weitgehend eben weiter. Dann führt ein kleiner Wanderweg rechts bergab. Hier folgen wir wieder dem Wegweiser »Stans, Maria Tax 30 Minuten«. Ebenso können Sie sich nach dem Wegweiser »Stans 1 Stunde« richten. Auf diesem Weg geht es weniger steil bergab. Unser Weg führt nun durch den Wald bergab. An der **3 Wallfahrtskirche Maria Tax** folgen wir dem Pfad mit dem Wegweiser »Stans« weiter bergab. In Stans orientieren wir uns am Schild »Wolfsklamm, Parkplatz«. An der nächsten Straßengabelung wandern wir rechts dem Wegweiser entsprechend bis zum **Parkplatz Wolfsklamm**. Die restliche Wegstrecke für Bahnfahrer zurück zum **Bahnhof Stans** entspricht dem Hinweg.

VON WÖLFEN UND BÄREN Die Wolfsklamm wurde nach den wilden Wölfen benannt, die damals in der Gegend ihre Jungen säugten, so heißt es. Eine belegte Tatsache hingegen ist die Tötung des letzten Bären in Tirol ganz in der Nähe am 14. Mai 1898.

INFO

TOURENCHARAKTER
Wanderwege, in der Wolfsklamm Stufen und Stege auf gesicherten Wegen

AUSGANGS-/ENDPUNKT
ÖPNV: Bahnhof Stans im Inntal
Pkw: Parkplatz Wolfsklamm in Stans

ANFAHRT
Mit dem Auto auf A 8 bis Inntaldreieck. Dann A 93 (D), A 12 (A) bis Ausfahrt Schwaz, mautpflichtig. Weiter nach Stans, Wegweiser Wolfsklamm bis Parkplatz. Mit ÖPNV: Bahn München – Kufstein. Bahn Kufstein – Innsbruck bis Stans

GEHZEITEN
Bahnhof Stans – Parkplatz Wolfsklamm 0.30 Std. (nur ÖPNV) – St. Georgenberg 1.45 Std. – Maria Tax 1 Std. – Parkplatz Wolfsklamm 0.30 Std. – Bahnhof Stans 0.30 Std. (nur ÖPNV)

BESTE JAHRESZEIT
April–November zu den Öffnungszeiten der Klamm

mittel | 3.15 Std. | 8,1 km | 414 Hm

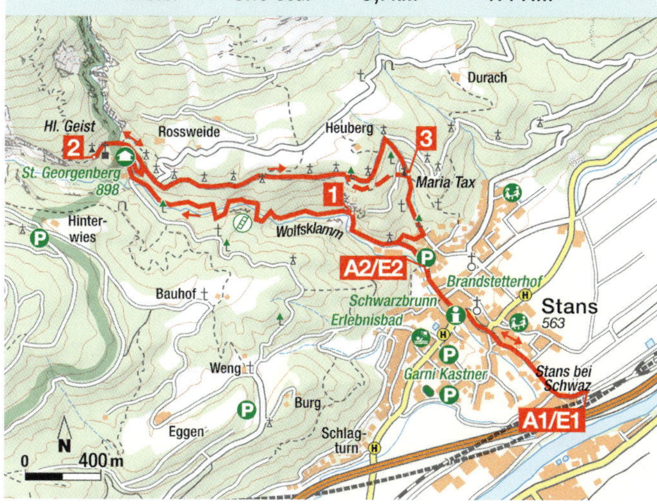

EINKEHR
Wallfahrtseinkehr St. Georgenberg

KARTE
Alpenvereinskarte Karwendelgebirge Östliches Blatt Nr. 5/3

INFORMATION
Tourismusverband Silberregion Karwendel Schwaz
www.silberregion-karwendel.com

Geheimnisvolle Anderswelten im Kaiser

Auf dem Bettlersteig

Eine mystisch geheimnisvolle Runde! Über den märchenhaften Elfenhain und den idyllischen Schneerosenweg erreichen wir den Gamskogel und den abenteuerlichen Bettlersteig. Durch das Kaisertal geht es dem Abendlicht entgegen über die Antoniuskapelle zurück.

16

Das Hinterbärenbad vor »kaiserlichen« Felsenwelten

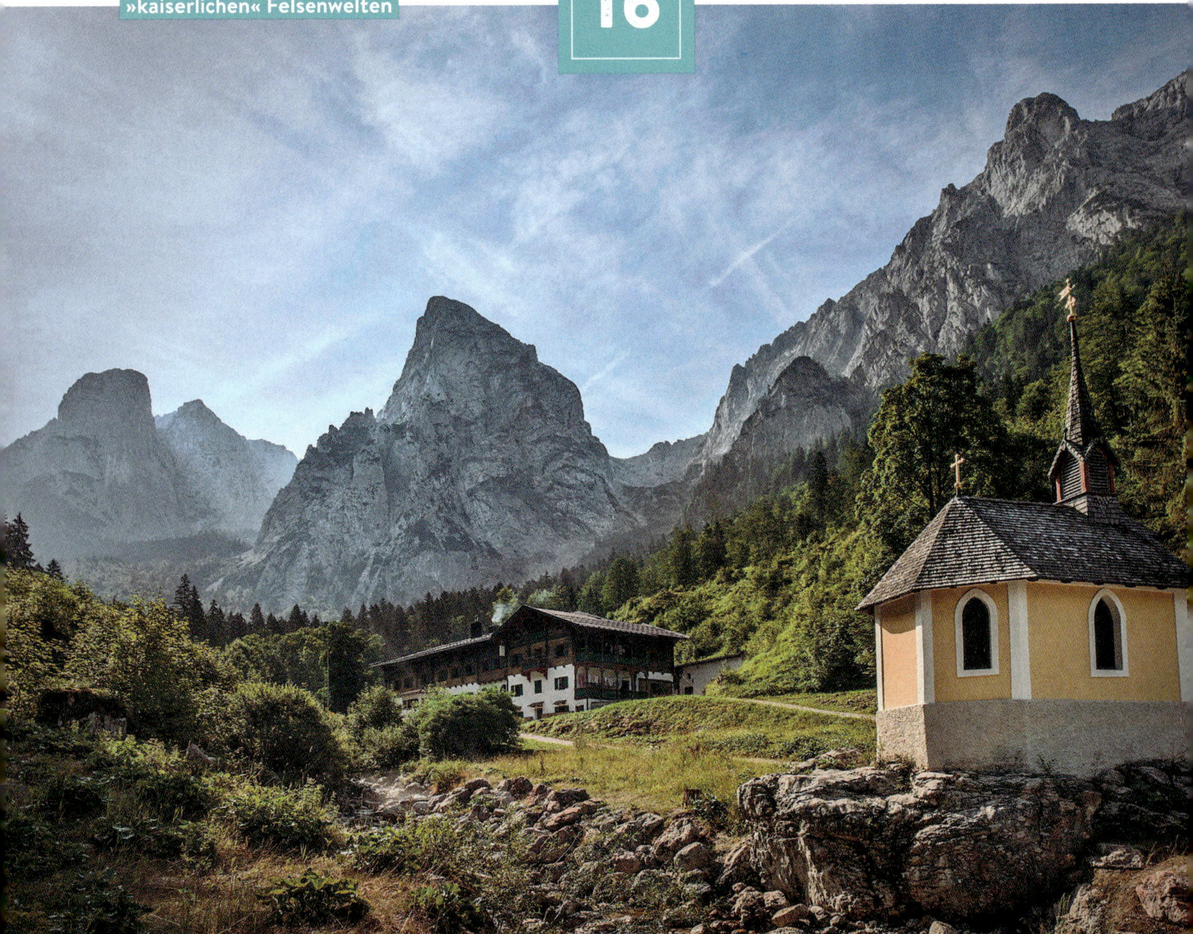

EINDRÜCKE, DIE UNTER DIE HAUT GEHEN Zunächst wandern wir durch den märchenhaften Elfenhain hinauf. Hier heißt es innehalten, wenn die Heldenorgel aus der Kufsteiner Altstadt ertönt. Suchen Sie sich ein Plätzchen und spüren Sie den Tönen nach. Denn es sind regelrechte Schwingungen, die einen bis hier herauf erreichen. Dies ist ein ganz besonderer Konzertplatz, wie ich meine, denn hier dürfen Sie auch in Coronazeiten Platz nehmen. Nach der Schneeschmelze versteckt sich die eine oder andere Schneerose auf dem gleichnamigen Weg hinauf zum Brentenjoch. Hat man den Gamskogel erreicht, taucht man in die geheimnisvollen Anderswelten des Bettlersteiges ein. Stege, Metalltreppen, mystische Wälder, wilde Felsabstürze: Dem Betrachter präsentiert sich eine Fülle von Eindrücken beim Abstieg hinunter in das Kaisertal. An geeigneter Stelle sollte man deshalb ruhig mal bei einer Brotzeit diese zauberhafte Bergwelt einatmen. Unten im Kaisertal angelangt, geht es dem milden Abendlicht entgegen wieder hinaus in die Zivilisation. Ein besonderer Ort ist auch die Antoniuskapelle. Wenn die Spitzen des Wilden Kaisers allmählich im Abendlicht rot zu glühen beginnen, ist die schönste Zeit hier oben angebrochen. Ein unvergesslicher Tag geht zu Ende, wenn man in Gedanken versunken die Sparchenstiege hinabsteigt.

DIE LEGENDE VON »PURLEPAUS UND WECKAUF« Die Festung Kufstein als ehemalige Trutzburg ist das Wahrzeichen der Stadt. Der Legende nach ließ Kaiser Maximilian I. im Jahr 1504 bei einem Erbstreit mit Bayern riesige Kanonenkugeln heranschaffen. Die größten der extra angefertigten Kolosse wurden »Purlepaus und Weckauf« genannt. Maximilian I. ließ sie auf die Festungsmauern donnern und konnte Kufstein schließlich erobern, so heißt es. Heute fügt sich die Festung harmonisch in die historischen Gebäude der Altstadt ein.

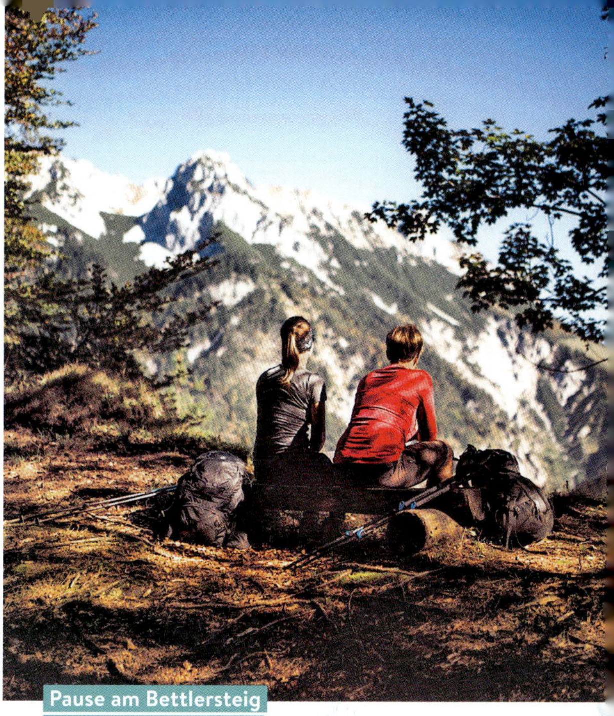
Pause am Bettlersteig mit Blick ins Kaisertal

VOM KAISERTALEINSTIEG ZUM GAMSKOGEL Vom A E **Wanderparkplatz und** von der **Bushaltestellte Kaisertal** geht es auf der Straße über den Kaiserbach. Dann wandern wir über die Stufen mit dem Schild »Theaterhütte« hinauf. Mit diesem Schild geht es dann nach links weiter bergan. Alle, die mit dem Kaiserlift hinauffahren möchten, laufen hier rechter Hand über die Kommerzialrat-Franz-Kneissl-Straße und den Wanderparkplatz zur Talstation. Hier fahren Sie dann mit dem Sessellift hinauf bis zum Brentenjoch. Kurz vor der 1 **Theaterhütte** an einer Wegkreuzung geht es rechts auf dem »Hörfarter Weg« immer in gleicher Höhe weiter. Wir ignorieren den folgenden Abzweig rechts über die Wiesen hinunter nach Kufstein. Stattdessen wandern wir weiter geradeaus und bleiben auf dem »Hörfarter Weg«. Wir queren einen Wanderweg und eine Fahrstraße. Dann laufen wir einige

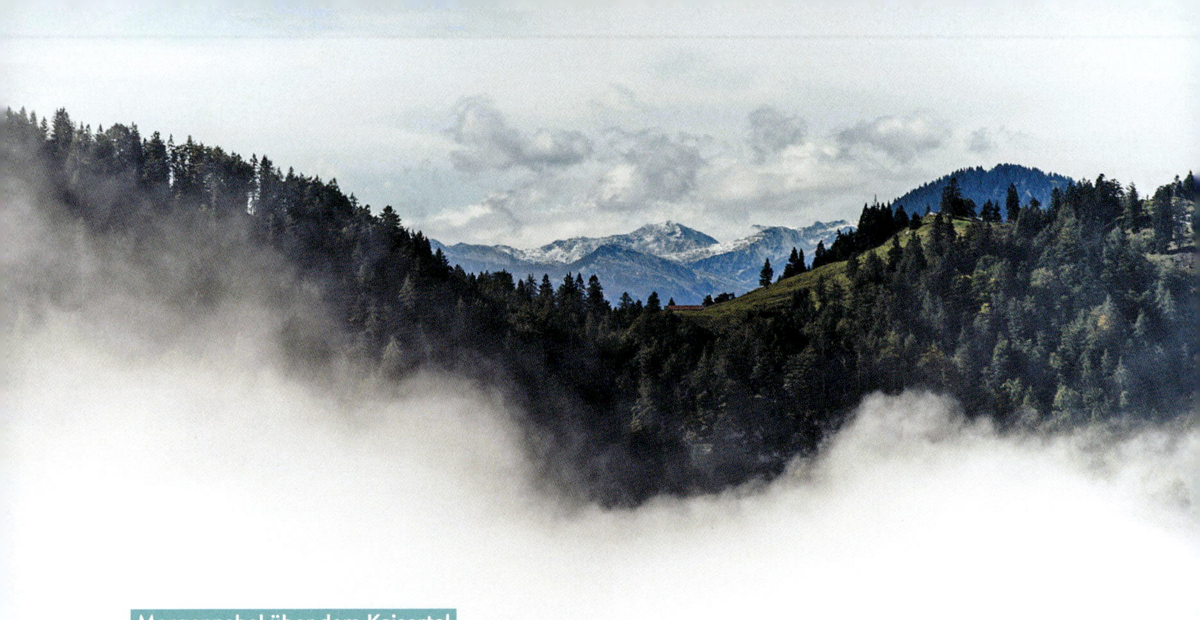

Morgennebel über dem Kaisertal

Meter bergan. Am Ende des Weges geht es nahe dem Gasthof Kienbergklamm links nach »Hinterdux, Duxeralm« bergan. Der Weg schlängelt sich angenehm in Kehren hinauf durch den Elfenhain. Wir ignorieren den Abzweig links nach Hinterdux und gehen rechts in Richtung »Duxer Alm, Aschenbrenner«. Wir queren die Kienbergklamm und ignorieren den rechten Abzweig nach »Kufstein« bergab. Weiter geht es hier bergan zur 2 **Duxeralm** durch den Bergwald, die letzten Meter auf einem Forstweg. Wir folgen hier weiter der Forststraße bergauf. An der nächsten Weggabelung biegen wir dann rechts ab und orientieren uns an dem Wegweiser »Schneerosenweg, Aschenbrenner«. Diesem Wegweiser folgen wir dann am nächsten Abzweig linker Hand auf einem schmalen Wanderweg, dem Schneerosenweg, weiter bergauf. Am Forstweg angelangt wenden wir uns nach links zum »Weinberghaus«, ignorieren jedoch später den Abzweig linker Hand dorthin und bleiben weiter auf dem Forstweg bis zur 3 **Brentenjochalm**. Von dort laufen wir nur ein kurzes Stück weiter zur »Kaindlhütte«, bis an einer Wegkreuzung der schöne Steig zum 4 **Gamskogel** abzweigt. Durch den lichten Bergwald geht es bergan, bis der Gipfel erreicht ist.

Tipp

BEQUEM NACH OBEN

Wer die Wanderung verkürzen möchte, kann mit dem Kaiserlift zum Brentenjoch hinauffahren. Zweigen Sie bitte hierzu an der im Tourentext genannten Stelle von der Normalroute zum Kaiserlift ab. Damit verkürzt sich die Gehzeit um zwei Stunden, die Höhenmeter reduzieren sich um 700. Gute Gründe für die Auffahrt können die Zeitersparnis oder mangelnde Kondition im Anstieg sein.

ÜBER DEN BETTLERSTEIG IN DAS KAISERTAL Anschließend wandern wir weiter in südlicher Richtung unter dem Brandkogel, bis links der 5 **Bettlersteig** abzweigt. Über Stege, Treppen und einen kurzen seilversicherten Abschnitt gelangen wir nun hinunter zum 6 **Anton-Karg-Haus**. Dort wenden wir uns talauswärts durch das Kaisertal, bis wir zu einer Abzweigung kommen. Hier nicht geradeaus durch den Tunnel gehen, sondern rechts in Richtung »Hinterkaiserhof, Antoniuskapelle«. Ein schöner Wanderweg zieht sich hinauf, bis wir einen bequemen, breiteren Schotterweg erreichen. Hier geht es über die sehenswerte **7 Antoniuskapelle** über die **8 Pfandlhöfe** und den **Veitenhof** in Richtung »Kufstein, Kaisertaleinstieg«. Zuletzt erreichen wir die Sparchenstiege, die zurück zum Kaisertaleinstieg führt, dem **Wanderparkplatz** und der **Bushaltestellte Kaisertal.**

WAS NOCH WICHTIG IST Bitte erkundigen Sie sich vor Antritt der Tour über mögliche Sanierungsarbeiten am Bettlersteig bei der Touristinfo Kufsteiner Land, Tel. 0043/5372/62207. Diese Wanderung sollte zudem nur gemacht werden, wenn es mindestens einen Tag zuvor nicht geregnet hat.

INFO

schwer | 9 Std. | 22 km | 1309/1324 Hm

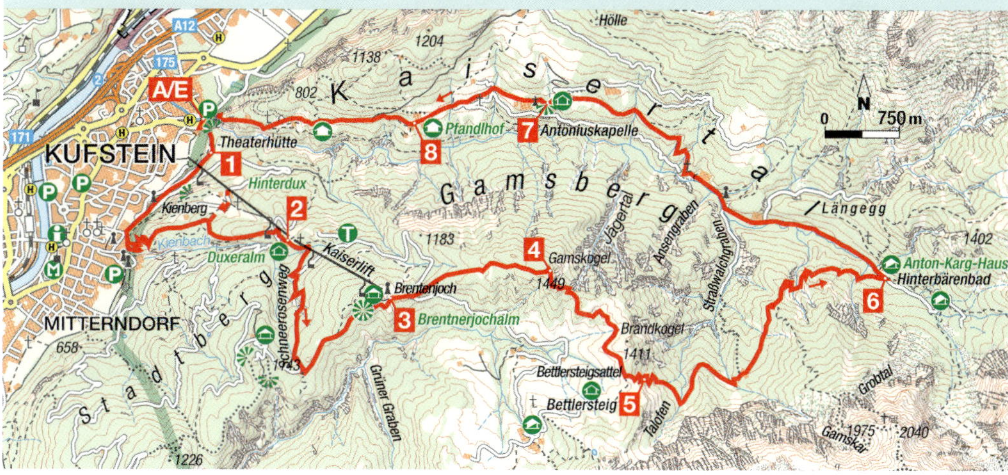

TOURENCHARAKTER

Wander- und Forstwege, Bettlersteig mit Stegen und kurzem seilversicherten Stück. Besondere Trittsicherheit und Schwindelfreiheit erforderlich

AUSGANGS-/ENDPUNKT

ÖPNV: Haltestelle Kaisertal
Pkw: Wanderparkplatz Kaisertal

ANFAHRT

Mit dem Auto auf Inntalautobahn bis Ausfahrt Kufstein Nord. Am Kreisverkehr nach Ebbs. Dann Richtung »Kaisertal« rechter Hand. Mit ÖPNV: München – Kufstein, Stadtbus 1 nach bis Kaisertal, zurück mit Stadtbus 2 nach Endach bis Bahnhof Kufstein

GEHZEITEN

Wanderparkplatz Kaisertal – Brentenjochalm 2.30 Std. – Gamskogel 1 Std. – Anton-Karg-Haus 2.30 Std. – Pfandlhöfe 2 Std. – Wanderparkplatz Kaisertal 1 Std.

BESTE JAHRESZEIT

Mitte Juni–Ende Oktober bei Schneefreiheit

EINKEHR/UNTERKUNFT

Hinterduxerhof (Abstecher), Duxeralm, Brentenjochalm, Anton-Karg-Haus, Pfandlhof, Veitenhof

KARTE

Alpenvereinskarte 8 Kaisergebirge

INFORMATION

Tourismusverband Kufsteinerland
www.kufstein.com

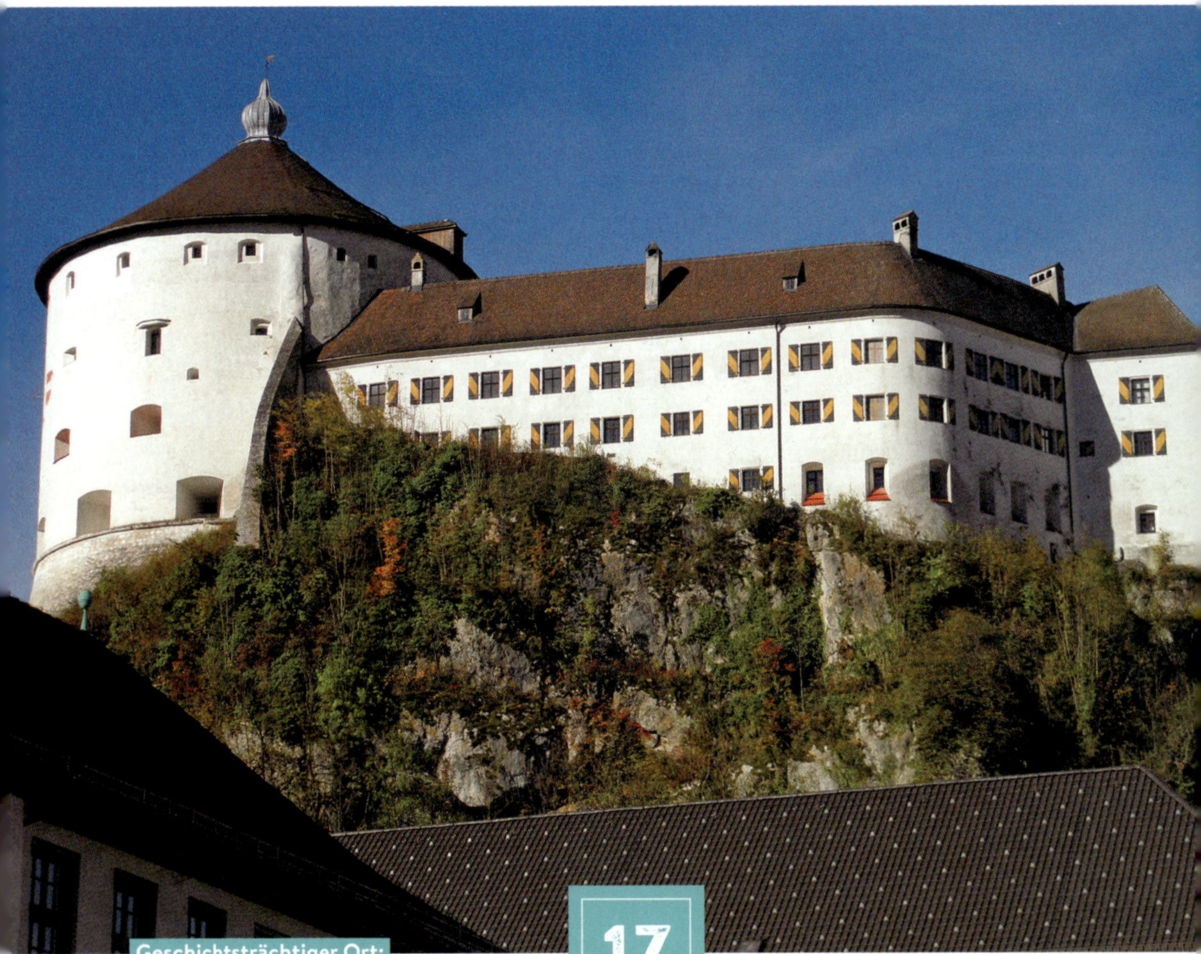

Geschichtsträchtiger Ort:
die Festung zu Kufstein

17

Tiroler Sagen zu Füßen des Kaisers

Im Kaisertal

Viele Legenden und Sagen ranken sich um das Kaisertal und die Tischofer Höhle. Grund genug, um auf dieser schönen Runde über die Ritzaualm den Spuren der Tiroler Geheimnisse zu folgen. In Kufstein erwartet anschließend das Festungsmuseum seine Besucher.

DIE TISCHOFERHÖHLE Sagen und Legenden ranken sich um das große Höhlenportal in der Schlucht des Kaisertales, etwa die um das Marterl im Schanzerwaldl. Die Lage der Höhle allein, mystisch unter den Buchen gelegen, lieferte hierfür wohl jede Menge Inspiration. Aufständische Einheimische nutzten die Höhle früher als Versammlungsort und Waffenversteck. Knochenreste zeugen davon, dass Bären und andere Tiere sie schon in der Steinzeit aufsuchten. Das Heimatmuseum auf der Festung bewahrt die etwa 28 000 Jahre alten Funde auf. Verbinden Sie doch eine Besichtigung des Museums mit dieser Wanderung! Eine Taschenlampe sollten Sie nicht vergessen, denn so erreichen Sie gefahrlos das Ende der Höhle und blicken hinaus durch das riesige Portal ins Freie. Wie klein ist der Mensch hier! Ein wirklich beeindruckendes, mystisches Ambiente.

VOM ALTEN PFANDLWIRT, DER NICHT LOCKER LIESS Auf der Wanderung passieren wir die Pfandlhöfe. Hier soll es für die Gäste früher kein Entkommen gegeben haben, wenn Sie zahlen wollten. Denn im Pfandlhof gab der alte Wirt dann eine Runde Schnaps aus, um die Gäste zum Bleiben zu bewegen. Half das nicht, sperrte er einfach die Türe des Gasthauses zu und sicherte sich so einen finanziell lukrativen und gleichzeitig feucht-fröhlichen Abend.

Tipp

ALTERNATIVEN BEI SCHNEE

Im Winter geht es bei gesicherter Schneelage direkt durch das Kaisertal und am Abzweig nach dem Veitenhof links hinauf zur Ritzaualm. Bergab wandert man auf dem Fahrweg in einer weiten Schleife über den Hinterkaiserhof und die Antoniuskapelle zurück. Sollte Lawinengefahr bestehen, ist dieser Abstiegsweg auch für den Aufstieg vorgesehen.

EIN STÜCK BROT FÜR DIE KUH VOM KAISERTAL Einst gab hier ein Almerer seinen Kühen immer ein Stück Brot, so erzählt man sich. Daraufhin gingen sie gemächlichen Schrittes in den Stall. Die Kühe, die auf der Alm grasten, soll er dazu einzeln beim Na-

↓ Blick nach draußen: in der Tischofer Höhle

↘ Die St. Vitus-Kirche in Kufstein

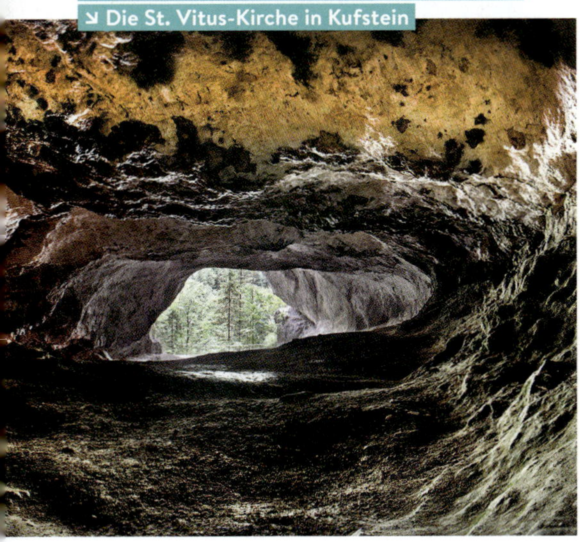

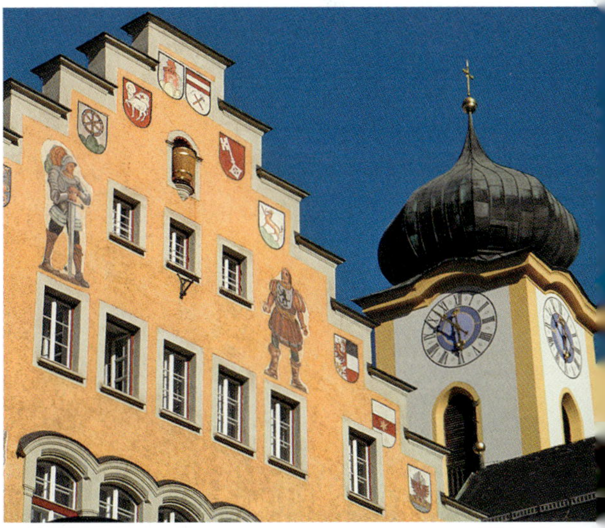

men gerufen haben. Und tatsächlich: Mit Aussicht auf ein Stück Brot folgte jede Kuh diesem Aufruf sofort. »Ohne Brot würden sie keinen Meter gehen, so spare ich mir eine Menge Arbeit«, soll der Almerer seine »Kuh-Dressur« erklärt haben.

VOM KAISERTALEINSTIEG ZUR TISCHOFER HÖHLE Vom A E **Wanderparkplatz** und von der **Bushaltestellte Kaisertal** geht es auf der Straße über den Kaiserbach. Dann wandern wir über die Stufen mit dem Schild »Theaterhütte« hinauf und folgen dem Hinweis nach links weiter bergan. Hinter der 1 **Theaterhütte** gehen wir auf einem breiten Schotterweg weiter bergan in Richtung »Dickichtkapelle«. Schon nach etwa zehn Minuten zweigt linker Hand der Steig zur »Tischofer Höhle« ab. Ein abenteuerlicher Stufenweg führt hinunter in die Schlucht des Kaisertales. Nun überqueren wir den Kaiserbach. Achtung, die Brücke hat nur an einer Seite ein Geländer, auf dieser Seite sollten Sie auch gehen! Auf der anderen Seite des Baches führt der Steig wieder über einige Stufen bergan. Nach mehreren Kehren erreichen wir linker Hand den Abzweig zur 2 **Tischofer Höhle**, der wir auch einen Besuch abstatten.

HINAUF ZUR RITZAUALM Ein kurzes Wegstück geht es nun wieder zurück. Am nächsten Abzweig wandern wir links weiter in Kehren bergan hinauf zum »Kaisertal«. Auf dem breiten Schotterweg angekommen, wenden wir uns nach rechts, also taleinwärts, in Richtung »Veitenhof, Ritzaualm, Kaisertal«. Vorbei geht es so, immer leicht bergan, am 3 **Veitenhof**. Wenig später zweigt linker Hand ein schöner Wanderweg ab hinauf zur »Ritzaualm«. Durch den Bergwald gehen wir nun eine gute Stunde bergan, bis wir die weiten Bergwiesen mit Blick auf den Wilden Kaiser erreichen. Dann ist es nicht mehr weit zur 4 **Ritzaualm**, die sich für eine ausgiebige Einkehr empfiehlt.

AUF GEHEIMNISVOLLEN PFADEN BERGAB Südlich der Ritzaualm führt ein unbeschilderter Steig hinunter in die Nähe der Pfandlhöfe. Hierzu geht es über die Holztritte nahe

Kapelle an der Ritzaualm

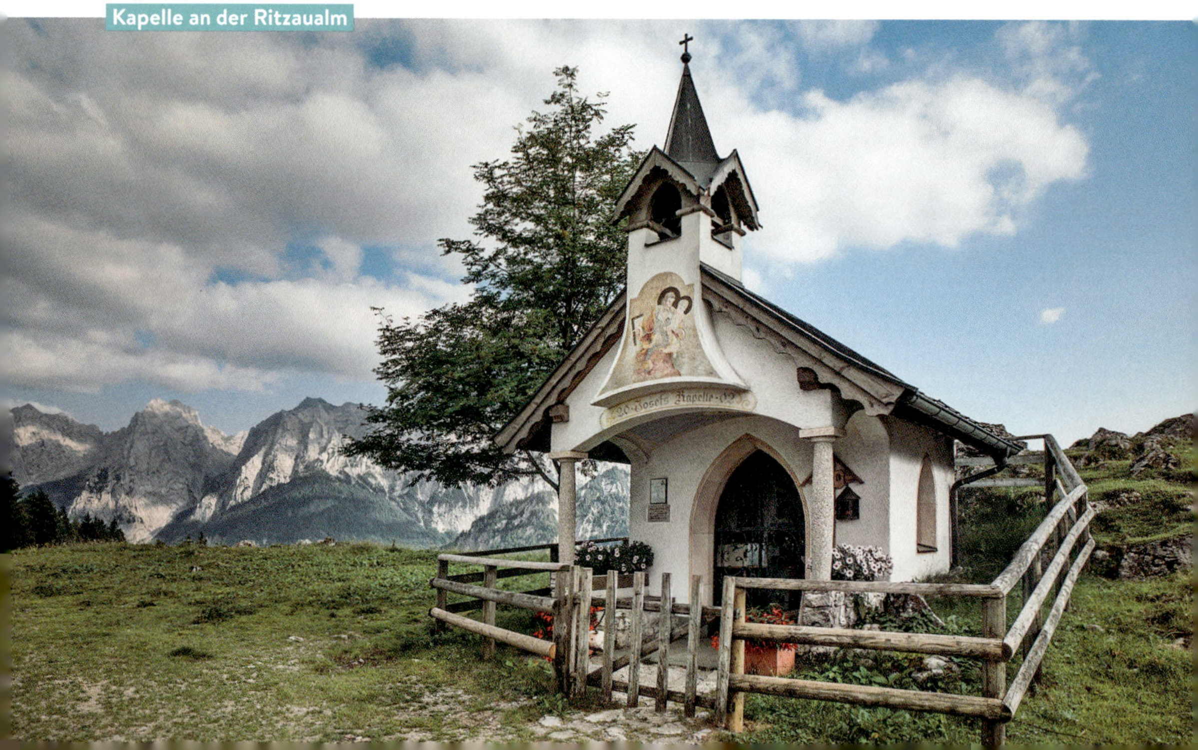

der Manharter Alm über einen Zaun. Im Anschluss daran schlängelt sich der Steig über die Almwiesen gut erkennbar bergab. Auf einigen schrofigen Stellen des Pfades in diesem Bereich ist besondere Trittsicherheit erforderlich. Am Waldrand steigen wir neuerlich über einen Zaun, zum Zeitpunkt der Begehung war hier kein Trittbrett angebracht. Dann gehen wir durch den Bergwald weiter bergab. Wieder auf weiten Bergwiesen angelangt, liegt etwas tiefer die Hofingeralm.

Weitgehend eben zieht sich der Bergpfad nun talauswärts, bis es die letzten Kehren bergab geht zum Hauptwanderweg durch das Kaisertal. Hier laufen wir rechts über die **5 Pfandlhöfe** und den **3 Veitenhof** in Richtung »Kufstein, Kaisertaleinstieg«. Beachten Sie hierzu die Wegweiser mit unterschiedlicher Beschriftung. Zuletzt erreichen wir die Sparchenstiege, die zurück zum Kaisertaleinstieg führt, dem **Wanderparkplatz** und der **Bushaltestellte Kaisertal.**

INFO

mittel | 5.30 Std. | 9 km | 741 Hm

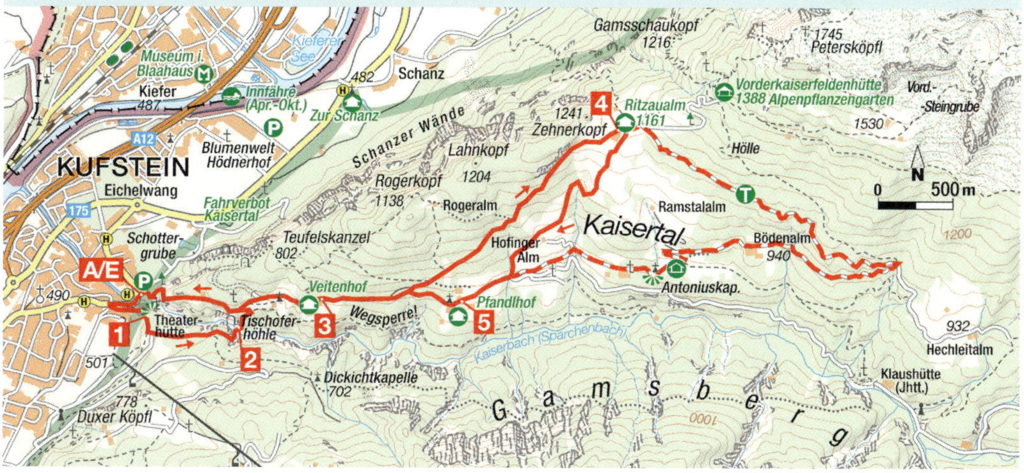

TOURENCHARAKTER

Wander- und Schotterwege, Steig mit Stufen

AUSGANGS-/ENDPUNKT

ÖPNV: Haltestelle Kaisertal
Pkw: Wanderparkplatz Kaisertal

ANFAHRT

Mit dem Auto auf Inntalautobahn bis Ausfahrt Kufstein Nord. Am Kreisverkehr nach Ebbs, Richtung »Kaisertal« rechter Hand. Mit dem ÖPNV: München – Kufstein, Stadtbus 1 nach bis Kaisertal, zurück mit Stadtbus 2 nach Endach bis Bahnhof Kufstein

GEHZEITEN

Wanderparkplatz Kaisertal – Theaterhütte 0.30 Std.– Tischofer Höhle 0.45 Std. – Ritzaualm 2 Std. – Pfandlhöfe 1.15 Std. – Wanderparkplatz Kaisertal 1 Std.

BESTE JAHRESZEIT

Mitte Juni–Ende Oktober bei Schneefreiheit

EINKEHR

Veitenhof, Ritzaualm, Pfandlhof

KARTE

Alpenvereinskarte 8 Kaisergebirge

INFORMATION

Tourismusverband Kufsteinerland
www.kufstein.com

Gipfelsteig, Geologie- und Künstlerweg

»Three in One« auf dem Wendelstein

Verschiedene Themenwege gestalten einen spannenden Überstieg von Bayrischzell nach Brannenburg. Am Gipfel warten das Wendelsteinkircherl, der Gache Blick und eine Schauhöhle. Aber auch einzeln sind diese Themenwege einen Ausflug wert.

18

Gipfelblick vom Wendelstein zum Alpenhauptkamm

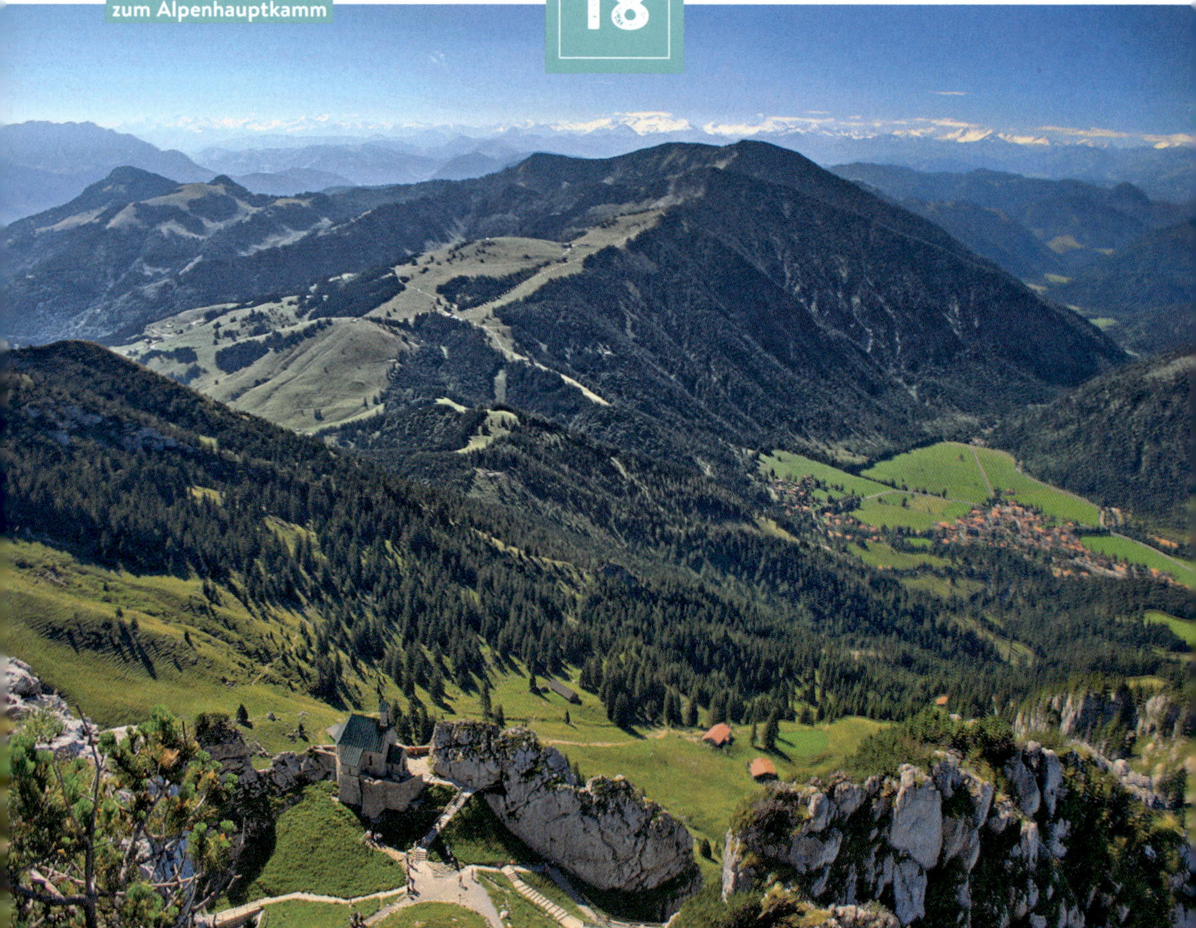

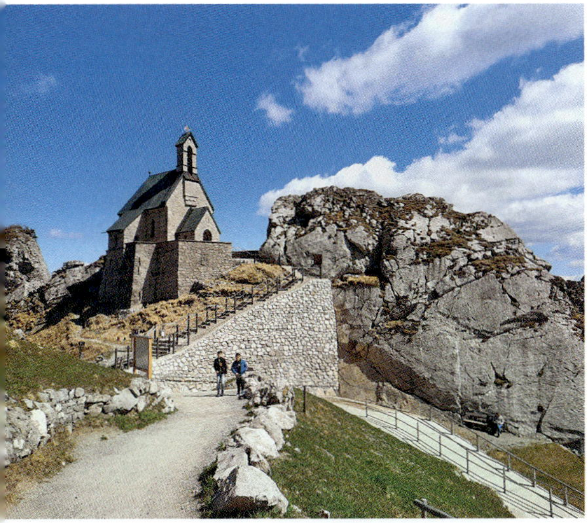

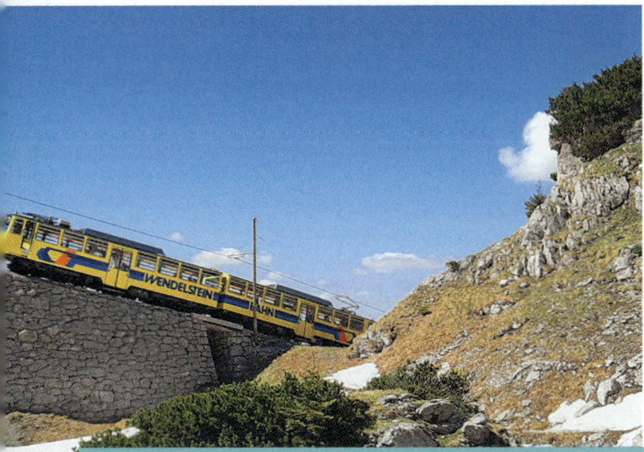

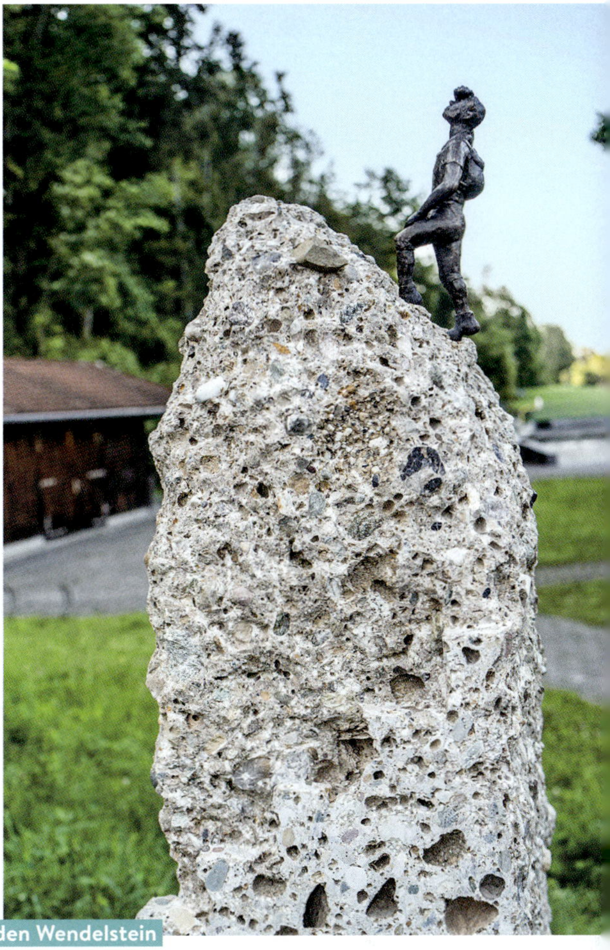

↑ Das Wendelsteinkircherl ↓ Die Zahnradbahn auf den Wendelstein
↗ Gipfelstürmerdenkmal an der Zahnradbahn

WENDELSTEIN-STREIFZÜGE Unter diesem Titel werden die folgenden fünf Themenwege zusammengefasst:

1. Der Wendelstein-Männlein Gipfelsteig Von Bayrischzell Bahnhof, bzw. Seilbahn-Talstation Osterhofen für Autofahrer, zur Wendelsteinhöhle unter dem Gipfel. 900 Hm, 2.30 Std. Gehzeit bergauf, 2 Std. bergab. Seilbahn mit Auf-/Abstiegshilfe

2. Der Künstlerweg Von Brannenburg Bahnhof bzw. Talstation Zahnradbahn zum Wendelsteinhaus. 1200 Hm, 3.45 Std. Gehzeit bergauf, 3.15 Std. bergab, + 1. Std. für Reisende mit ÖPNV. Zahnradbahn mit Auf-/Abstiegshilfe

3. Der Jenbachweg Von Bad Feilnbach, Jenbachparkplatz auf das Wendelsteinhaus. 2.30 Std. Gehzeit bergauf, 3 Std. bergab. Ohne Auf-/Abstiegshilfe (nur mit Pkw erreichbar)

4. Der Meditationsbergweg Von der Wallfahrtskirche Birkenstein zum Wendelstein-

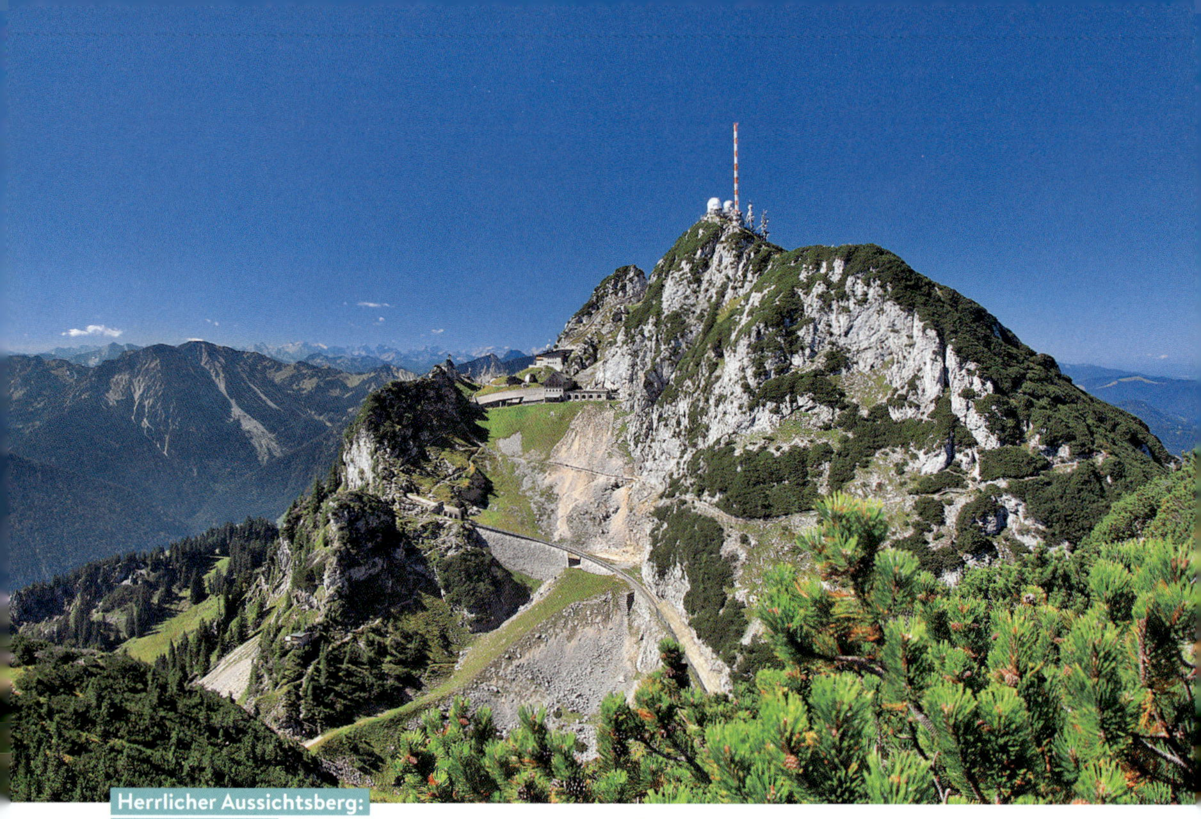

Herrlicher Aussichtsberg: der Wendelstein

kircherl. 930 Hm, 2.30 Std. Gehzeit bergauf, 2 Std. bergab. Ohne Auf-/Abstiegshilfe (nur mit Pkw erreichbar)

5. Der Geologie-Rundweg Vom Wendelsteinhaus um den Wendelstein herum. 170 Hm, 1.30 Std. Gehzeit. Ohne Auf-/Abstiegshilfe

VON BAYRISCHZELL NACH BRANNENBURG Die Wege 1, 5 und 2 werden bei diesem Überstieg verbunden. Zunächst gehen wir auf dem Wendelstein-Männlein-Gipfelsteig (rot markiert) von Bayrischzell bergan. Acht Infostationen verweben hier das Wirken geheimnisvoller Bewohner des Berges mit der Sage der Wendelsteinmännlein. Anschließend folgen wir dem Geologie-Rundweg (grau) um den Gipfel zur Wendelsteinhöhle und besichtigen sie. Danach wandern wir auf dem Künstlerweg (orange), der die Besonderheiten der Natur an einzelnen Stationen künstlerisch in Szene setzt, zur Talstation der Zahnradbahn in Brannenburg bzw. zum Bahnhof.

WEGBESCHREIBUNG Vom **A Bayrischzell Bahnhof** laufen wir über die Bahnhofstraße, die Schlierseerstraße und die Sudelfeldstraße zur Wendelsteinstraße. Weiter geht es über den **1 Siglhof** zum **2 Wendelste-**

Tipp

MAGISCHE HÖHLENWELT

Unter dem Wendelstein verbirgt sich ein geheimnisvolles Höhlensystem. Highlights sind der imposante Höhlendom sowie die sogenannte Kältefalle – beide verbindet ein abenteuerlicher Höhlengang. 82 Stufen führen zur höchsten Schauhöhle Deutschlands, die unterhalb vom Wendelsteinhaus liegt.

inhaus. Es folgt der Geologie-Rundweg zum **3 Observatorium**. Ein paar Meter geht es zurück, dann zweigt der Rundweg ab zur **4 Wendelsteinhöhle**. Auf dem Künstlerweg, über die **5 Mitteralm** und **6 Aipl**, beides Haltepunkte der Zahnradbahn mit Zustiegsmöglichkeit, wandern wir weiter über St. Margarethen zur **7 Talstation Zahnradbahn**. Nach »Brannenburg Bahnhof« führt unser Weg über weite Wiesen. Wir queren die Dientzenhoferstraße und gelangen über eine Nebenstraße durch Thann und weiter nach »Brannenburg Bahnhof« und zum Kirchbach.

Am Uferweg gehen wir schließlich über die Rosenheimer Straße zur Wendelsteinstraße, bis wir den Endpunkt, **E Bahnhof Brannenburg**, erreicht haben.

INFO

TOURENCHARAKTER
Wander-, Schotter- und Spazierwege, Bergsteige, betonierter Stufenweg

AUSGANGSPUNKT
ÖPNV: Bahnhof Bayrischzell (nicht mit Pkw erreichbar)

ENDPUNKT
ÖPNV: Bahnhof Brannenburg

GIPFEL
Wendelstein 1838 m

VERKEHRSANBINDUNG
Mit ÖPNV: Bahn München – Bayrischzell, zurück Bahn Brannenburg – München

GEHZEITEN
Bayrischzell Bhf. – Wendelsteinhaus 2.30 Std. – Geologie-Rundweg 0.45 Std. – Talstation Zahnradbahn 3.30 Std., (hier ggf. Anschluss Wendelstein-Ringlinie zum Bhf. Brannenburg) – Bahnhof Brannenburg 0.30 Std.

BESTE JAHRESZEIT
Anfang Juni–Mitte Oktober bei Schneefreiheit und stabilem Wetter

EINKEHR
Siglhof, Wendelsteinhaus, Mitteralm

KARTE
Alpenvereinskarte BY16 Mangfallgebirge Ost

mittel | 7.15 Std. | 19,4 km | 1073/1405Hm

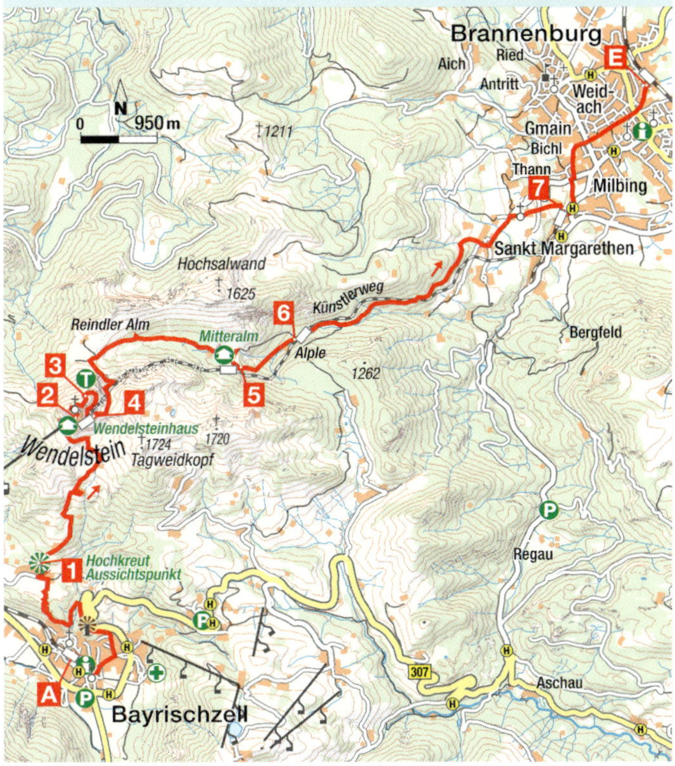

INFORMATION
Touristinfo Bayrischzell
www.bayrischzell.de
Bergbahn
www.wendelsteinbahn.de

Wegeinfo
www.wendelstein-streifzuege.de

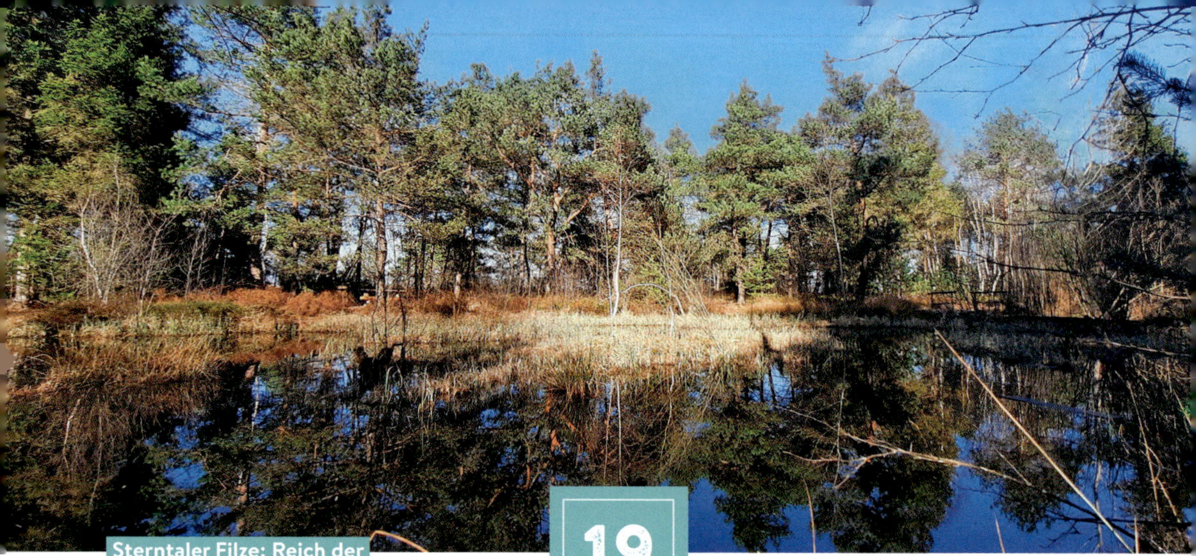

Sterntaler Filze: Reich der Moorelfen und Wasservögel

19

Von Moorelfen, Wasservögeln und Wolken

In der Sterntaler Filze

In leeren Torfstichen schnappen heute wieder Frösche nach Mücken, Libellen tanzen über dem Wasser und viele Wasservögel haben hier ihr neues Zuhause gefunden: Dieses wundersame Ergebnis einer Renaturierung des Torfstiches ist heute ein geheimnisvoller Ort.

STERNTALER- UND KOLLERFILZE Das »Moorerlebnis Sterntaler Filze« lässt den Wanderer auf anschauliche Weise in eine moorige Anderswelt eintauchen. Eine »Moor-Elfe« begleitet die Kinder auf diesem Weg, weshalb sich die Tour besonders für Familien eignet. Da darf man schon mal knietief durch das Bademoor waten oder auf der Vogelbeobachtungsstation ganz leise erkunden, was rundherum fliegt. Ein Bohlenweg führt durch den urwaldähnlichen Bewuchs am Rande des Moors und verleiht der Landschaft eine mystische Aura, vor allem, wenn es dämmert. Dann beherbergen die Wurzelstöcke plötzlich geheimnisvolle Wesen. Bei der Verlandung des Rosenheimer Sees, der sich nach dem Rückzug des Inngletschers gebildet hatte, entstanden die Sterntaler- und die Kollerfilze. 2021 wurde dieses Gebiet in die Riege der »Feuchtgebiete von internationaler Bedeutung« aufgenommen. Schwarz-, Braun-, Blau- und Rotkehlchen leben hier, weshalb die Region auch den Titel »Vierkehlchenland« trägt.

MOORERLEBNIS STERNTALER FILZE Autofahrer laufen vom A1 E1 **Wanderparkplatz Sterntaler Filze** aus wenige Meter des

Anfahrtsweges zurück, dann rechts zur »Sterntaler Filze« in nördlicher Richtung. An der darauffolgenden Gabelung geht es dann mit diesem Schild rechter Hand bis zum Moorgebiet. Ab dem A2 E2 **Behindertenparkplatz Sterntaler Filze** begleiten uns nun auch die Rollstuhlfahrer. Wir bewegen uns jetzt auf den Bohlenwegen und Pfaden nach Belieben über die verschiedenen Stationen der Sterntaler Filze zurück zu den Endpunkten, dem **Behindertenparkplatz Sterntaler Filze** und dem **Wanderparkplatz Sterntaler Filze**. Für Rollstuhl- und Rollatorfahrer wurde vom Behindertenparkplatz aus ein 650 Meter langer Bohlensteg durch das Moorgebiet barrierefrei errichtet.

SAGEN DER STERNTALER- UND KOLLERFILZE Es sind die Geschichten der geheimnisvollen Moorwelten, die Wanderer so magisch anziehen. So ranken sich auch um die Sterntaler- und Kollerfilze etliche Sagen. Etwa die von den Irrlichtern im Moor oder vom »Sterndoier Muatterl«. Innerhalb der jüngeren Geschichte des Moores ist es kein Geheimnis geblieben, dass hier noch vier tote Männer und zwei Jagdflugzeuge des Typs Messerschmitt 110 aus dem Zweiten Weltkrieg liegen.

Tipp

Ein Abstecher nach Bad Feilnbach lohnt sich. Durch seine windgeschützte Lage wird der Ort auch als das »Meran von Oberbayern« bezeichnet. Im Ort gibt es an der Kufsteiner Straße eine Eisdiele und mehrere Cafés. Vom Wanderparkplatz bis nach Bad Feilnbach sind es mit dem Auto etwa zehn Minuten.

INFO

TOURENCHARAKTER

Breite Schotterwege, Bohlenwege, Waldpfade

AUSGANGS-/ENDPUNKT

Pkw: Wanderparkplatz Sterntaler Filze (nicht mit ÖPNV erreichbar)

ANFAHRT

Mit dem Auto auf A 8 bis Ausfahrt Bad Aibling, Bad Feilnbach. Über Bad Feilnbach Richtung Brannenburg. In Derndorf Richtung »Moorerlebnis Sterntaler Filze«

GEHZEITEN

Wanderparkplatz Sterntaler Filze – Behindertenparkplatz Sterntaler Filze 0.30 Std. – Moorerlebnisweg Sterntaler Filze 0.45 Std. (reine Gehzeit) – Wanderparkplatz Sterntaler Filze 0.30 Std.

BESTE JAHRESZEIT

Mitte April–Anfang November, nur bei schnee- und eisfreien Bohlenwegen zu empfehlen

KARTE

Landesamt für Vermessung und Geoinformation Bayern, UK 50–53, Mangfallgebirge (als Anhaltspunkt)

leicht | 1.45 Std. | 2,5 km | –

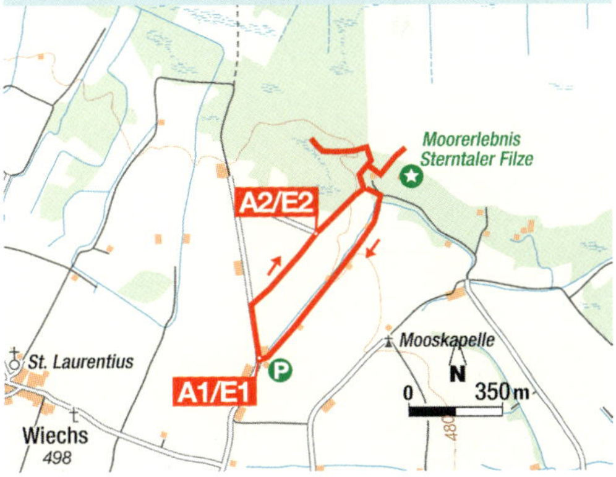

INFORMATION

Kur- und Gästeinformation Bad Feilnbach
www.bad-feilnbach.de

Auf Wilhelm Leibls Spuren

Von Feilnbach nach Kutterling

Ein idyllischer Weg führt von Bad Feilnbach entlang des Jenbachs über den Malerwinkel und den Wilhelm-Leibl-Weg zum letzten Aufenthaltsort des Malers, nach Kutterling. Wie eine Sage aus der Region besagt, soll man auf diesem Weg vorsichtshalber nicht fluchen.

Kapelle in Altofing bei Bad Feilnbach

20

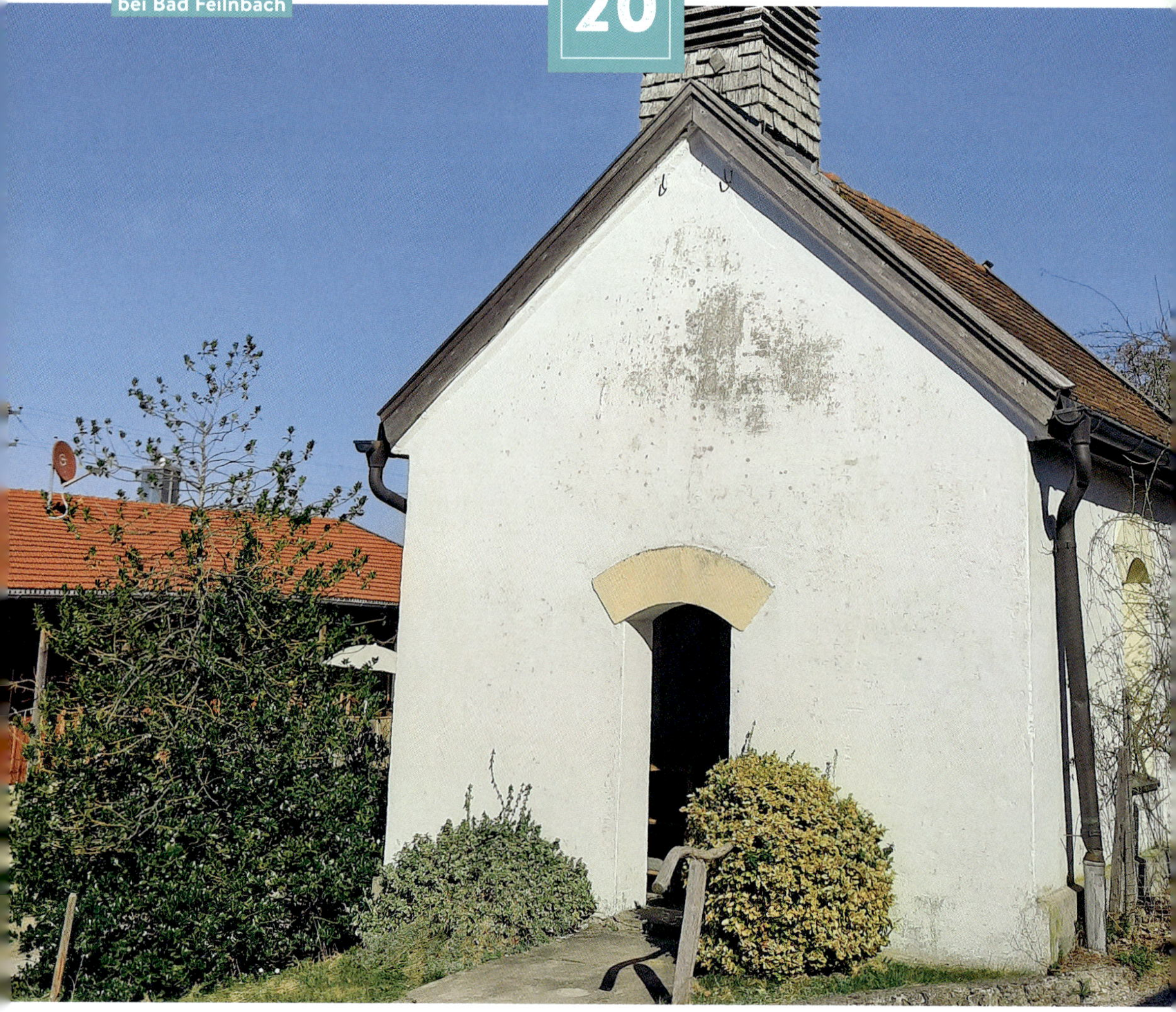

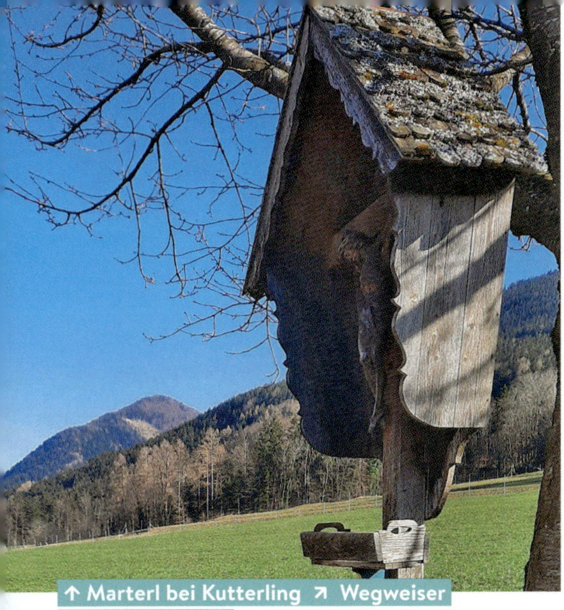

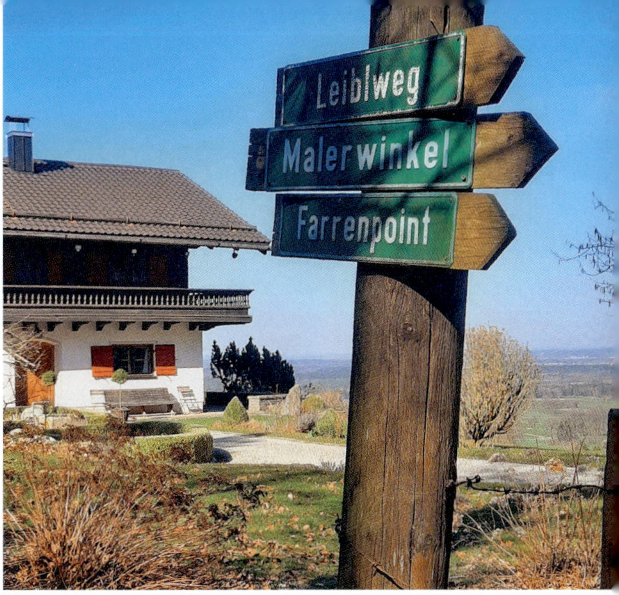

↑ Marterl bei Kutterling ↗ Wegweiser zum Malerwinkel

WILHELM LEIBL Als bedeutender Vertreter des Realismus gründete er 1870 in München den Leibl-Kreis. 1873 zog er sich vom Kunstbetrieb in München zurück und lebte mit dem Maler Johann Sperl in Berbling und Bad Aibling. Anschließend wohnte er mehrere Jahre in Kutterling, seiner letzten Heimat. In der Umgebung des Ortes und auf den Kutterlinger Almen war er oftmals wandernd anzutreffen. Unsere Tour führt aus diesem Grund durch den Weiler Kutterling.

AUF WILHELM LEIBLS SPUREN Am **A1 E1 Busbahnhof Bad Feilnbach** gehen wir die Straße leicht bergauf zur Hauptstraße, der Kufsteiner Straße. Wir folgen ihr ein kurzes Stück linker Hand und überqueren dabei den Jenbach. Gleich danach folgen wir rechter Hand dem Wegweiser »Farrenpoint, Wirtsalm« auf dem Bachweg entlang des Jenbaches. Am Mühlweg überqueren wir die Straße. Autofahrer gehen hier vom **A2 E2 Wanderparkplatz Jenbachtal** über die Bachbrücke des Jenbaches. Am Ortseingang von Altofing folgen wir weiter dem Bachweg entlang des Jenbaches und dem Wegweiser »Leiblweg, Malerwinkel«. Über einige Stufen laufen wir bergan vorbei am **1 Aussichtspunkt Malerwinkel**, bis wir einen breiten Schotterweg an einer Holzlagerhütte erreichen. Auf diesem Weg folgen wir rechts dem Schild »Litzldorf über Wilhelm-Leibls-Weg« weitgehend eben. Nach wenigen Metern an der nächsten Weggabelung geleitet uns dieser Wegweiser links in einen Wanderweg bergan. In der Folge führt uns das Schild »Wilhelm-Leibl-Weg«, das deshalb nicht mehr erwähnt wird. An der nächsten Gabelung geht es weitgehend eben rechts durch den Wald. Zweimal kreuzen wir den ansteigenden Weg zum »Farrenpoint«. Wir halten uns in mäßigem Auf und Ab weiter am bewaldeten Nordhang. Nicht jede Gabelung ist hier beschildert, deshalb gilt die Regel, immer weitgehend eben dem Pfad geradeaus durch den Bergwald zu folgen. An einer Bergwiese passieren wir einen schönen Aussichtspunkt in Richtung Sterntaler Filze, bevor es hinunter zu einem kleinen Bachlauf geht, den wir auf einem kleinen Steg überqueren. Sodann passieren wir ein Drehkreuz und folgen scharf links einem breiten Schotterweg hinunter nach **2 Kutterling**. Dort halten wir uns links mit dem Wegweiser »Altofing«. An der nächsten Verzweigung in Kutterling wandern wir geradeaus nach

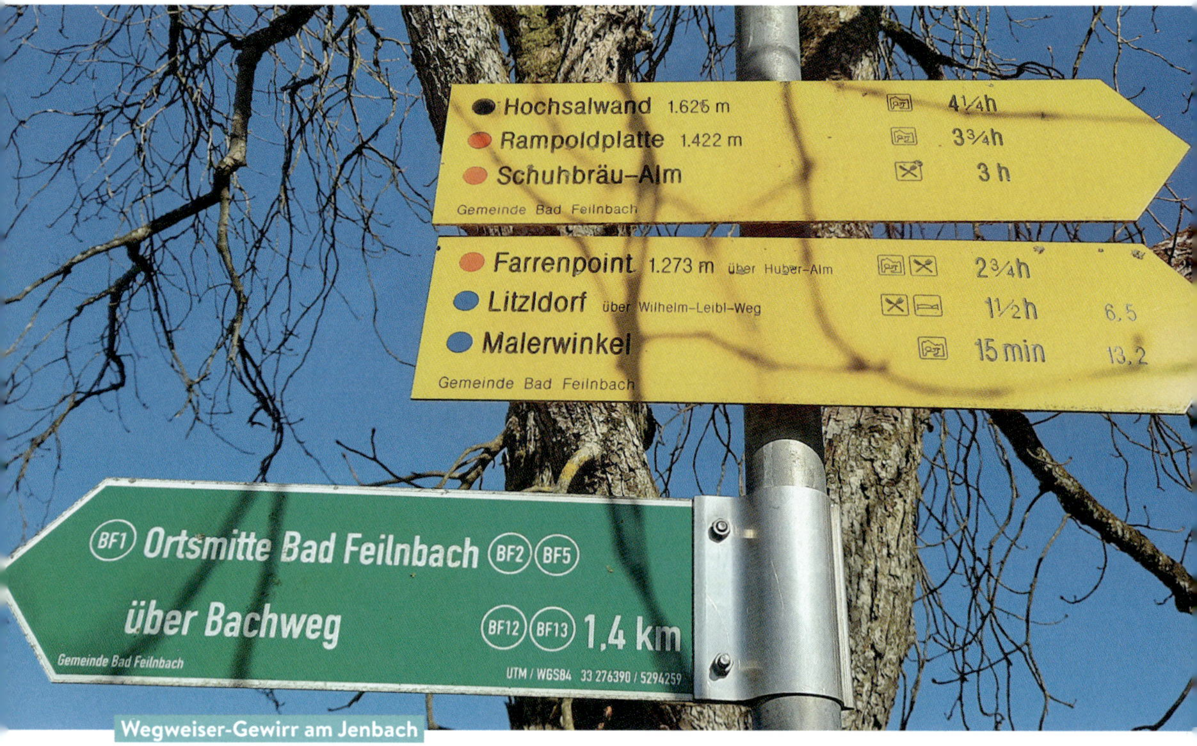

Wegweiser-Gewirr am Jenbach

3 **Altofing**, begleitet von wunderschönen Streuobstwiesen. Dort kommen wir an einer schönen Kapelle vorbei und halten uns nun mit dem Schild »Wilhelm-Leibl-Weg, Malerwinkel« bergan bis zur nächsten Wegkreuzung im Wald. Hier nehmen wir den rechten Wanderweg nach »Bad Feilnbach, Wanderparkplatz« und passieren nochmals den **1** **Aussichtspunkt Malerwinkel** und gelangen, wie auf dem Hinweg, zurück zu den Endpunkten der Wanderung: dem **Wanderparkplatz Jenbachtal** für Autofahrer und, im weiteren Verlauf des Weges, dem **Busbahnhof Bad Feilnbach**.

Tipp

PURER GENUSS

An warmen Tagen lohnt ein Abstecher zu den Ufern des Jenbaches. Hier gibt es schöne Plätze, um die Füße in das erfrischende Nass des grünen Bergwassers zu hängen und dabei den wunderbaren Blick auf den Wendelstein zu genießen. Vielleicht verbinden Sie das ja auch mit einem Picknick.

ALTERNATIVROUTEN Ab Altofing lässt sich auch der kürzere Weg, beschildert mit »Bad Feilnbach-Ortsmitte«, auf einer Nebenstraße ohne weitere Höhenmeter bergan zum Wanderparkplatz Jenbachtal nehmen. Die Gehzeit der Wanderung verkürzt sich damit um eine halbe Stunde.
Ebenso kann man auf dem Wilhelm-Leibl-Weg weiter bis nach Litzldorf laufen, um dort auf dem gleichen Weg wieder zurück nach Bad Feilnbach zu gehen. Die reine Gehzeit vom Wanderparkplatz Jenbachtal

bis nach Litzldorf und wieder zurück beträgt etwa 2.30 Stunden.

WEITE AUSBLICKE Die Waldlichtungen auf dem Wilhem-Leibl-Weg eröffnen immer wieder schöne Ausblicke – etwa über das weite Rosenheimer Becken. Hinter der Sterntaler- und der Kollerfilze sind von links nach rechts die Ortschaften Bad Aibling, Kolbermoor und Rosenheim zu sehen. Von den Weilern Kutterling und Altofing geht der Blick nach Osten vorbei am Sulzberg zu den Chiemgauer Bergen, auf der anderen Seite des Inntales, mit Hochries, Karkopf und Feichteck.

WARUM DAS FLUCHEN FOLGEN HATTE
Über dem Jenbachtal gab es eine alte Tanne. Wer dort unangemessen fluchte so erzählt man sich, soll durch übernatürliche Mächte in den Krieg gezogen worden sein. An der Front mussten die Unglückseligen dann häufig ihr Leben lassen. Auf diese Weise kam der Ort zu seinem besonderen Namen »Beim Herrgott an der Alten Tanne«. Auch wird von einer hochschwangeren Frau berichtet, die zur Entbindung nach Bad Feilnbach eilen wollte. Sie schaffte es aber nur bis zur alten Tanne, dort brachte sie bei plötzlich einsetzenden Wehen ihr Kind ohne jede Unterstützung gesund zur Welt.

INFO

TOURENCHARAKTER
Spazier-, Wander- und breite Schotterwege, Nebenstraßen

AUSGANGS-/ENDPUNKT
ÖPNV: Rathausplatz Bad Feilnbach
Pkw: Wanderparkplatz Jenbachtal

ANFAHRT
Mit dem Auto auf A 8 bis Ausfahrt Bad Aibling, Bad Feilnbach. In Bad Feilnbach rechts in die Ortsmitte. Nach wenigen Metern links in die Wendelsteinstraße. Mit ÖPNV: Bahn nach Bad Aibling. Bus 9580 nach Bad Feilnbach

GEHZEITEN
Rathausplatz Bad Feilnbach – Wanderparkplatz Jenbachtal 0.30 Std. (nur ÖPNV) – Malerwinkel 0.15 Std. – Kutterling 0.45 Std. – Altofing 0.15 Std. – Wanderparkplatz Jenbachtal 0.30 Std. – Rathausplatz Bad Feilnbach 0.30 Std. (nur ÖPNV)

BESTE JAHRESZEIT
Ganzjährig; nach Neuschnee warten, bis es Trittspuren gibt

mittel | 1.45 Std. | 6,5 km | 236 Hm

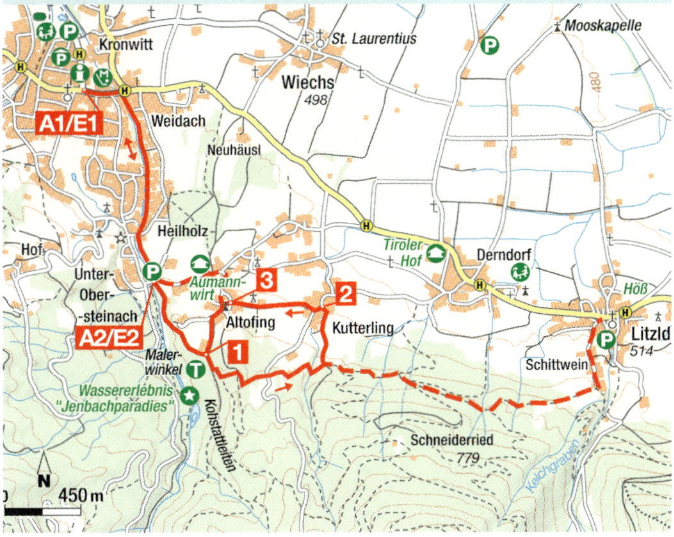

EINKEHR
Mehrere Lokale in Bad Feilnbach

KARTE
Alpenvereinskarte BY 16 Mangfallgebirge Ost

INFORMATION
Kur- und Gästeinformation Bad Feilnbach
www.bad-feilnbach.de

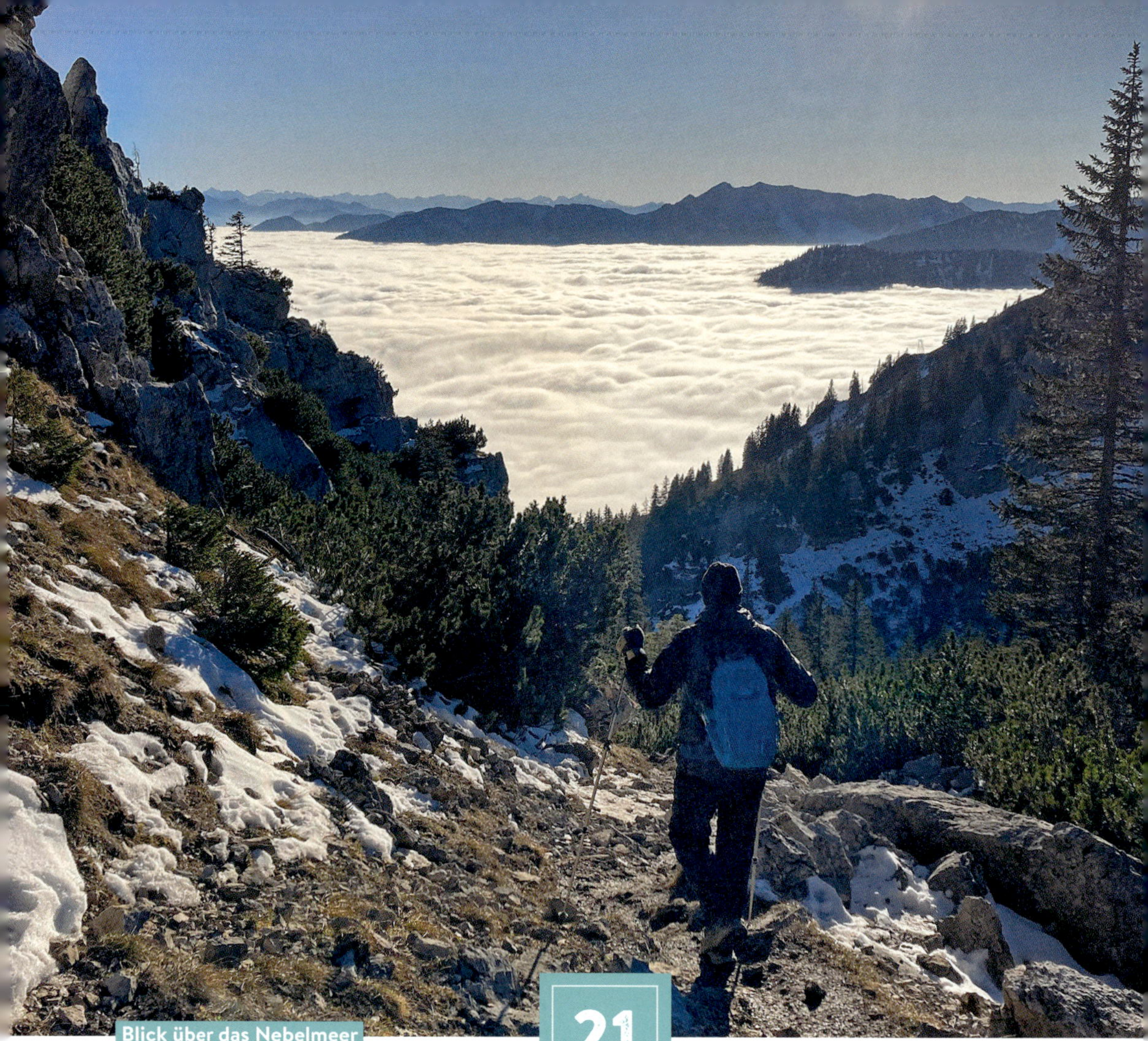

Blick über das Nebelmeer auf das Hintere Sonnwendjoch

21

Winternebel und ein feuriger Tatzelwurm

Auf die Lacherspitze

Es ist November und der Nebel taucht das Alpenvorland mystisch in ein graues Wattemeer. Nur die hohen Gipfel spitzen heraus und ragen in den azurblauen Himmel. Unsere Trittspuren zeichnen sich im ersten Schnee ab und die Lacherspitzrunde liegt vor uns in gleißendem Licht.

AUFSTIEG AUS DEM NEBELMEER Am Parkplatz Lacherspitze wandere ich los. Dunkelgraue Nebelschwaden geben mir den Blick gerade bis zum nächsten Baum frei. Alte Tannen stehen in einem geheimnisvollen Mantel aus Eis Spalier. Jetzt heißt es genau auf den richtigen Wegverlauf achten. Irgendwie wird das Grau schon etwas heller, aber an einen makellosen Sonnentag am Gipfel glaube ich dennoch nicht, auch wenn mir die Webcam vom Skigebiet Spitzingsee das versprochen hat. In Höhe der Lacheralmen ist durch die mystischen Nebelschwaden schon die Silhouette der Sonne erkennbar. Ein paar Meter weiter oben beginnt das Paradies. Bis hin zu den Hohen Tauern und zu den Zillertaler Alpen geht der Blick über das Nebelmeer. Es scheint, als könne man dorthin durch das Wattemeer schwimmen. Nichts ist von der geschäftigen Zivilisation unten im Inntal zu bemerken. Ich habe den Eindruck, als wäre ich auf einem anderen Planeten.

GIPFELPANORAMA ZUR BROTZEIT Gerade an klaren Wintertagen geht der Blick nach Süden bis zum Alpenhauptkamm. Von links nach rechts sind in den Hohen Tauern der Großglockner, der Großvenediger und die Reichenspitze zu erkennen. Es folgen die Stubaier Alpen mit dem Olperer. Davor thront im Osten ganz links die Felskulisse des Kaisers, noch weiter links sieht man die Gipfelparade der Chiemgauer Alpen mit Geigelstein und Spitzstein. Dazwischen geht der Blick über die Senke des Walchsees in die Berchtesgadener Alpen sowie in die Loferer und Leoganger Steinberge. Direkt gegenüber haben wir den Großen Traithen und das Steilner Joch, weiter rechts noch Seeberg und Aiplspitz. Das ist die Prominenz des Mangfallgebirges. Für diesen fabelhaften Ausblick sollten Sie sich Zeit nehmen. Also unbedingt alles für eine ausgiebige Brotzeit mitnehmen!

IM WINTER LIEBER WERKTAGS Wenn nur wenige Berge aus dem Nebelmeer spitzen, ist die Tour besonders beliebt. Lange ist es allerdings nicht hell und doch will man hoch hinaus. Wer kann, sollte an diesen speziellen Tagen deshalb auf einen Werktag ausweichen.

ZUR LACHERSPITZ Von der A1 E1 **Bushaltestelle Jugendherberge** geht es auf der Straße in Richtung Oberaudorf. Nachdem wir die Wendeschleife an den Skiliften des Unteren Sudelfeldes passiert haben, überqueren wir eine Bachbrücke. Nach der Brücke geht es links von der Straße ab in den A2 E2 **Wanderparkplatz Lacherspitz**. Hier halten wir uns an den Wegweiser »Wildalpjoch«. Wir laufen bergan auf einem Wanderweg, bis wir eine geteerte Fahrstraße erreichen. Dieser folgen wir links zum Wildalpjoch, bis der 1 **Materiallift Talstation** zu sehen ist. Wenige Meter davor, an den Almen vorbei, führt ohne Beschilderung ein Steig bergan. Wir queren die Fahrstraße in Höhe zweier weiterer Almen. Es geht auf dem unbeschilderten Steig weiter bergan,

Eisige Natur-Schönheiten

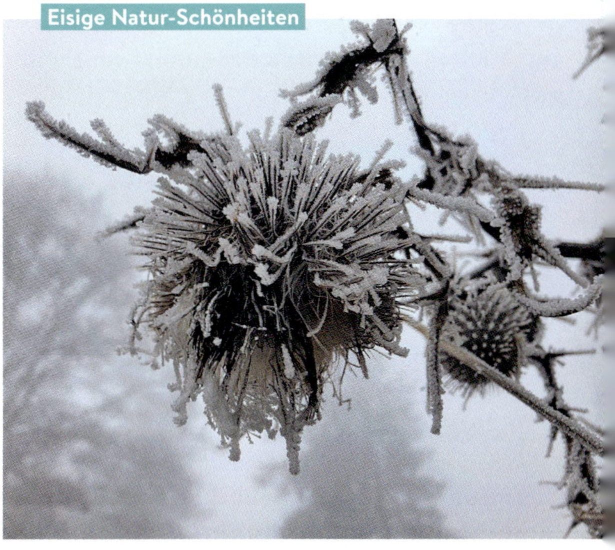

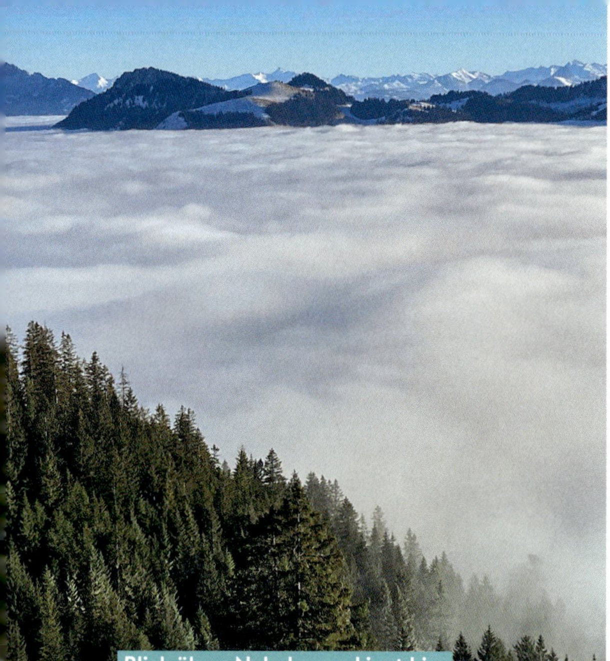

Blick übers Nebelmeer: Liegt hier der feurige Tatzelwurm?

bevor wir neuerlich auf die Fahrstraße gelangen. Dieser folgen wir nun rechts bis zu den **2 Lacheralmen**. Hinter den Almen an einer Verzweigung laufen wir rechts mit dem schon bekannten Wegweiser »Wildalpjoch« weiter bergan, bis wir am Bergkamm den Sattel an einer Rastbank erreichen. Hier folgen wir links dem Schild »Wendelsteinalmen, Lacherspitz«. In Kammnähe führt der Steig in westlicher Richtung. Wir überwinden einen seilversicherten Aufschwung und haben schließlich die nächste Verzweigung unter dem Materiallift erreicht. Hier geht es in südlicher Richtung die letzten Meter hinauf auf den felsigen Aufbau der **3 Lacherspitze**.

DER ABSTIEG Zunächst geht es wieder ein kurzes Stück zurück zur letzten Verzweigung. Hier halten wir uns nun links auf weitgehend ebener Strecke in Richtung »Wendelsteinalmen, Wendelstein«. Dann ignorieren wir rechts den Wegweiser »Brannenburg, Soinsee« und halten uns neuerlich links entsprechend dem letzten Wegweiser. Ein Steig führt nun unter die Felswände der Kesselwand. Hier gehen wir wieder links bergab zu den **4 Wendelsteinalmen**. Von der ersten Alm wandern wir mit dem Wegweiser »Unteres Sudelfeld« weiter bergab. Dann gibt es zwei Möglichkeiten: Entweder gehen wir nach der nächsten Hangstufe links auf einen unbeschilderten Steig, der unter dem Tagweidkopf leicht abfallend in südöstlicher Richtung die Fahrstraße zu den Lacheralmen an der Kehre mit einer Leitplanke erreicht. Oder wir halten uns an den Hauptweg geradeaus, weiter bergab. An den Unteren Wendelsteiner Almen führt dann der Wegweiser »Unteres Sudelfeld« links über einen Wanderweg zu einer tiefergelegenen Kehre der Fahrstraße und zu den Lacheralmen.

In beiden Fällen gehen wir auf der geteerten Fahrstraße ein Stück bergab, bis wir erneut den **1 Materiallift Talstation** erreichen. Von hier aus folgen wir dem bereits bekannten Weg zurück zu den Ausgangspunkten, **Wanderparkplatz Lacherspitze** und **Bushaltestelle Jugendherberge**.

Die Wanderung ist nur bei sicheren Schneeverhältnissen im Winter oder trockenen Wegen im Sommerhalbjahr anzuraten. An-

Tipp

Wer noch den halbstündigen Abstecher zum Wildalpjoch machen möchte, sollte unbedingt die notwendige Trittsicherheit und Schwindelfreiheit mitbringen. Im Winter ist hier besonders auf eisige, im Sommerhalbjahr auf rutschige Wegpassagen an den Steilabbrüchen zu achten. Dieser Abstecher wird daher auch unter dem Schwierigkeitsgrad Schwarz geführt.

sonsten empfiehlt es sich, nur bis zu den Lacheralmen aufzusteigen und für den Abstieg auf der geteerten Fahrstraße zu bleiben, bis nach dem **1 Materiallift-Talstation** der Abstieg auf dem bekannten Hinweg erfolgt.

DIE SAGE VOM FEURIGEN TATZELWURM

Unten in der Gumpeischlucht nahe den Tatzelwurm-Wasserfällen soll er gehaust haben. Zu nahe kommen sollte man dem Drachen nicht. Denn mancher Almerer war zu leichtsinnig und wurde schon von dem Untier verspeist, so heißt es. Auch das Vieh soll er nicht verschonen. Der Klugheit eines Almbewohners ist das Ende des Spuks zu verdanken, berichtet die Legende. Der nämlich legte einen Sack Kreide auf die Almwiese. Gierig fraß der Drache diesen und verendete.

INFO

TOURENCHARAKTER

Wanderwege, Fahrstraße, steigähnliche Wege

AUSGANGS-/ENDPUNKT

ÖPNV: Halt DJH Unteres Sudelfeld; Pkw: Parkplatz Lacherspitz

GIPFEL

Lacherspitz 1724 m, Wildalpjoch 1720 m (Abstecher)

ANFAHRT

Mit dem Auto auf A 93 bis Ausfahrt Brannenburg. Richtung Wendelsteinbahn. Über Mautstraße (gebührenpflichtig) und den Tatzelwurm weiter. Oder: Auf A 8 bis Ausfahrt Weyarn. Über Miesbach nach Bayrischzell. Weiter auf Sudelfeldstraße. Mit ÖPNV: Bahn München – Bayrischzell oder München Kufstein bis Oberaudorf. Wendelsteinringlinie bis Halt DJH Unteres Sudelfeld

GEHZEITEN

Halt DJH Unteres Sudelfeld – Parkplatz Lacherspitz 0.15 Std. (nur ÖPNV) – Lacheralmen 1.30 Std. – Lacherspitz 1 Std. – Wendelsteiner Almen 1 Std. – Parkplatz Lacherspitz 2 Std. – Halt DJH Unteres Sudelfeld 0.15 Stunde (nur ÖPNV)

BESTE JAHRESZEIT

Ganzjährig. Winter: bei sicherer Schneelage mit Gleitschutz, Sommer: an trockenen Tagen

schwer | 5.30 Std. | 8,2 km | 650 Hm

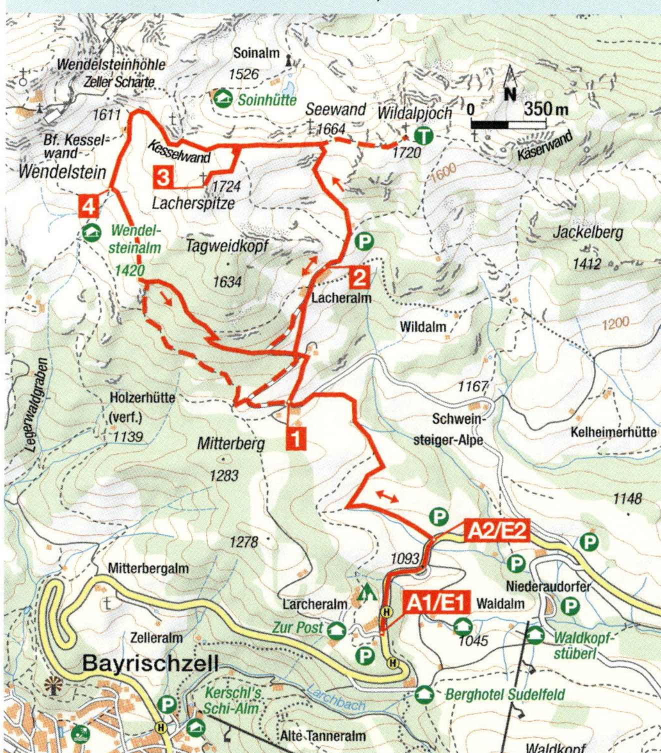

KARTE

Alpenvereinskarte BY16 Mangfallgebirge Ost

INFORMATION

Touristinfo Bayrischzell
www.bayrischzell.de

Über das Fensterl auf alten Pfaden

Rund um den Breitenstein

Erst zünde ich in der Wallfahrtskirche Birkenstein eine Kerze an. Dann begebe ich mich auf alten verschlungenen Pfaden zum Fensterl, einem mystischen Felsentor. Über den stillen Bockstein geht es vorbei an der Bucheralm aussichtsreich zurück.

22

Blick vom Breitenstein nach Südwesten

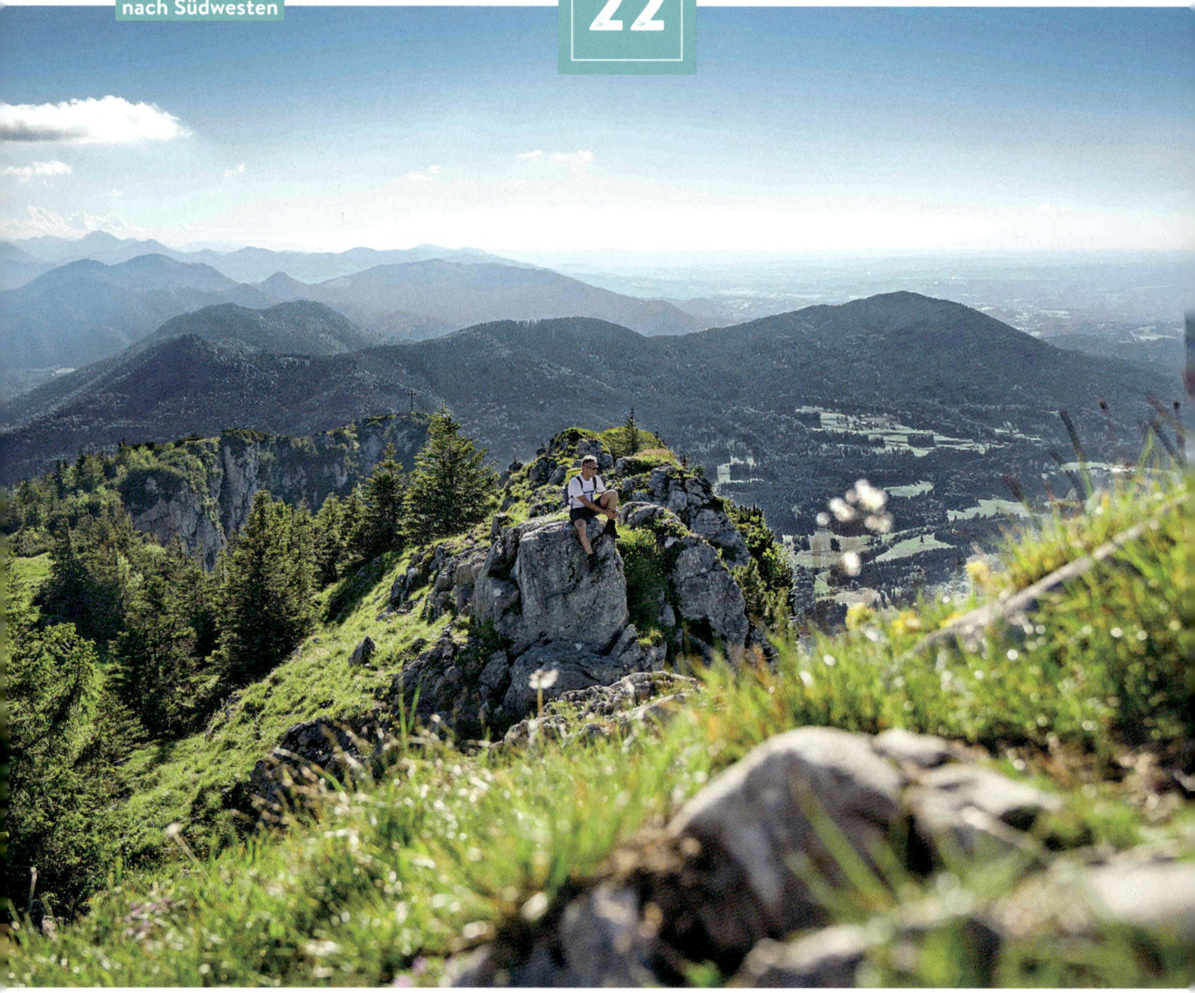

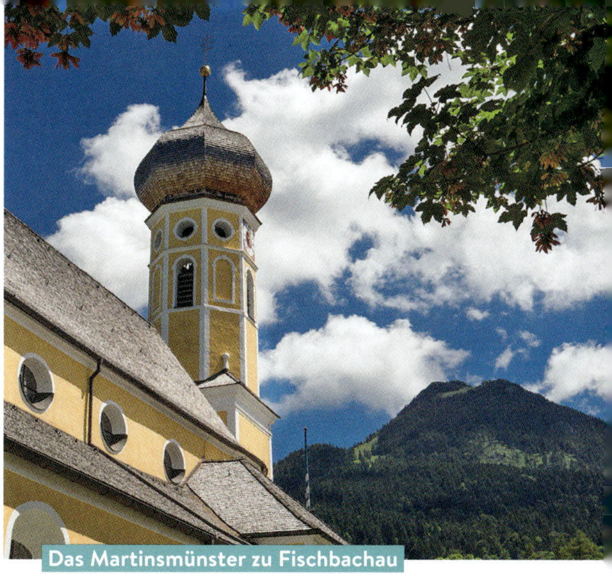
Das Martinsmünster zu Fischbachau

DIE WALLFAHRTSKIRCHE BIRKENSTEIN
Der Ort beeindruckt mich durch seine spürbare Strahlkraft. Zunächst schaue ich in der Mariengrotte vorbei, dann fülle ich meine Trinkflasche im Sattelbach auf oder ich trinke direkt aus dem Bach. Das Wasser fließt vor der Kirche vorbei und wird als Weihwasser verwendet. Am Eingang der Mariengrotte kommt es aus einem kleinen Wasserhahn. Es soll besonders bei Augenleiden helfen.

DAS FENSTERL Das beeindruckende Felsentor liegt etwa auf halber Höhe im Anstieg zum Breitenstein. Geheimnisvoll wirft die Sonne morgens die Schatten der Fichten an dessen Felswände und zaubert Fabelwesen hervor. Während man im Anstieg noch damit beschäftigt ist, den richtigen Pfad und einen guten Tritt zu finden, steht man plötzlich fassungslos vor dem Naturereignis des Fensterls. Im Felsentor sitzend, lässt sich die Brotzeit und der Blick über das Leitzachtal genießen. Ganz tief unter uns liegt Fischbachau. Das beschauliche Läuten der Wallfahrtskirche Birkenstein dringt bis hierher herauf. Was für ein Ambiente hier oben!

DER BOCKSTEIN Der etwas niedrigere Gipfel ist der ruhigere hier oben, zieht es doch die meisten Wanderer auf den östlich gelegenen, etwas höheren Breitenstein. Der Blick geht in die Schlierseer Berge zum Miesing, zur Aiplspitz, zum Jägerkamp und zur Brecherspitz. Weiter hinten umrahmen Wallberg und Baumgartenschneid den Tegernsee und an ganz klaren Tagen reicht der Blick bis zur Benediktenwand. Tief unter uns sehen wir das Leitzachtal mit den Ortschaften Elbach und Hundham. Und auch München grüßt bei sehr guter Fernsicht.

DER STARTPUNKT FÜR BAHNREISENDE
Vom **A1 E1 Bahnhof und Parkplatz Geitau** geht es linker Hand auf eine geteerte Fahrstraße. Diese gabelt sich wenig später. Hier folgen wir wieder linker Hand dem Wegweiser »Fischbachau-Birkenstein«. An den nächsten Weggabelungen nehmen wir den gleichen Wegweiser, sodass ich ihn künftig nicht mehr erwähne. Ein Forstweg führt hier zunächst durch eine Allee, dann steil bergauf, später wieder eben über weite Wiesen zu einer Schranke. Hier geht es an der Weggabelung geradeaus, vorbei am Oberwirt zur **1 Wallfahrtskirche Birkenstein.**

VON BIRKENSTEIN ZUM FENSTERL Vom **A2 E2 Wanderparkplatz Birkenstein** geht es für Autofahrer ebenfalls am Oberwirt vorbei zur **1 Wallfahrtskirche Birkenstein.** Dort überqueren wir die Bachbrücke des Sattelbaches, sogleich orientieren wir uns rechter Hand. Zwei Wege führen hier bergauf. Wir nehmen den rechten, kleineren Wanderweg, der grüne Wegweiser »Kesselalm« führt uns bergan. An der nächsten Weggabelung geht es auf einem breiten Schotterweg weiter in Richtung »Kesselalm«, neuerlich über die Bachbrücke des Sattelbaches. Kurz vor der Brücke lohnt sich ein Abstecher zu seinen Wasserfällen. Dann laufen wir zurück zur Bachbrücke. Nachdem wir die Brücke überquert haben, windet sich rechts ein

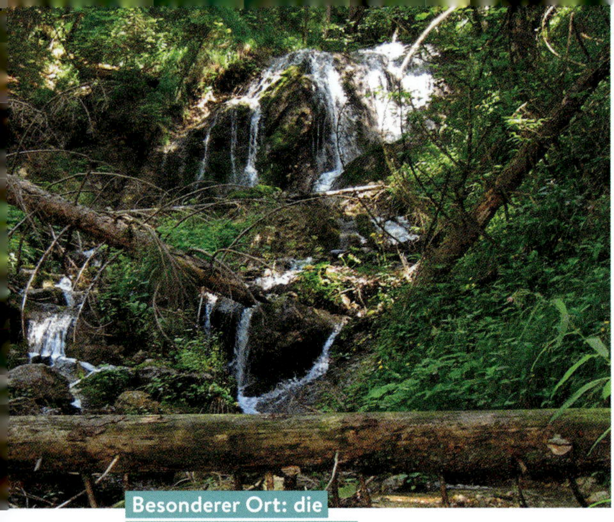

Besonderer Ort: die Sattelbach-Wasserfälle

Bergpfad in Serpentinen steil bergan. Zur Orientierung: Neben dem Pfad befindet sich eine Telefonleitung. Der Pfad mündet weiter oben in einen Weg, dem wir rechter Hand weiter bergan folgen. Ein kurzes Wegstück verläuft weiter oben neben dem Sattelbach, dann ist auch schon der Hauptwanderweg erreicht. Wir queren diesen und gehen weiter auf einem nicht beschilderten Pfad bergan, bis dieser auf einen breiten Forstweg führt. Ihm folgen wir rechter Hand bergan. Wir ignorieren einen Linksabzweig, dann zweigt in einer Kehre an einem Jägerstand ein Pfad ab. Diesem folgen wir nun weiter hinauf durch den Bergwald. Unten liegt die Kesselschlucht. Nach etwa 20 Minuten des Anstiegs zweigt an einer Gabelung scharf links ein Steig ab. Zum Zeitpunkt der Begehung im Mai 2021 war hier ein oranger Pfeil an einer Fichte aufgesprüht. Steil, in schmalen Kehren führt der Steig nun durch den Bergwald bergan. Am Fuß der Felswand halten wir uns links, zwischenzeitlich steigt der Weg nur leicht an. Immer der größeren Pfadspur folgend, geht es nun wieder steiler bergan, bis wir an den Fuß einer Felswand gelangen. Wir folgen dieser rechter Hand bergauf und haben in nur wenigen Metern das **2 Fensterl** erreicht.

HINAUF ZUM BOCKSTEIN Vom Fensterl geht es weiter auf einem Pfad bergan. Wenig später an einer Gabelung wenden wir uns dem rechten Pfad in östlicher Richtung zu. Kleinere, abzweigende Pfadspuren lassen wir dabei außer Acht. Wichtig ist es hier, immer auf dem breiteren, ausgetreteneren Pfad zu bleiben. So kommen wir aus dem Wald heraus und gehen durch Wiesengelände in einer deutlichen Linkskehre zum Hauptwanderweg. Vor uns sehen wir schon den **3 Bockstein**, den wir besteigen.

ÜBER DIE BUCHERALM NACH BIRKENSTEIN Vom Bockstein wenden wir uns nach Nordwesten. Mit dem Schild »Bucheralm, Fischbachau« führt der Weg in vielen Kehren und Stufen meist durch Wiesengelände bergab, bis die **4 Bucheralm** erreicht ist. Hier geht es dem zuletzt genannten Wegweiser folgend auf einem Wanderweg, später auf einem Forstweg weiter nach »Birkenstein«. Alternativ kann man ab der Bucheralm auf dem gesamten Wegstück bis Birkenstein den Forstweg benutzen. Das letzte Wegstück entspricht dem Hinweg zurück zur **1 Wallfahrtskirche Birkenstein**. Autofahrer folgen dem Hinweg zurück zum **Wanderparkplatz Birkenstein**. Bahnfahrer gehen auf dem glei-

Tipp

PANORAMA ZUM GEBÄCK

Beim Abstieg kann man noch einen Abstecher zur Schwaigeralm machen. Hier sitzt es sich besonders schön auf der Terrasse bei Kaffee und Kuchen mit Blick über das Leitzachtal auf die Brecherspitz. Weiter geht es dann auf dem Premiumweg zurück nach Birkenstein. Damit verlängert sich die Gehzeit um etwa eine 0.45 Stunde.

chen Weg zurück zum Endpunkt der Wanderung am **Bahnhof und Parkplatz Geitau.**

DER PLÖTZLICHE REICHTUM AM BREITENSTEIN Zwei übermütige Burschen stiegen einst auf den Breitenstein, so weiß es die Überlieferung. Voll überschüssiger Energie hingen sie ein Viehgatter aus. Plötzlich erspähten sie zwei zwielichtige Gestalten und flüchteten samt Gatter auf einen Baum. Die Räuber aber packten unter dem Baum ihre Beute aus. So sehr sich die Burschen auf dem Baum bemühten, irgendwann ließen sie das Gatter fallen. Es krachte neben den Räubern auf den Boden. Die Räuber, kreidebleich vor Schreck, suchten das Weite und vergaßen dabei ihre Beute. So gelangten die beiden Burschen zu plötzlichem Reichtum, die seltsame Geschichte tischten sie ihren Eltern auf dem Hof zum Abendessen auf.

INFO

TOURENCHARAKTER
Wanderwege, breite Schotterwege sowie anspruchsvolle, unmarkierte Steige

AUSGANGS-/ENDPUNKT
ÖPNV: Bahnhof Geitau
Pkw: Wanderparkplatz Birkenstein

GIPFEL
Breitensteiner Fensterl 1350 m, Bockstein 1575 m

ANFAHRT
Mit dem Auto auf A 8 bis Ausfahrt Irschenberg. Dann nach Fischbachau. Weiter nach Birkenstein zum Wanderparkplatz rechts hinter dem Oberwirt. Mit ÖPNV: Bahn nach Bayrischzell bis Geitau

GEHZEITEN
Geitau – Birkenstein 0.45 Std. (nur ÖPNV) – Fensterl 1 Std. – Bockstein 1.15 Std. – Bucheralm 1.30 Std. – Birkenstein 0.45 Std. – Geitau 0.45 Std. (nur ÖPNV)

BESTE JAHRESZEIT
Ende Mai–Ende Oktober bei Schneefreiheit

EINKEHR
Bucheralm, Schwaigeralm (Abstecher), Café Seidl

KARTE
Alpenvereinskarte BY 16 Mangfallgebirge Ost

schwer | 4.30 Std. | 11,8 km | 870 Hm

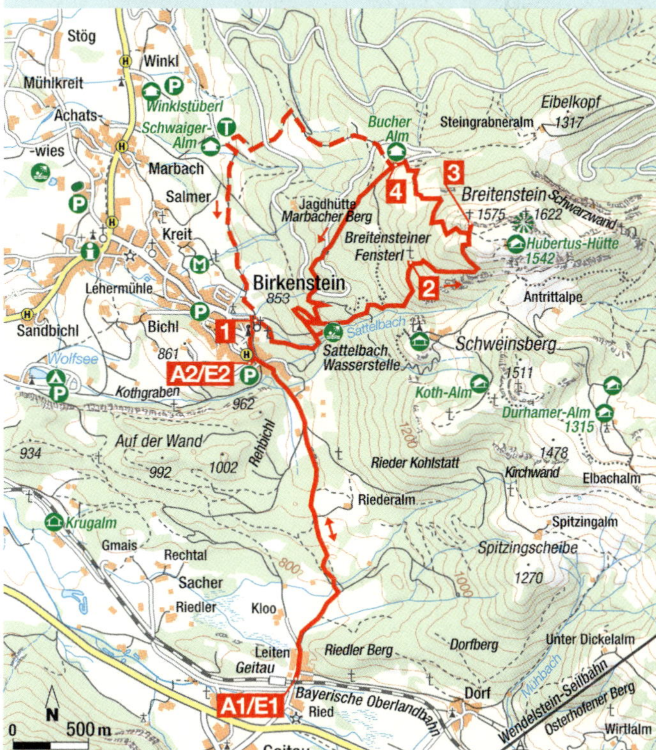

INFORMATION
Tourist-Info Fischbachau
www.fischbachau.de

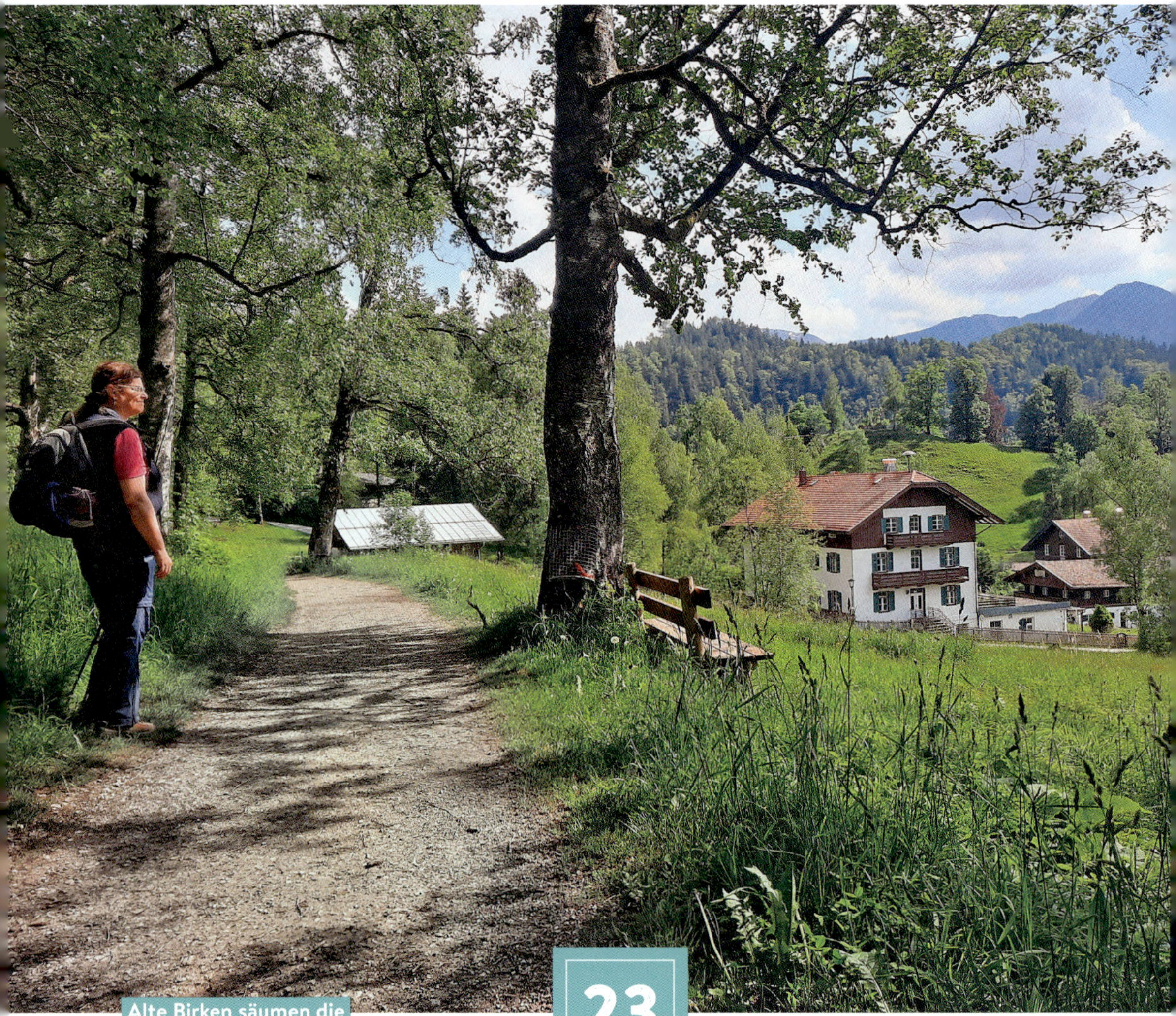

Alte Birken säumen die Allee vor Birkenstein.

23

Weites Tal und hoher Berg

Auf den Schwarzenberg

Der Premium-Wanderweg verbindet den Wallfahrtsort Birkenstein mit dem Schwarzenberg im Leitzachtal. Der Ausblick geht in die Schlierseer Berge, darunter liegen Elbach und Fischbachau beschaulich nebeneinander. Dort soll es Geistermessen gegeben haben.

Tipp

SÜSSE BELOHNUNG

Zu empfehlen für eine Einkehr zum Nachmittagskaffee ist das Café Seidl, denn die hausgemachten Kuchen und Torten sind hier besonders lecker. Es liegt idyllisch nur wenige Meter unterhalb der Wallfahrtskirche Birkenstein. Informationen unter Tel. 08028/896

AUF DEM SCHWARZENBERG Durch seine Alleinlage in erster Reihe bietet der Berg ein wunderbares Panorama. Nach Norden hin ist das Alpenvorland zu sehen – vom Irschenberg links über das Rosenheimer Becken bis zum Simssee und Chiemsee. Dahinter erheben sich im Osten die Chiemgauer Alpen mit Kampenwand, Hochries und Heuberg. Nach Süden hin grüßen Wendelstein und Breitenstein herüber. Am Ende des Leitzachtales erheben sich die Schlierseer Berge – von links nach rechts mit Miesing, Aiplspitz, Benzing und Jägerkamp sowie der Brecherspitz. Weiter rechts im Westen sind die Benediktenwand mit dem Brauneck und der Hirschberg zu erkennen. Und an ganz klaren Tagen ragt dahinter sogar markant die Zugspitze hervor. An herbstlichen Nebeltagen spitzt geheimnisvoll die Waldkuppe des Schwarzenberges aus dem mystischen Grau heraus. Und nach Norden hin sieht man einfach nichts, ja dieses wunderbare Nichts. Nur ein weißes unendliches Nebelmeer, auf das man blickt, als säße man im Flugzeug. Wer direkt den Schwarzenberg vom gleichnamigen Ort in Angriff nimmt, kann einen wunderbaren »Sundowner« hier oben genießen. In den Wochen um die Sommersonnenwende versinkt die Sonne wie eine Scheibe im Alpenvorland und wird dabei nicht von den Bergen verdeckt. Dann aber unbedingt eine Stirnlampe mitnehmen und dem geteerten Fahrweg bergab in der Dämmerung folgen.

DER STARTPUNKT FÜR BAHNREISENDE

Vom A1 E1 **Bahnhof und Parkplatz Geitau** geht es linker Hand auf eine geteerte Fahrstraße. Diese gabelt sich wenig später. Hier folgen wir wieder linker Hand dem Wegweiser »Fischbachau-Birkenstein«. An den nächsten Weggabelungen nehmen wir den gleichen Wegweiser, sodass ich ihn in der Folge nicht mehr erwähne. Ein Forstweg führt hier zunächst durch eine Allee, dann steil bergauf, später wieder eben über weite

↓ Nebelmeer am Schwarzenberg ↘ Knorrige Kiefern am Anstieg zum Schwarzenberg

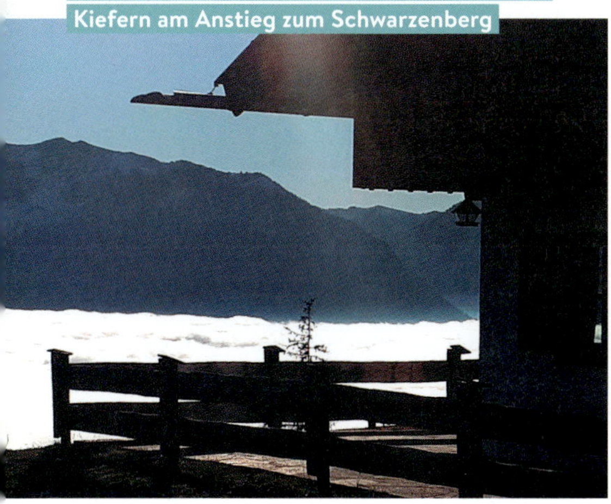

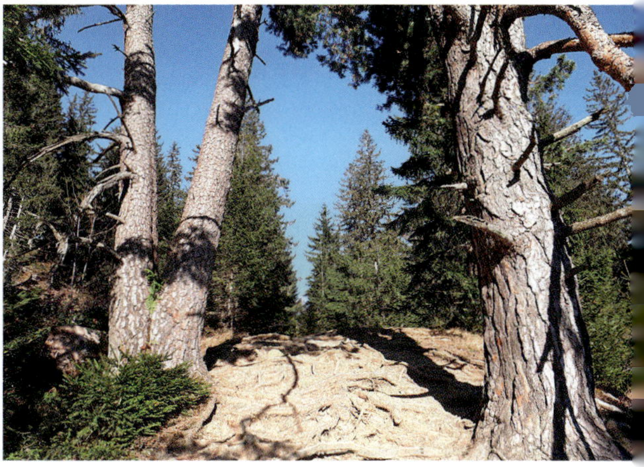

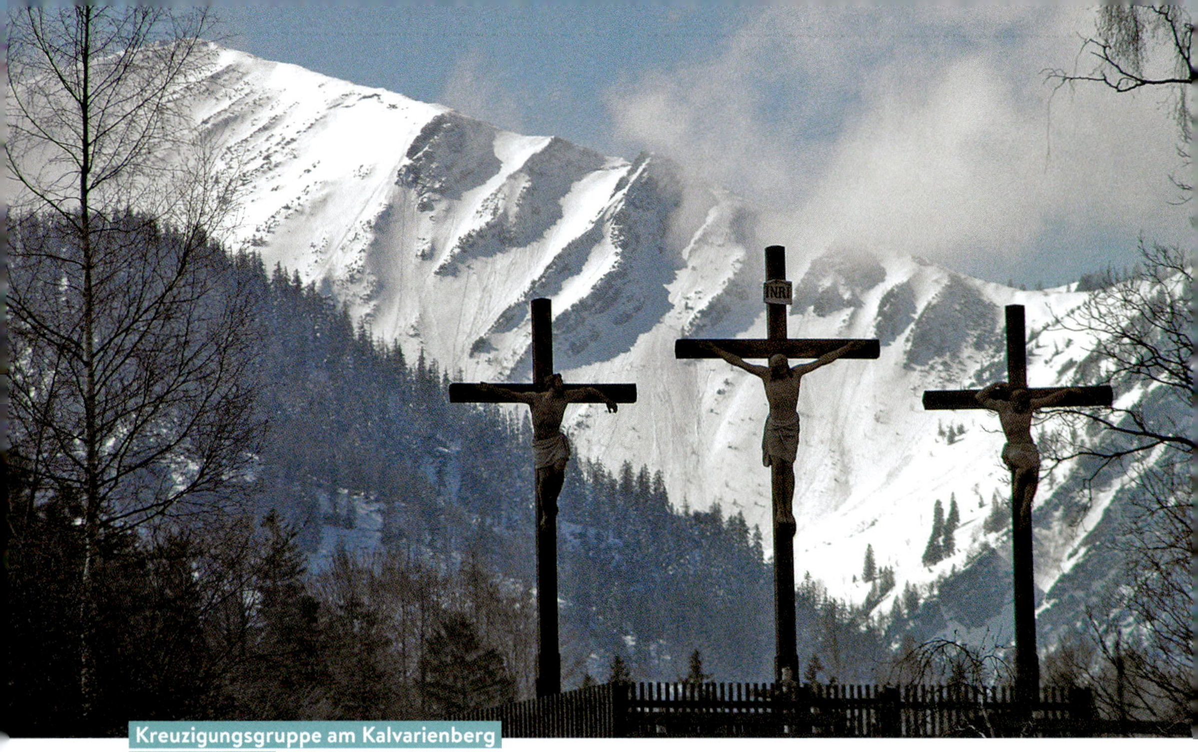

Kreuzigungsgruppe am Kalvarienberg zu Birkenstein

Wiesen zu einer Schranke. Hier wandern wir an der Weggabelung geradeaus vorbei am Oberwirt zur 1 **Wallfahrtskirche Birkenstein.**

VON BIRKENSTEIN ZUM SCHWARZENBERG Vom A2 E2 **Wanderparkplatz Birkenstein** geht es für Autofahrer ebenso am Oberwirt vorbei zur 1 **Wallfahrtskirche Birkenstein.** Von dort laufen wir auf dem Premiumwanderweg über dem Leitzachtal mit schönen Ausblicken zur 2 **Schwaigeralm**. Anschließend gehen wir auf einem breiten Schotterweg nach »Elbach, Hundham«. Am Anwesen Buchberg mündet der Weg in einen Wiesenpfad hinüber nach Buch. Wir passieren die Wegkreuzung Durham-Elbach und gehen weiter zum »Gasthaus Kirchstiegl«, bis wir wenig später eine kleine Fahrstraße erreichen. Dieser folgen wir rechter Hand bergan zum »Schwarzenberg« bis zum Anwesen 3 **Steingraben**. Hier geht es dann auf einem Wanderweg weiter über die Bergwiesen mit einer Baumreihe bergan. Der Fahrstraße folgen wir wenige Meter nach rechts, bis links durch ein Gatter der weitere Anstieg über die Bergwiesen zum »Schwarzenberg« erfolgt. In Höhe des Schullandheimes Schwarzenbergalm wandern wir nun die letzten Meter hinauf zum 4 **Schwarzenberg**.

ÜBER KIRCHSTIEGL ZURÜCK NACH BIRKENSTEIN Vom Gipfel des Schwarzenbergs geht es ein kurzes Stück auf dem Hinweg zurück zum Schullandheim Schwarzenbergalm. Hier laufen wir nun wenige Meter in östlicher Richtung zur »Tregleralm«, bis links der Wanderweg nach »Deisenried, Hundham, Schwarzenberg« steil bergab führt. An einem Forstweg angelangt, geht es dem letzten Wegweiser weiter folgend linker Hand bergab. Im Talgrund an der nächsten Abzweigung wenden wir uns den Wegweisern »Gasthaus Kirchstiegl, Hundham« linker Hand zu. Auf einer Nebenstraße angelangt, geht es dann zum 5 **Gasthaus Kirchstiegl** neuerlich linker Hand. Von dort wandern wir nach »Fischbachau, Schwaigeralm«, zunächst auf einer Nebenstraße, dann auf einem Wanderweg, vorbei an einer Wiese mit Sonnenliegen bis zum Abzweig des Hinweges nach Steingraben. Die restliche Wegstrecke entspricht der des Hinweges, wir gehen zurück zu den Endpunkten am **Wanderparkplatz Birkenstein** für Autofahrer und **Bahnhof und Parkplatz Geitau** für Bahnreisende.

DIE SAGE VON DEN GEISTERMESSEN IN FISCHBACHAU Hell erleuchtet soll an den Abenden vor den Festtagen die Klosterkirche gewesen sein. Niemand befand sich aber im Gebäude. Etliche Dorfbewohner deuteten dies als Geistermessen der Untersberger. Normalerweise, so heißt es, hielten diese ihre Messen in den Orten rund um den Untersberg ab – etwa in Bad Reichenhall, Ramsau, St. Bartholomä oder Salzburg.

INFO

TOURENCHARAKTER

Breite Schotterwege, Wander- und Spazierwege, Nebenstraßen

AUSGANGS-/ENDPUNKT

ÖPNV: Bahnhof Geitau
Pkw: Wanderparkplatz Birkenstein

GIPFEL

Schwarzenberg 1187 m

ANFAHRT

Mit dem Auto auf A 8 bis Ausfahrt Irschenberg. Nach Fischbachau. Weiter nach Birkenstein zum Wanderparkplatz rechts hinter dem Oberwirt. Mit ÖPNV: Bahn nach Bayrischzell bis Geitau

GEHZEITEN

Geitau – Birkenstein 0.45 Stunde (nur ÖPNV) – Abzweig Elbach 1 Std. – Schwarzenberg 1 Std. – Gasthaus Kirchstiegl 1.30 Std. – Birkenstein 1.15 Stunden – Geitau 0.45 Std. (nur ÖPNV)

BESTE JAHRESZEIT

Ende April–Anfang November bei Schneefreiheit, ansonsten am Schwarzenberg Abstieg über die Fahrstraße

EINKEHR

Schwaigeralm; Café Seidl, Birkenstein; Gasthaus Kirchstiegl

KARTE

Alpenvereinskarte BY 16 Mangfallgebirge Ost

INFORMATION

Tourist-Info Fischbachau
www.fischbachau.de

mittel	4.45 Std.	18,9 km	694 Hm

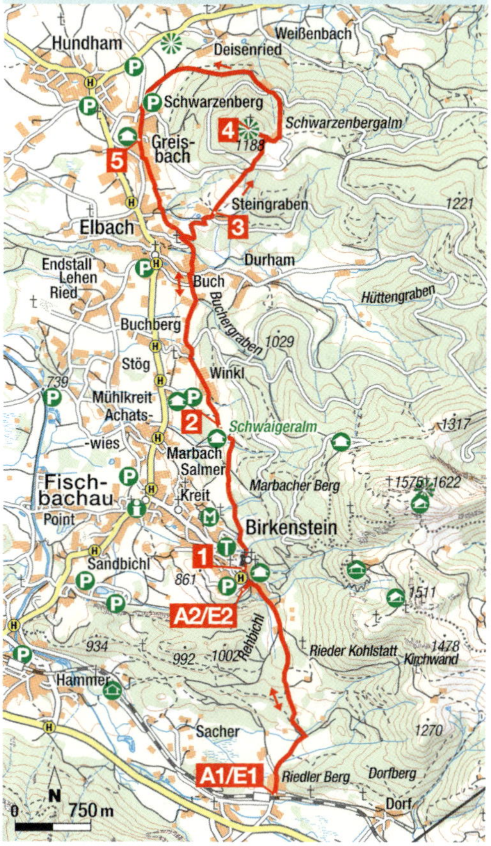

Legenden und Sagen im bayerischen Paradies

Im Kloo-Ascher-Tal

Das Kloo-Ascher-Tal ist im Winter durch seine Höhenlage als Langlaufzentrum beliebt. Ansonsten ist es hier still, nur ein paar Radler ziehen durch das idyllische Tal. Im Sommer lässt sich dieses bayerische Paradies dank seiner Blumenwiesen förmlich einatmen.

24

Blick von der Winterstube ins Kloo-Ascher-Tal

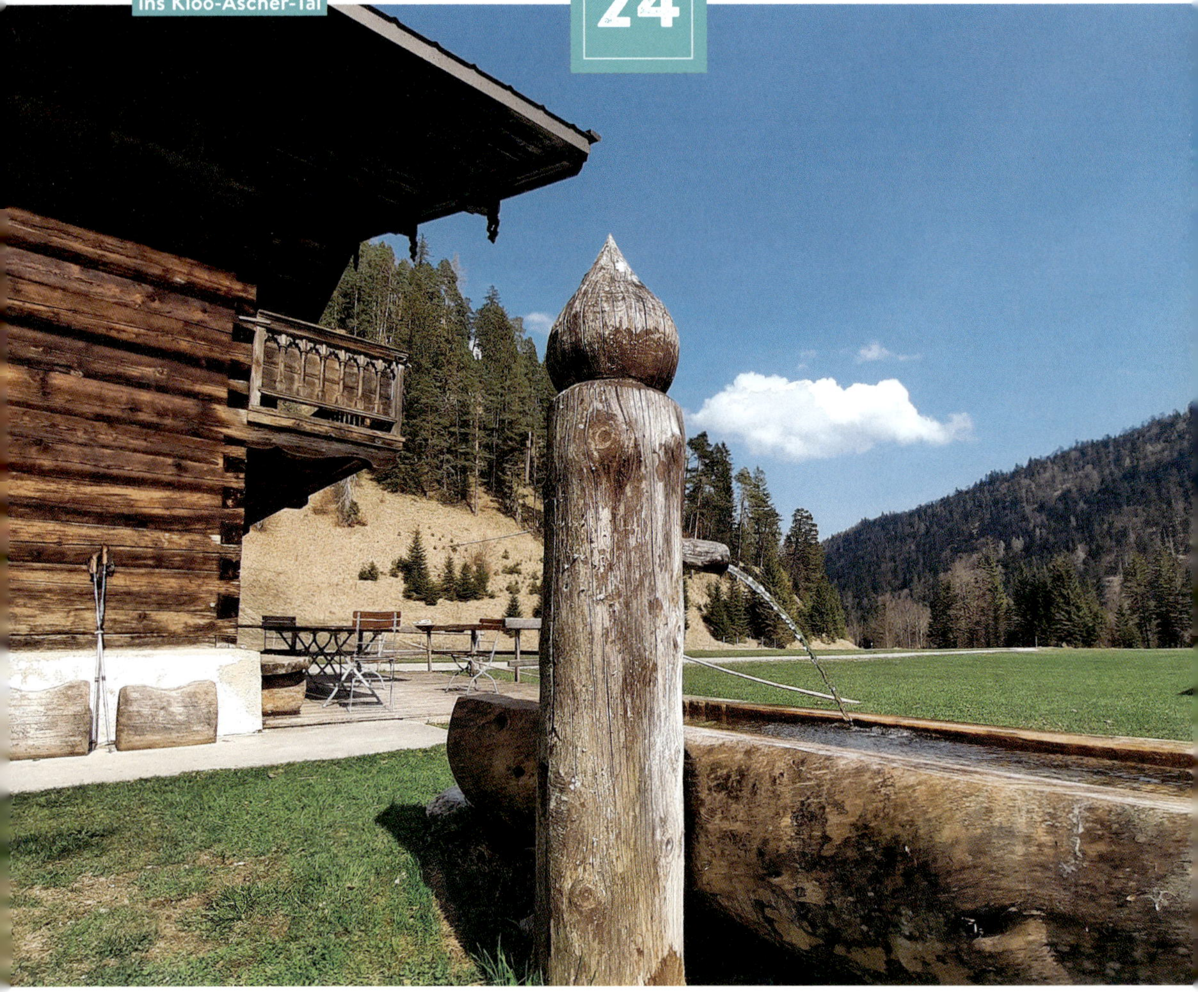

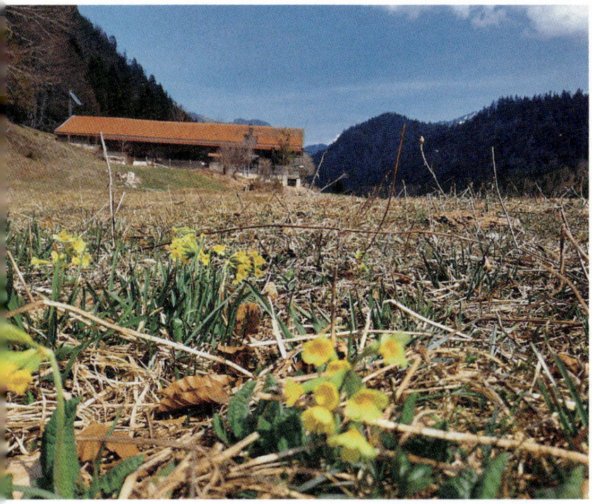

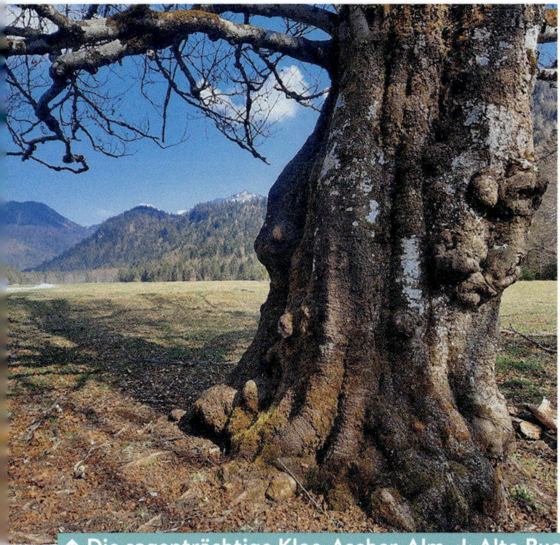

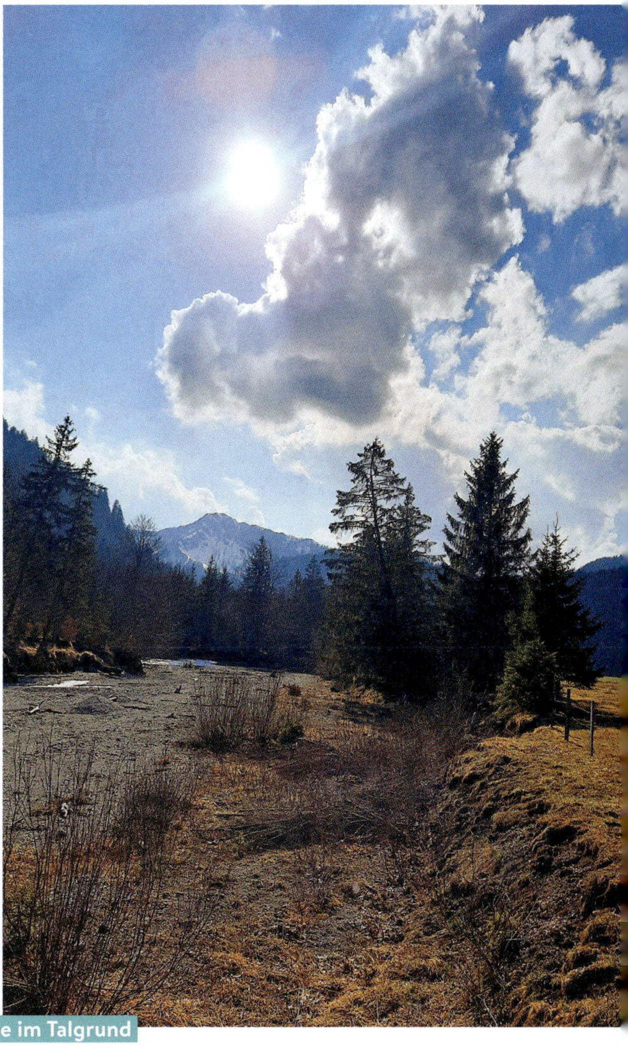

↑ Die sagenträchtige Kloo-Ascher-Alm ↓ Alte Buche im Talgrund
↗ Blick vom Kloo-Ascher-Bach zum Kreuzspitz

EINE NACHT AUF DER KLOO-ASCHER-ALM König Ludwig II. hätte wohl auch gerne eines seiner Schlösser hier gebaut. Aber dazu fehlte ihm das Geld. Über den weiten Wiesen von der Kloaschau erhebt sich nach Süden hin das schroffe und hohe Felsmassiv des Hinteren Sonnwendjochs. Was für ein wunderbarer Kontrast! Schloss Linderhof könnte hier auch stehen, finde ich. Stattdessen hat jetzt die Kloo-Ascher-Alm diesen Platz inne. Meine Frau Margit hat diesen Ort geliebt und ist mit ihren Alpenvereinsgruppen für mehrere Tage und Nächte dorthin gegangen. In einer Nacht, es war noch Winter und die Gruppe war zum Langlaufen da, begann es zu stürmen. Lag man im Bett, dick eingepackt in seinen Klamotten und zwei Schlafsäcken, begann es auf der Stirn zu kitzeln. Das waren die feinen Schneeflocken, die der Wind durch die Fensterritzen in die

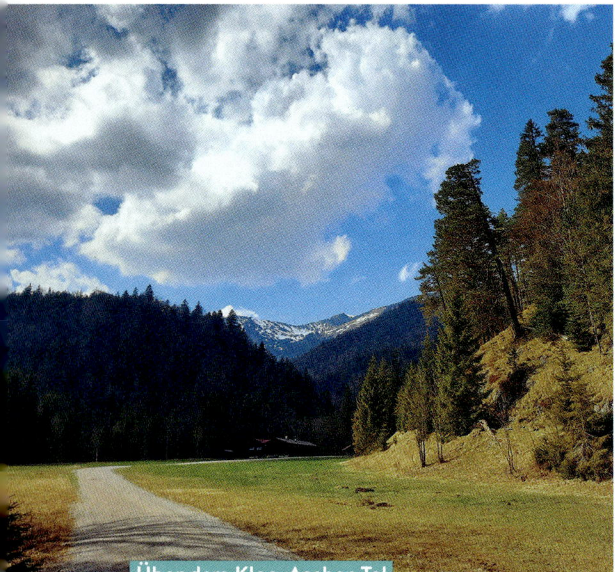

Über dem Kloo-Ascher-Tal thront der Auerspitz.

Hütte trieb. Doch plötzlich schwoll der Wind zu einem ausgewachsenen Sturm an. Die Tür der Alm wurde aufgedrückt und ein wahrer Schneesturm wurde in der gemütlichen Stube entfacht, in der sonst wohlig warm der Ofen bullerte. Mit aller Kraft stemmten sich Margit und ihre Freundin Nicola mit vereinter Frauenpower gegen die Tür und hievten sie wieder in die Verankerung. So blieb der Schneesturm draußen. Gruselig

Tipp

IDYLLISCHE AUSZEIT

Planen Sie die Tour bei angenehmen Temperaturen und schönem Wetter. Dann können Sie die Wanderung mit einem ausgiebigen Picknick auf den weiten Wiesen im Kloo-Ascher-Tal genießen. Denn bei einer zünftigen Brotzeit ist das Bergpanorama rundherum nochmal so schön.

war die Nacht dennoch, knarzten doch die Balken im Dachstuhl, wenn der Sturm an ihnen zerrte. Da überlegte man schon dreimal, ob man auf die Toilette musste. Dann hieß es, aus dem aufgewärmten Bett aufstehen und sich hinaus in Kälte und Sturm wagen. Und saß man erst einmal bibbernd auf dem Plumpsklo, hörte man alle möglichen Geräusche aus dem angrenzenden Wald. Da raschelten die Äste im Wind oder fielen gar auf das Dach. Tagsüber aber eröffnete sich vom »stillen Örtchen« die schönste Aussicht über die Wiesen hinüber zum Sonnwendjoch. Denn die Klotür musste aufbleiben, sonst wäre es ja stockfinster gewesen – also ein Zimmer mit Aussicht sozusagen. Auch nach drei schlaflosen Nächten sagten die Teilnehmer der Gruppe dennoch: Wir kommen wieder! Kein Wunder also, dass hier auch die folgende Legende entstanden ist.

DAS GESPENST IN DER KLOO-ASCHAU

Einst hatte ein Stier den Senner der Alm in den Tod gestoßen. Man sagt, seine verstorbene Seele würde noch immer nachts auf der Alm herumgeistern. Drei junge Burschen, die nicht an Geister glaubten, wagten sich deshalb auf den Heuboden, um neugierig zu schauen, was sich hier wirklich in der Nacht tat. Tatsächlich kam die verstorbene Seele des Senners in die Alm und hantierte mit Milchkannen. Die Burschen machten keinen Mucks, um nicht entdeckt zu werden. Als der Senner jedoch Anstalten machte, auf den Heuboden zu steigen, sprangen sie durch das Heuloch und suchten schreiend das Weite. Sie liefen so lange durch das Ursprungtal, bis sie ihre heimischen Höfe in Bayrischzell erblickten. Dort erzählten sie den völlig verdutzten Eltern diese Geschichte.

VOM ZIPFLWIRT INS KLOO-ASCHER-TAL

Vom **A E Parkplatz Bushalt Zipflwirt** folgen wir auf einem geteerten Weg dem Wegwei-

ser »Kloo-Ascher-Tal, Winterstube«. An der nächsten Verzweigung geht es rechter Hand mit diesem Wegweiser in einen breiten Schotterweg durch schönen Buchen- und Eichenwald, später Mischwald.
Bald erreichen wir die weiten Wiesen im Kloo-Ascher-Tal. Wir passieren die **1 Kloo-Ascher-Alm** und gehen weiter auf dem breiten Schotterweg zur nächsten Gabelung. Hier halten wir uns rechts an das Schild »Elendsattel, Forsthaus Valepp«. Wir gehen über eine Wiese zur **2 Winterstube**, einem stattlichen Anwesen, das wie ein Forst- und Jagdhaus aussieht. Hier haben die Holzfäller früher nach einem arbeitsreichen Tag übernachtet. Der Rückweg entspricht dem Hinweg zurück zum bekannten Endpunkt am **Parkplatz Bushalt Zipflwirt**.

IM KLOO-ASCHER-BACH Meistens ist das Bachbett ohne Wasser. Sofern der Weidezaun im Frühling oder Spätherbst noch offen ist, gehen Sie doch einmal direkt von der Kloo-Ascher-Alm hinüber zum Bachbett – nach Süden auf einem Wiesenpfad in nur fünf Minuten. Begeben Sie sich in diese Anderswelten und spüren Sie in sie hinein, indem Sie eine Zeit lang hier verweilen. Besonders in den frühen Morgenstunden oder ab dem späten Nachmittag merken Sie vielleicht, wie diese Umgebung auf Sie wirkt. Gibt Sie Ihnen Energie, sind Sie dort »im Fluss«? Dort haben Sie die nötige Ruhe, um diesen Dingen nachzugehen. Am Nachmittag bietet sich hier, nach Westen der Sonne entgegen, der Blick auf den Kreuzberg und das Hintere Sonnwendjoch, das oft noch im gleißenden Licht der Schneefelder liegt.

INFO

TOURENCHARAKTER
Breite Schotterwege

AUSGANGS-/ENDPUNKT
Pkw: Parkplatz Zipflwirt
Bahn-Bus: Bushalt Zipflwirt

ANFAHRT
Mit dem Auto auf A 8 bis Ausfahrt Weyarn. Über Miesbach, Schliersee nach Bayrischzell. Nach Kufstein bis zum Zipflwirt vor der Grenze. Mit ÖPNV: Bahn bis Bayrischzell. DAV-Münchner-Bergbus bis Zipflwirt (nur So., Stand: 06.2022)

GEHZEITEN
Zipflwirt – Kloo-Ascher-Forsthaus 0.45 Std. – Zipflwirt 0.45 Std.

BESTE JAHRESZEIT
Ende April–Mitte November bei Schneefreiheit

leicht | 1.30 Std. | 6 km | 80 Hm

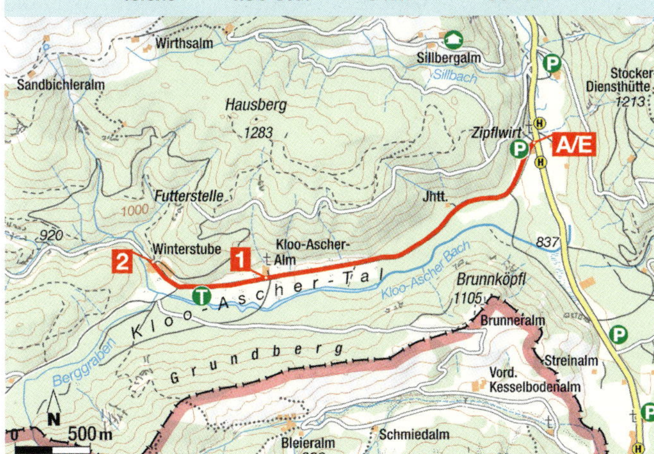

KARTE
Alpenvereinskarte BY 16 Mangfallgebirge Ost

INFORMATION
Tourist-Info Bayrischzell
www.bayrischzell.de

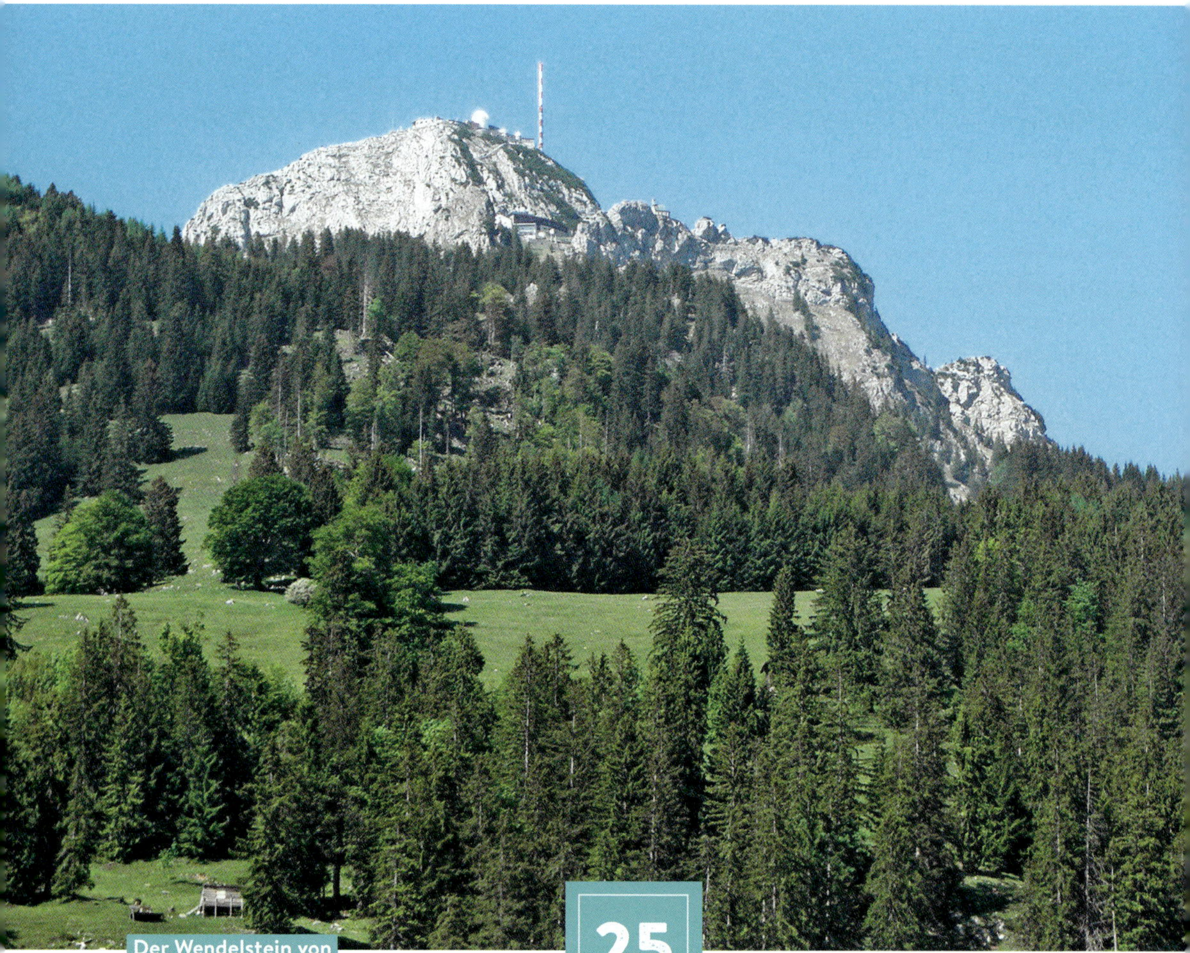

Der Wendelstein von Bayrischzell aus

25

Drei Flüsse, ein Aussichtspunkt und zwei Sonnen

Entlang von Aubach, Leitzach und Alpbach

Von Osterhofen führt ein geheimnisvoller Wald- und Wiesenpfad zum Siglhof. Nach einer schönen Einkehr geht es über Bayrischzell in einer ansprechenden Runde an stillen Wassern über Geitau zurück nach Osterhofen. Das Phänomen der zwei Sonnen begleitet uns.

ZWISCHEN GEITAU UND BAYRISCHZELL

Wer vermutet schon einen verzauberten Waldpfad von Osterhofen hinauf zum Siglhof? Hausgemachte Kuchen und Torten stehen hier neben Bayerischer Hausmannskost auf der Speisekarte. Dazu gibt es eine Aussicht, die sich sehen lassen kann. Von links nach rechts schauen der Große Traithen, Seeberg, Miesing, Taubenstein und Aiplspitz herüber. Davor erstrecken sich weite Bergwiesen. Ein kleines Paradies hier oben! Ein schöner Waldsteig führt hinunter nach Bayrischzell. Weiter geht es an den Wassern von Aubach, Leitzach und Alpbach entlang und auf einer weiten Wiesenrunde hinüber nach Geitau. Dabei rückt mehr und mehr der sagenumwobene Wendelstein in das Blickfeld des Wanderers. Idyllisch ist das Dorf mit seinen alten Bauernhöfen, die viel von früheren Zeiten erzählen.

VON OSTERHOFEN NACH BAYRISCHZELL

Autofahrer folgen dem Wanderweg am Bach vom östlichen Ende des A1 E1 **Parkplatzes Wendelsteinbahn** zum A2 E2 **Bahnhof Osterhofen** entsprechend dem Wegweiser »Bayrischzell über Dorf, Osterhofen«. Hier folgen nun auch die Bahnfahrer dem Bahnsteig in Richtung Bayrischzell und dann dem Weg entlang der Gleise in die gleiche Richtung. Nach wenigen Metern gehen wir an einer Kreuzung geradeaus, dem Wegweiser »Hochkreuth« folgend. Dort befindet sich der Siglhof. Am nächsten Haus laufen wir rechter Hand in einen kleinen Fußweg mit dem Schild »Wanderweg zum Wendelstein«. Anschließend folgen wir dem Wegweiser »Hochkreuth« weiter auf dem Fußweg.
An einer Weggabelung gehen wir mit dem gleichen Wegweiser geradeaus über eine Fahrstraße bergauf. An einer Linkskurve der Fahrstraße wandern wir nun in einen Wiesenweg, weiter dem Schild »Hochkreuth« folgend. Wir durchqueren ein Gatter, gleich darauf an einer Weggabelung ignorieren wir den Wegweiser »Hochkreuth«, der nach links führen würde, und gehen geradeaus weiter mit dem Schild »Bayrischzell«.
So gelangen wir über den Waldpfad nach Hochkreuth zum Siglhof. Durch ein weiteres Gatter folgen wir dem Pfad nun leicht ansteigend in den Wald, vorbei am 1 **Aussichtspunkt Nogg**. Weiter führt der schöne Berg-

↓ Osterhofen mit Blick auf den Miesing
↘ Die Hühner am Siglhof haben freien Auslauf.

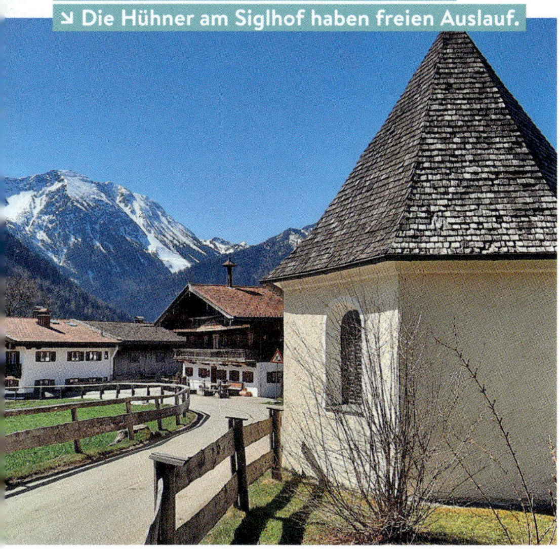

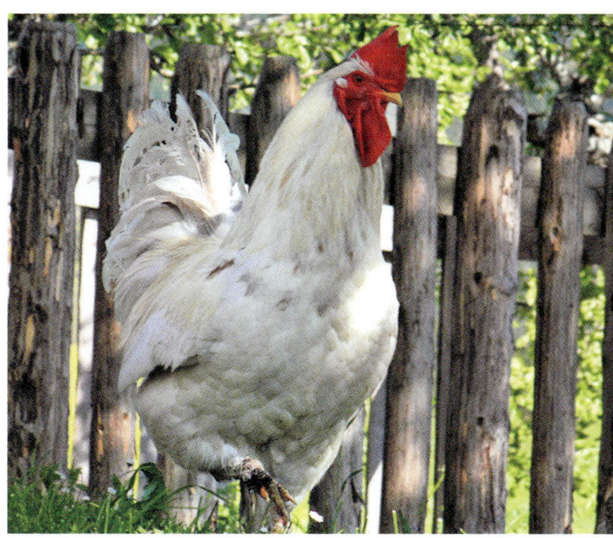

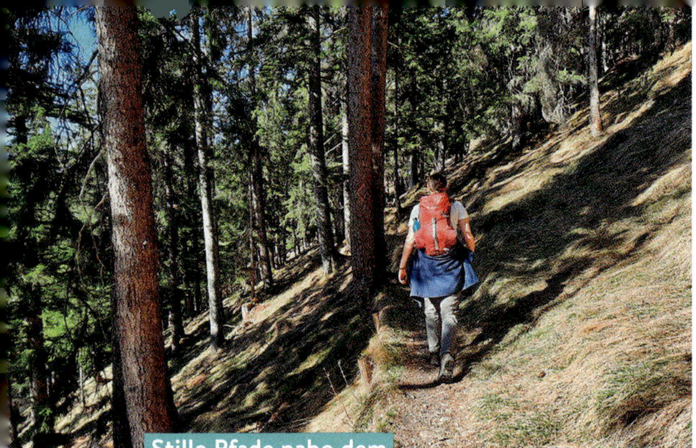

Stille Pfade nahe dem Aussichtspunkt Nogg

pfad bergan bis zu einer Weggabelung. Links lohnt ein Abstecher zum **2 Siglhof**, rechts geht es dann in Kehren auf einem schönen Waldsteig hinunter zum **3 Bahnhof Bayrischzell**, den wir über die Kranzerstraße erreichen.

AM WASSER ZURÜCK Vom Bahnhof Bayrischzell wandern wir linker Hand in die Bahnhofstraße. Gleich darauf geht es am Maibaum wieder links über die Schlierseestraße in den Ort. Anschließend folgen wir der Schulstraße nach rechts – in der Verlängerung ist das die Seebergstraße. An deren Ende laufen wir durch die Unterführung der Hauptstraße und gelangen über eine Bachbrücke zum **4 Seeberg-Wanderparkplatz**. Dort geht es rechter Hand entlang des Aubaches nach »Geitau«. Über die Brücke kommen wir auf die andere Seite der Leitzach und setzen unseren Weg nach »Geitau« fort. Abermals wechseln wir die Bachseite, jetzt folgen wir dem Uferweg der Leitzach mit dem Schild »Geitau entlang der Leitzach«. An einer Wegkreuzung gehen wir weiter an der Leitzach nun mit dem Schild »Geitau über Klarerhof«.

An der folgenden Brücke orientieren wir uns links über den Alpbach und sogleich wieder links am Bach entlang mit dem Wegweiser »Miesing«. Der Weg führt nun immer in Nähe des Alpbaches weitgehend eben. An seinem Ende kommen wir auf eine geteerte Fahrstraße. Scharf rechts gehen wir auf dieser zurück in Richtung »Geitau, Osterhofen«. Nach wenigen Metern zweigt links der geteerte Fahrweg nach »Geitau« ab. Über weite Wiesen, neben dem Segelflugplatz, erreichen wir den Ort. Vorbei am **5 Gasthaus Rote Wand** passieren wir einen Hochseilgarten. Wir überqueren die B307 mit Vorsicht auf dem Weg nach »Geitau, Bahnhof«. Vor dem **6 Bahnhof Geitau** an der Kneippanlage geht es geradeaus durch die Bahnunterführung, gleich danach rechts mit dem Schild »Bayrischzell, Osterhofen, Dorf« über das **7 Anwesen Dorf**, immer in Nähe der Bahnlinie, zurück zum Ausgangspunkt **Bahnhof Osterhofen**. Autofahrer wandern in Nähe des Bahnhofes, noch vor Überqueren des Mühlbaches rechter Hand, wie auf dem Hinweg zurück zum **Parkplatz Wendelsteinbahn**.

DIE ZWEI SONNEN AM HIMMEL ÜBER BAYRISCHZELL Staunend standen die Bewohner von Bayrischzell auf der Straße und blickten an Allerheiligen 2014 in den Himmel. Denn neben der Sonne war noch ein weiteres Licht zu sehen. Es hatte einen Schweif und einen bunten Lichterkranz.

Tipp

AUF DEM KÜRZEREN WEG

Wer nicht so weit wandern möchte, kann nur bis Bahnhof Geitau laufen. Hier geht es dann für Bahnfahrer zurück in Richtung München. Autofahrer nehmen den Zug nach Bayrischzell und fahren eine Station bis nach Osterhofen. Dort geht es dann wie auf dem Hinweg zurück zum Parkplatz Wendelsteinbahn. Dadurch verringert sich die Gehzeit um eine Dreiviertelstunde.

Beunruhigte Anrufe gingen beim Observatorium des Wendelstein ein. Doch dort konnte man alles aufklären: Es handelte sich um eine Haloerscheinung, die bei hohen Schleierwolken vereint mit Sonne, so wie an diesem Tag, zustande kommt. Ein ganz seltenes Phänomen ist es, dass hierbei Regenbogenfarben austreten. Dabei wird das Licht an Eiskristallen in der Höhe gebrochen und in seine Spektralfarben zerlegt.

KAPELLE ZUR SCHMERZHAFTEN MUTTER GOTTES Lohnenswert ist ein kurzer Abstecher zu dieser Kapelle in Geitau nahe dem Gasthaus Rote Wand. Von außen ist kaum zu vermuten, dass das schlichte Kirchlein innen mit reicher Decken- und Wandmalerei ausgestattet ist. Es wurde bereits 1732 erbaut, die Versetzung und die Verbretterung erfolgte 1885, der Turm kam erst im Jahre 1920 hinzu.

INFO

mittel | 5.15 Std. | 15 km | 302 Hm

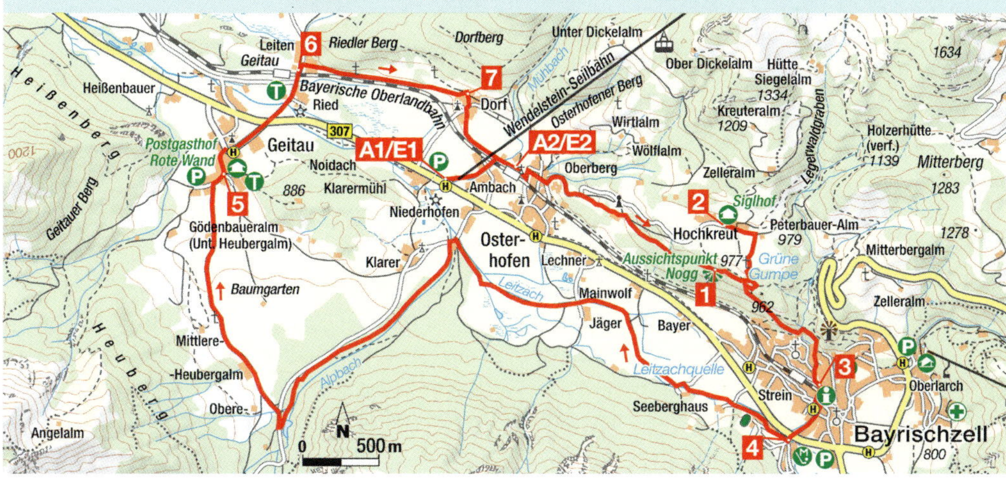

TOURENCHARAKTER
Steigähnliche Pfade, die Trittsicherheit erfordern; Spazier- und Wanderwege, Nebenstraßen

AUSGANGS-/ENDPUNKT
Pkw: Osterhofen Wendelsteinbahn
Bahn: Osterhofen Bahnhof

GIPFEL
Aussichtspunkt Nogg 900 m

ANFAHRT
Mit dem Auto auf A 8 bis Ausfahrt Weyarn. Über Miesbach, Schliersee Richtung Bayrischzell. Vor Osterhofen am Parkplatz der Wendelsteinbahn linker Hand parken. Mit ÖPNV: Bahn nach Bayrischzell bis Osterhofen

GEHZEITEN
Osterhofen Parkplatz Wendelsteinbahn – Osterhofen Bahnhof (nur Pkw) 0.15 Std. – Nogg 0.45 Std. – Siglhof 0.30 Std. – Bayrischzell 0.45 Std. – Geitau Bahnhof 2.15 Std. – Osterhofen Bahnhof oder Parkplatz Wendelsteinbahn 0.45 Std.

BESTE JAHRESZEIT
Anfang April–Mitte November bei Schneefreiheit

EINKEHR
Siglhof, mehrere Gasthöfe in Bayrischzell, Gasthof Rote Wand in Geitau

KARTE
Alpenvereinskarte BY 16 Mangfallgebirge Ost

INFORMATION
Tourist-Info Bayrischzell
www.bayrischzell.de

Anderswelten Märchenwald und Steinwies

Rund um Fischbachau

Die romantischen Waldsteige rund um die Karolinenhöhe bei Fischbachau führen das Dasein eines liebenswerten Mauerblümchens. Die Prominenz bekannter Wege rundherum ist groß. In deren Schatten werden Sie auf dieser Tour kaum einem Wanderer begegnen und der Natur in Ruhe und Selbstvergessenheit lauschen können.

26

Schöne Rastbank mit Blick über die Leitzach auf den Breitenstein

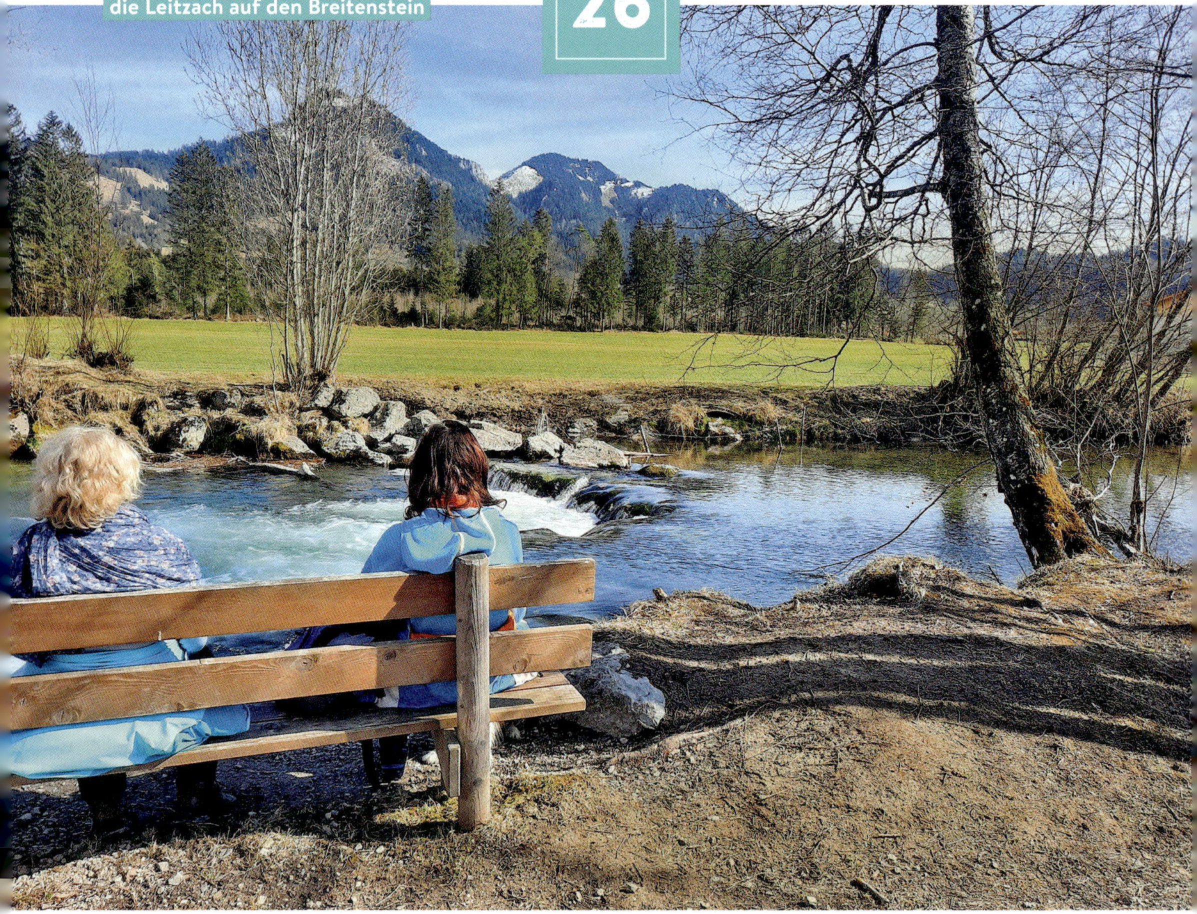

IM MÄRCHENWALD Wahrlich verwunschen liegt der Märchenwald gleich am Beginn der Tour nahe Fischbachau. Eine Feuchtwiese und alte Baumriesen gestalten das Ambiente. Nun heißt es, genau hinschauen: Da ein Würfel-Mobile, hier ein bemalter Stein – so manches verbirgt sich in diesem Wald, der immer wieder schöne Ausblicke hinüber auf den Breitenstein und Wendelstein eröffnet. Lassen Sie sich also Zeit für diesen Wegabschnitt!

ZWISCHEN REHBICHL UND STEINWIESE »Auf der Wand«, so steht es auf der Karte. Und tatsächlich verläuft der romantische Waldsteig durch den idyllischen Mischwald unmerklich über einer senkrechten Felswand. Unten im Tal läuten die Glocken um die Wette – es sind die Kuhglocken von den Weiden und die der Wallfahrtskirche Birkenstein, die man bei genauem Hinsehen durch das Geäst erspähen kann. Was für eine Idylle!

ZWISCHEN MÄRCHENWALD UND STEINWIESE Vom **A E Parkplatz Bahnhof Fischbachau** folgen wir dem Fußweg westlich neben der Bahnlinie. Wir überqueren die Hauptstraße in die **1 Fischeralmstraße** mit dem Wegweiser »Schliersee«. An der nächsten Gabelung folgen wir der Fischeralmstraße rechter Hand mit dem zuletzt genannten Wegweiser. Die Nebenstraße mündet in einen Spazierweg. Nach wenigen Metern zweigen wir rechts ab auf den »Märchenwaldrundweg«. Dem Waldpfad folgen wir in einer schönen Runde zunächst am Waldrand, dann nach links in den **2 Märchenwald**, bis wir wieder auf einem breiten Schotterweg ankommen. Diesem folgen wir links nach »Schliersee«. An der nächsten Gabelung geht es nach wenigen Metern mit diesem Wegweiser nach rechts. Nach einem kurzen Anstieg zweigt rechts der schmale Waldpfad

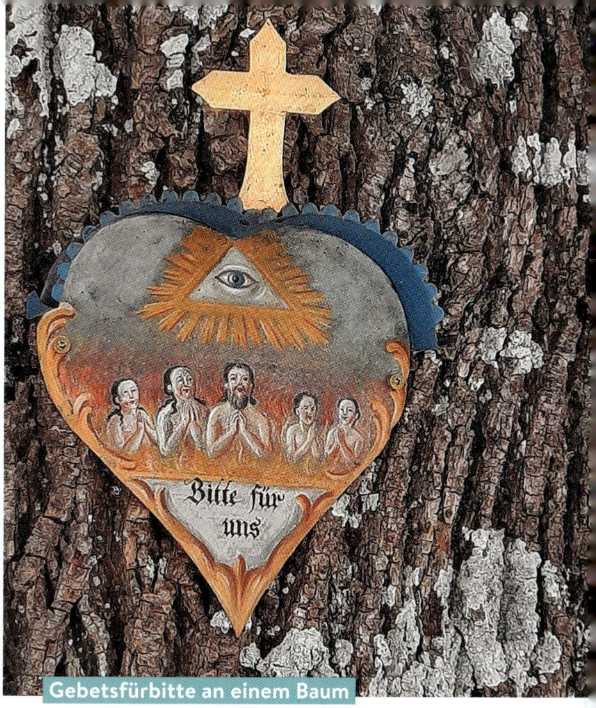

Gebetsfürbitte an einem Baum

nach »Faistenau« ab. Es geht leicht bergan, dann hinunter in eine Waldschlucht, wo wir an den Wasserfällen eine Bachbrücke überqueren. Anschließend gehen wir über die Bergwiesen hinunter nach »Faistenau«. Am nächsten Bauernhof biegen wir rechts in eine Nebenstraße ein und laufen mit dem Schild »Fischbachau« hinunter zur Leitzachbrücke. Dort folgen wir links dem Leitzachuferweg in Richtung »Mühlkreit, Elbach«. Wir wandern bis **3 Mühlkreit** zur nächsten Brücke über die Leitzach. Wir überqueren sie und nehmen geradeaus den Weg nach »Marbach Birkenstein«. Auf einer Nebenstraße kommen wir an der Fortbildungsstätte Achatswies vorbei. An der nächsten Wegkreuzung vor Marbach ignorieren wir sämtliche Wegweiser und gehen geradeaus bergan in den Ort **4 Marbach**. Ab hier geleiten uns die Wegweiser »Fischbachau-Birkenstein«. So geht es an der St 2077 nur wenige Meter links, vorbei am Gasthaus Marbach. Dann überqueren wir die Straße. Wir laufen auf einer Nebenstraße bergan, sogleich zweigt rechts der Wiesenpfad zu den idyllischen

Weilern Salmer und Kreit ab. Dort gehen wir kurz auf einer Nebenstraße bergab, dann links wieder bergan über einen schönen Spazierweg. An der nächsten Verzweigung wenden wir uns nun nach rechts und gehen bergab durch die Birkenallee zur 5 **Wallfahrtskirche Birkenstein**. Ab hier leitet uns der Wegweiser »Geitau«. Wir kommen zum Oberwirt, wandern weiter auf einer kleinen Straße und passieren in der Folge auf einem breiten Schotterweg eine Schranke. An der nächsten Verzweigung orientieren wir uns am Schild »Bahnhof Fischbachau-Hammer« rechts. Am Waldrand wandern wir so zur nächsten Verzweigung im Wald. Dabei ignorieren wir das letztgenannte Schild und gehen hier rechts ohne Markierung. Zur Orientierung: An dieser Stelle ist am Wegweiser ein Kasten mit Wanderstempel angebracht. Der Karrenweg führt bergan, Markierungsstangen in Orange säumen den Weg in einer

Die Acht als Symbol des Kreislaufs von Geburt bis Tod

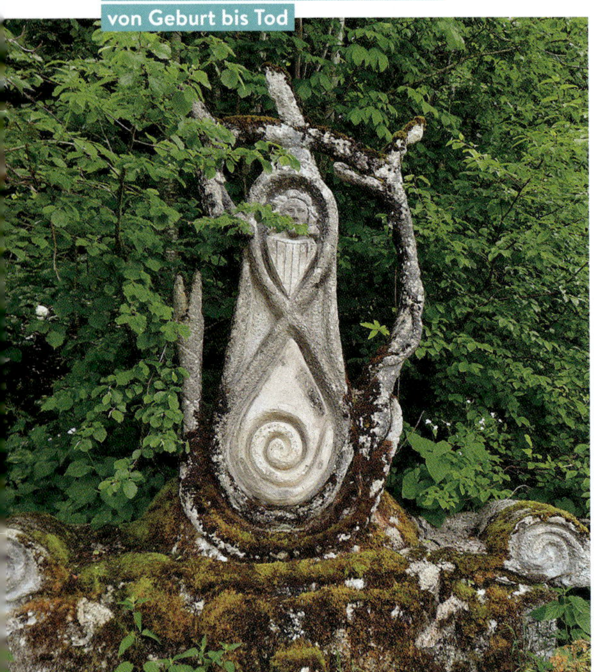

Rechtskurve über den Rehbichl. Am höchsten Punkt passieren wir eine Bank mit blau markiertem Stein. Wenig später zweigt ein Pfad rechts ab. Gelbe Markierungspunkte sind hier an den Bäumen angebracht. Durch den schönen Mischwald, fast unbemerkt über einer Felswand, geht es immer leicht bergab. Deshalb bitte unbedingt auf dem Weg bleiben! An einer Verzweigung wenden wir uns nun nach links, dem letzten Wegweiser zum »Bahnhof Fischbachau-Hammer« folgend, der uns bis dorthin leitet. Wir passieren die idyllische 6 **Steinwiese**, dann nimmt der Weg einen kurzen Anstieg. Wir erreichen eine Einsattelung im Wald. Rechts geht es auf der Variante über die Karolinenhöhe (siehe Tipp). Links wandern wir auf dem Normalweg wieder langsam bergab. An der nächsten Gabelung gehen wir rechts, dann wieder rechts, bis wir im Tal auf eine kleine Fahrstraße gelangen. Diese führt entlang der Leitzach bis zur Fußgängerbrücke, die wir überqueren. Weiter geht es auf der Bahnhofstraße bis zum Andreaskreuz an den Gleisen. Hier wenden wir uns nach rechts und laufen entlang der Gleise zurück zum Endpunkt am **Parkplatz Bahnhof Fischbachau**.

Tipp

ALTERNATIVE ROUTE

Eine interessante Wegvariante führt von der Einsattelung über die Karolinenhöhe vorbei an einem Steinbruch nach »Stauden«. Zunächst geht es bergan, bis nach der Karolinenhöhe ein romantischer Waldpfad steil bergab führt. An einer Nebenstraße angelangt wandert man links zur Fußgängerbrücke über die Leitzach. Der Weg ist zwar mit »Schwarz« angegeben, entspricht aber der Kategorie »Rot«. Trockene Wegverhältnisse sind notwendig.

EINE GEHEIMNISVOLLE FREILICHTBÜHNE

Am Waldrand unter der Karolinenhöhe stehen noch die Reste einer alten Freilichtbühne. Sie bestehen aus einer Burgmauer mit Turm, einer alten Kapelle sowie dem Symbol einer geschlossenen Acht. Ab 1950 wurden hier auf der sogenannten »Freilichtbühne Wolfsee« Theaterstücke aufgeführt – wie die »Bettelprinzessin« oder der »Freischütz«. Das Publikum konnte dazu die atemberaubenden Sonnenuntergänge am Wendelstein genießen, die manchmal in einem abendlichen Gewitter endeten und so zusätzlich für ein ganz eigenes, mystisches Ambiente sorgten. Später wurde für diese Zwecke die Wolfseehalle gebaut, und heute ist hier alles in einen Dornröschenschlaf versunken. Die ehemalige Freilichtbühne ist an der Verzweigung nach dem Waldsteig in zehn Minuten bergab zu erreichen, das Schild »Wolfsee« weist den Weg.

INFO

TOURENCHARAKTER

Wander- und Spazierwege, Waldsteig

AUSGANGS-/ENDPUNKT

ÖPNV: Bahnhof Fischbachau
Pkw: Platz Bahnhof Fischbachau

ANFAHRT

Mit dem Auto auf A 8 bis Ausfahrt Weyarn. Über Miesbach, Schliersee Richtung Bayrischzell. In Aurach linker Hand Richtung »Fischbachau, Rosenheim«. Nach der Bahnschranke rechts den Wegweisern zum Bahnhof folgen. Mit ÖPNV: Bahn bis Fischbachau-Hammer

GEHZEITEN

Fischbachau Hammer – Märchenwald 0.30 Std. – Mühlkreit 1 Std. – Birkenstein 1 Std. – Steinwiese 1.15 Std. – Fischbachau Hammer 0.45 Std.

BESTE JAHRESZEIT

Ende April–Anfang November bei Schneefreiheit

EINKEHR

Schwaigeralm (Abstecher); Café Seidl, Birkenstein; Gasthaus Marbach

KARTEN

Alpenvereinskarte BY 16 Mangfallgebirge Ost

mittel | 4.30 Std. | 14,5 km | 348 Hm

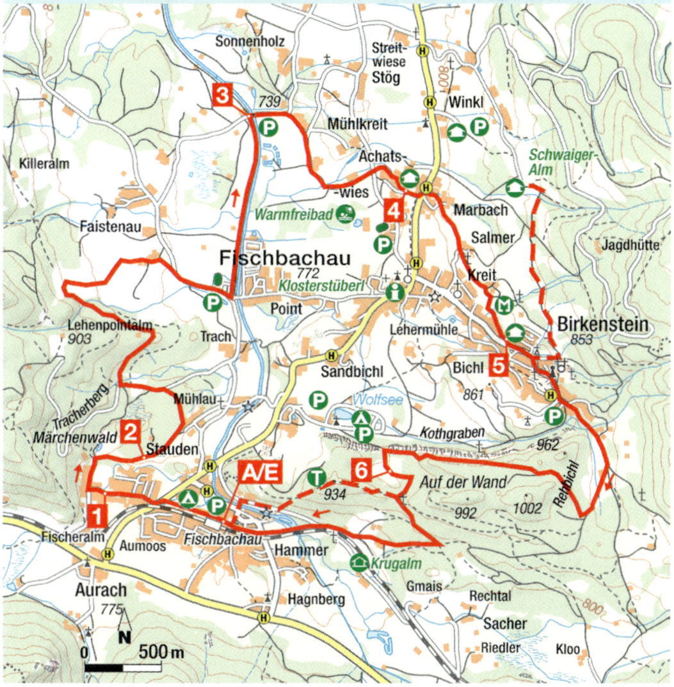

Alpenvereinskarte 7/1 Schliersee, Tegernsee; Alternativ: Karte Landesamt für Vermessung und Geoinformation Bayern, UK 50–53, Mangfallgebirge

INFORMATION

Tourist-Info Fischbachau
www.fischbachau.de

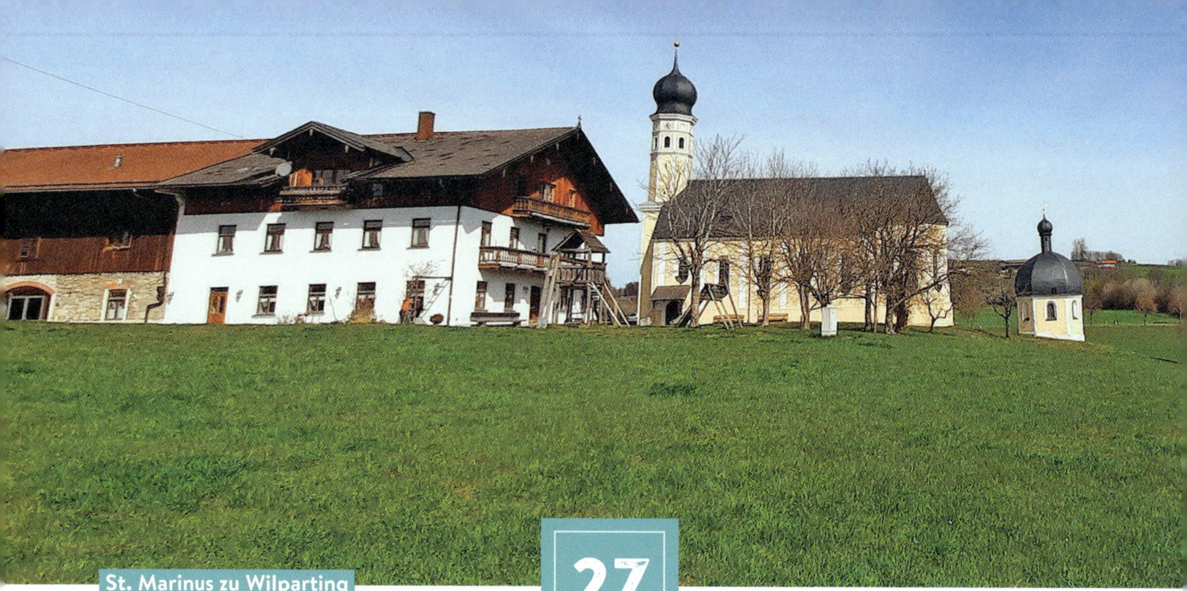

St. Marinus zu Wilparting

27

An der Alten Linde zu Wilparting

Zur Anianskapelle

Wilparting und die Anianskapelle, beide nahe dem Irschenberg gelegen, sind über einen Weg durch eine geheimnisvolle Waldschlucht miteinander verbunden. Zunächst liegt die Aniansquelle auf der Strecke, bevor der Wanderer zur gleichnamigen Kapelle kommt. Besondere Kräfte sollen an diesen Orten wirken, so heißt es.

GEHEIMNISVOLLE ORTE AM IRSCHENBERG Die meisten fahren hier nur schnell vorbei. Wer sich aber für diese Tour entschieden hat, kann allerlei Wundersames und Sehenswertes entdecken. Die **Alte Linde zu Wilparting** etwa sticht gleich am Parkplatz ins Auge. Bischof Marinus, so heißt es, soll sie einst gepflanzt haben. Eine Horde wilder Alpenslawen soll ihn aufgefordert haben, als ihr Wegführer zu fungieren. Als er sich weigerte, verbrannten diese ihn auf dem Scheiterhaufen. Als sein Mitstreiter, der Diakon Anianus, von seinem Tod erfuhr, verließen ihn ebenfalls die Lebensgeister. Der Todes- und Gedenktag der beiden Missionare ist der 15. November. An diesem höchsten Festtag in Wilparting wird sogar ein eigens komponiertes Marinus-und-Anianus-Lied in der Kirche gesungen.

Bis heute tragen außerdem viele Jungen aus der Umgebung den Namen »Anian«. Die **Aniansquelle** unterhalb der **Anianskapelle** versorgte schon vor über 1000 Jahren einen Eremiten mit Wasser.

ZUR ANIANSKAPELLE Vom **A E Parkplatz Wallfahrtskirche Wilparting** kommend, gehen wir vorbei am Gasthaus zum Moar. Hier folgen wir dem Schild »Alb – Historischer Weg«, das uns bis zur Anianskapelle leitet. Dabei geht es südwärts über weite Wiesen mit Blick auf das Mangfallgebirge. Im Wald angekommen, steigen wir hinunter auf einem gut angelegten Weg in eine Schlucht, überqueren die **1 Bachbrücke** und steigen auf der anderen Seite wieder bergan. Wir passieren die **2 Aniansquelle**, gehen durch ein Gatter, treten aus dem Wald heraus und laufen die letzten Meter über eine Wiese zur **3 Anianskapelle**. Der Rückweg entspricht dem Hinweg, wir kehren zurück zu unserem Endpunkt, dem **Parkplatz Wallfahrtskirche Wilparting**.

AUF DEM WILPARTINGER RUNDWEG
Wer lieber eine Runde drehen möchte, wandert von der Anianskapelle aus den Wegweisern »Wilpartinger Rundweg« folgend auf Nebenstraßen über die Weiler Untermoos und Hochholz zur Straße nahe der Autobahn. Dort geht es rechts auf dem Anfahrtsweg über den Weiler Neuhäusel zurück zum Endpunkt, dem **Parkplatz Wallfahrtskirche Wilparting**. Für diese Runde sind insgesamt 1.30 Stunden zu veranschlagen.

INFO

TOURENCHARAKTER
Wanderwege, Waldschlucht mit Stufen und Geländer

AUSGANGS-/ENDPUNKT
Pkw: Parkplatz Wallfahrtskirche Wilparting (nicht mit ÖPNV erreichbar)

ANFAHRT
Mit dem Auto auf A 8 bis Ausfahrt Irschenberg. Richtung Irschenberg, vor Irschenberg nach Wilparting

GEHZEITEN
Parkplatz Wallfahrtskirche Wilparting – Anians-Kapelle 0.30 Std. – Parkplatz Wallfahrtskirche Wilparting 0.30 Std.

BESTE JAHRESZEIT
Ganzjährig; bei Schnee- und Eisglätte ist auf dem Weg durch die Waldschlucht Vorsicht geboten.

EINKEHR
Gasthaus zum Moar, Wilparting

KARTE
Landesamt für Vermessung und Geoinformation Bayern, UK 50–53, Mangfallgebirge

leicht | 1 Std. | 2,2 km | 61 Hm

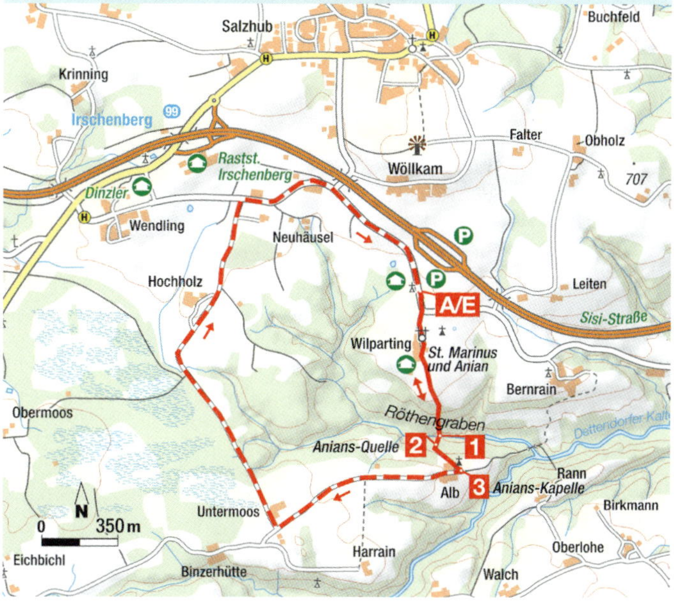

INFORMATION
Gemeinde Irschenberg
www.irschenberg.de

Sagen und Geheimnisse am Knie des Flusses

An den Ufern der Mangfall

Unerwartetes und Mystisches – diese Tour hält viele Überraschungen bereit. Sie führt rund um die Mangfall und verläuft zwischen Kreuzstraße, dem Knie, Hohendilching und dem beschaulichen Kleinhöhenkirchen. Am Hochufer sowie direkt am Fluss selbst begeben wir uns auf eine spannende Entdeckungsreise.

Der Turm von Maria Heimsuchung zu Kleinhöhenkirchen

28

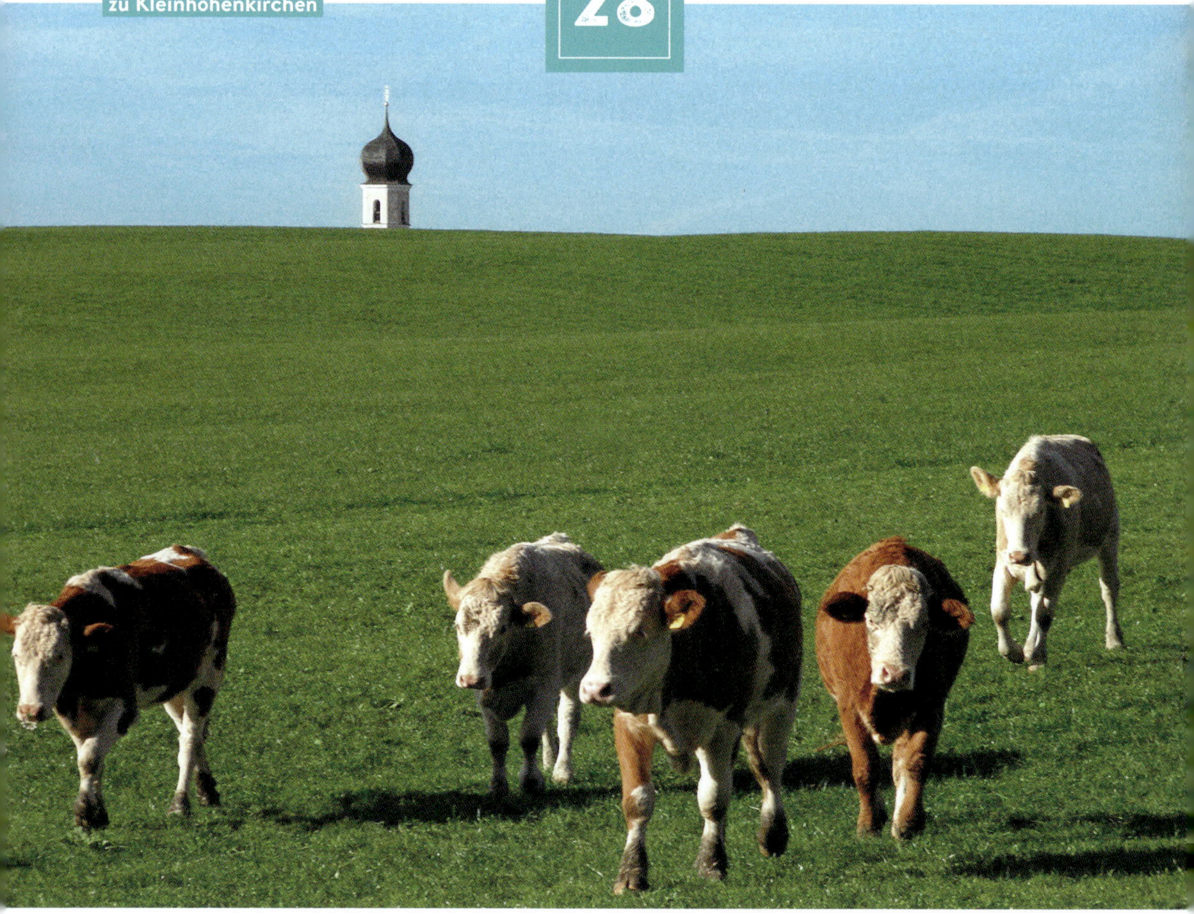

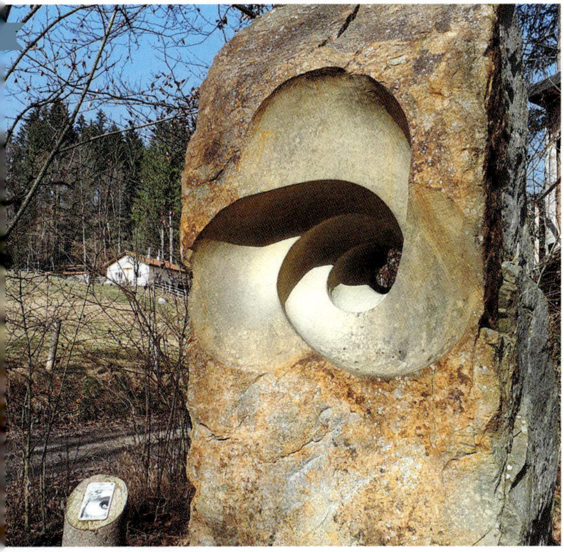

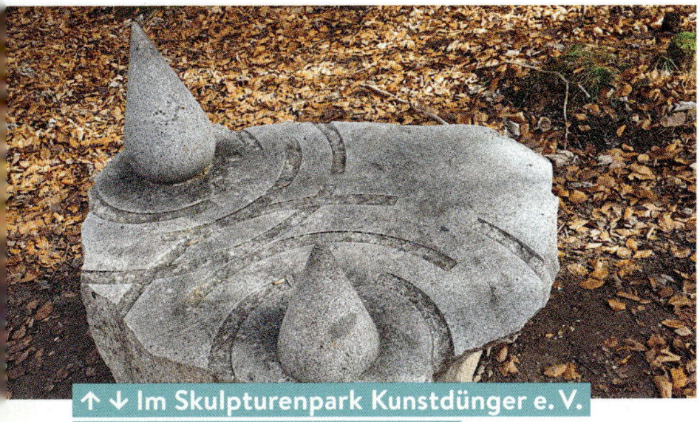

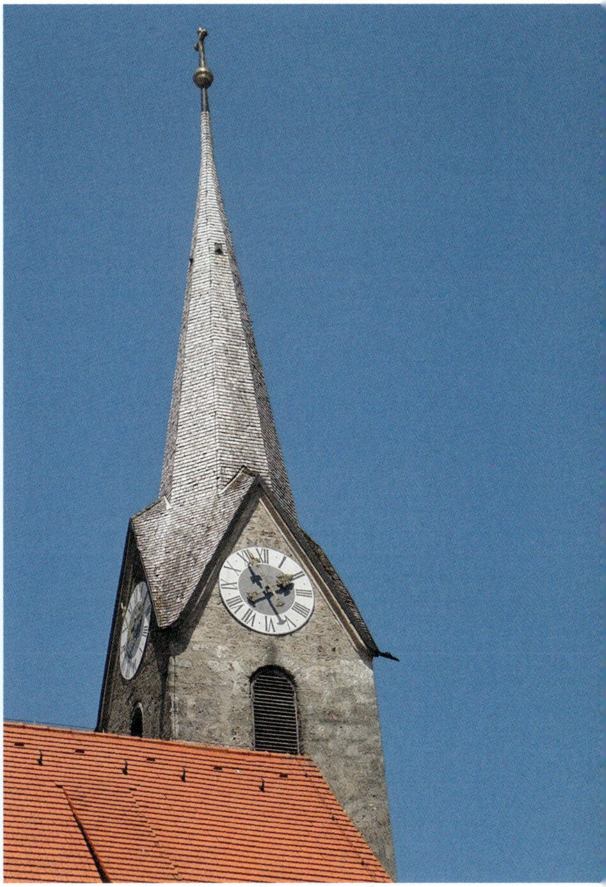

↑ ↓ Im Skulpturenpark Kunstdünger e. V.
↗ Die Kirche zu Hohendilching

IMPRESSIONEN AUF DER MANGFALL-RUNDE Hohendilching 12 Uhr mittags. Die Kirche St. Andreas thront über den steilen Hochufern der Mangfall und breitet mit dem Läuten seiner Glocken einen wahren Klangteppich über dem Mangfalltal aus. Die Strukturen der Bevölkerung sind hier vielschichtig. Oben ist alles zumeist bäuerlich und traditionell geprägt. Die Kirche, der Wirt, ein paar Bauernhöfe – gemäß der Tradition im Oberland. Unten an der Mangfall wird es mystisch, ja geheimnisvoll. In den eher schattigen Talgrund scheinen sich die kreativen Menschen zurückgezogen zu haben. Vor einem alten Hof steht eine Frau verträumt mit der Sense im Garten. Um alte Fensterverzierungen ranken sich die Spinnweben. Direkt an den Ufern der Mangfall markiert ein rot-weißes Tor den Eingang zur »Skulptur-Lichtung«. Gegen ein kleines Eintrittsgeld darf man sich auf den Rundweg begeben und die Kunstobjekte bewundern. »Blumen welken, Steine selten«, unter diesem Motto hat Herr Tobel, Mitbegründer von KUNSTDÜNGER e. V., – welch ein Wortwitz –, seine Werke geschaffen. Auch der »Mondphasengranit« sowie ein kunstvoll arrangiertes Spinnennetz aus Stoff stehen

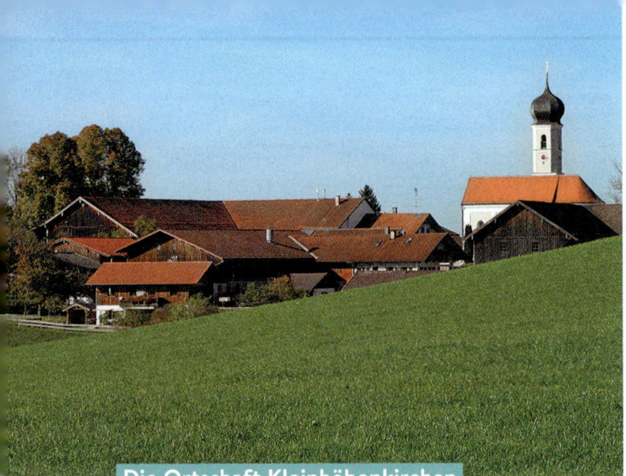

Die Ortschaft Kleinhöhenkirchen

mystisch im dunklen Fichtenwald. Der Ort hier unten an den Ufern der Mangfall ist wie geschaffen für diese Werke. Eine Pause sollte man auch am Knie der Mangfall einlegen, jener Stelle, an der der Fluss seine Fließrichtung von Nord nach Ost ändert (siehe Tipp). Türkis schimmert das Wasser und an heißen Tagen springen hier die Kinder über eine Seilschaukel vom Ufer ins Wasser. Im Kontrast hierzu stehen die ausgedehnten Wiesen vor Kleinhöhenkirchen. Von weit her grüßt schon der Kirchturm von Maria Heimsuchung. Eine Runde voller Impressionen, von der Sie, liebe Leser und Leserinnen, Ihre ganz eigenen Eindrücke mit nach Hause nehmen dürfen.

VOM MÜLLER, DER ZU WENIG WASSER HATTE Der Müller schloss mit dem Teufel einen Pakt: Dieser sollte einen Kanal zu seinem Mühlwerk bauen. Natürlich nicht ohne Gegenleistung – der Müller musste ihm seine Seele verschreiben. Schon in der nächsten Nacht vor dem ersten Hahnschrei sollte das Werk des Teufels vollendet sein. Und tatsächlich: Der heutige »Teufelsgraben« von Stumbach herab bis Otterfing und nach Valley wurde, so heißt es, wie von unsichtbaren Armen ausgehoben. Doch dann erfasste den Müller Reue und Angst. Er lief schnell heim und weckte den Gockel. Als dieser krähte, hatte der Teufel die Wette verspielt.

NACH KLEINHÖHENKIRCHEN Vom A E **Bahnhof Kreuzstraße** und **Parkplatz** aus gehen wir rechter Hand zur Hauptstraße. Dort halten wir uns erneut rechts, über die Bahngleise. Danach gehen wir gleich links und folgen dem Wegweiser »Rundweg Valley«. Wir unterqueren den 1 **Viadukt der Trinkwasserleitung** und laufen an der nächsten Weggabelung geradeaus mit dem Wegweiser »Grub«. Wir gelangen so im weiteren Verlauf an eine geteerte Nebenstraße, der wir rechter Hand mit dem Wegweiser »Kleinhöhenkirchen« folgen. Wir überqueren hier das 2 **Mangfallbrücke-Knie** und folgen gleich darauf der Rechtskurve der Straße, die bergauf führt. Nun zweigt rechts ein Weg ab, ausgeschildert mit »Breitmoos«, den wir ignorieren. Es geht weiter auf der Nebenstraße bergan aus dem Wald nach 3 **Kleinhöhenkirchen**. Alternativ dazu können Sie in der Nähe der Mangfall dem Schild »Breitmoos« folgen. An der Wendeschleife des Bauernhofes nehmen Sie in diesem Fall den Weg geradeaus, der in den Wald führt. An einer Wegkreuzung geht es hier ohne Beschilderung ebenso hinauf nach 3 **Kleinhöhenkirchen**. Dort ist eine Besichtigung der

Tipp

ROMANTISCHES PICKNICK

Wer Zeit für einen Abstecher zum Knie der Mangfall hat, biegt am 2 **Mangfallbrücke-Knie** links in einen romantischen Uferpfad ab. Diesem Weg können Sie direkt an der Mangfall bis zum ersten steilen Aufschwung des Weges folgen. Hier gibt es viele schöne Plätze für ein Picknick oder, an heißen Tagen, für ein erfrischendes Bad. Das sollten Sie aber nur dann nehmen, wenn es die Strömung des Flusses zulässt.

Kirche Maria Heimsuchung und eine Einkehr in der Mangfalltalalm zu empfehlen.

ÜBER HOHENDILCHING NACH KREUZSTRASSE Vor der Kirche Maria Heimsuchung orientieren wir uns am Schild »Grub«. Wir wandern nun über den Leonhardweg auf einem Wiesenpfad bergab. Anschließend führt der Weg in Serpentinen durch den Wald hinunter in das Mangfalltal. An einer Weggabelung am Fuße des Steilhanges geht es links, ohne Beschilderung, nun leicht bergab. Bei einer Wegkreuzung laufen wir geradeaus. Wir erreichen so das Ufer der Mangfall und überqueren die **4 Mangfallbrücke-Hohendilching**. Steil bergauf führt nun die kleine Straße in den Ort **5 Hohendilching**. Hier leitet uns an einer Straßengabelung rechter Hand der Wegweiser »Grub, Grubmühle« weiter. Der geschotterte Weg führt nun wieder bergab auf halber Höhe über der Mangfall. An der nächsten Weggabelung geht es linker Hand mit dem Wegweiser »Kreuzstraße« zurück zum Ausgangspunkt am gleichnamigen S-Bahnhof. Somit entspricht die restliche Wegstrecke der des Hinweges zu den Ausgangspunkten **Bahnhof Kreuzstraße und Parkplatz**.

INFO

TOURENCHARAKTER
Wanderwege, breite Schotterwege, Nebenstraßen

AUSGANGS-/ENDPUNKT
ÖPNV: Bahnhof Kreuzstraße
Pkw: Parkplatz Bahnhof Kreuzstraße

ANFAHRT
Mit dem Auto auf A8 bis Ausfahrt Hofolding. Nach Bad Aibling. In Faistenhaar zum Bahnhof Kreuzstraße. Mit ÖPNV: Mit der Bahn mit Umstieg in Holzkirchen bis Kreuzstraße. Oder mit S7 bis Kreuzstraße

GEHZEITEN
Bahnhof Kreuzstraße – Mangfallbrücke-Knie 0.45 Std. – Kleinhöhenkirchen 0.30 Std. – Hohendilching 0.45 Std. – Bahnhof Kreuzstraße 1 Std.

BESTE JAHRESZEIT
Ganzjährig; im Winter nach Schneefällen warten, bis der Weg getrampelt ist.

EINKEHR
Mangfalltalalm in Kleinhöhenkirchen

leicht | 3 Std. | 9,6 km | 195 Hm

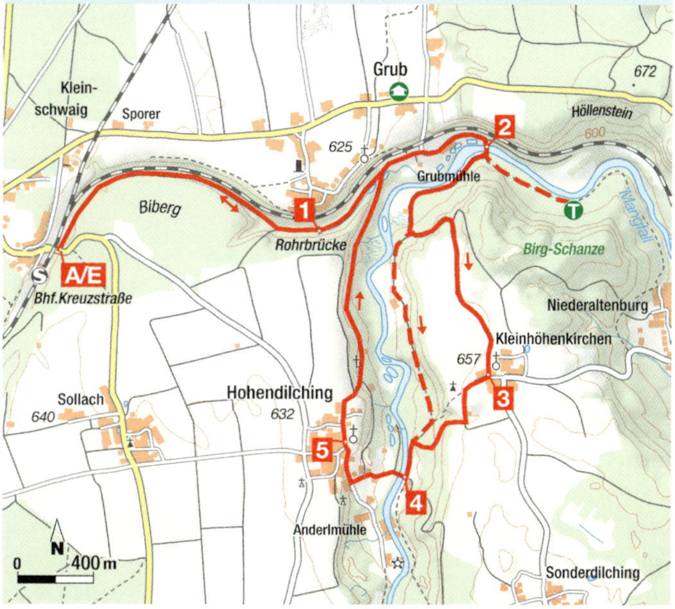

KARTE
Landesamt für Vermessung und Geoinformation Bayern, UK 50–53, Mangfallgebirge

INFORMATION
Touristinfo Holzkirchen
www.holzkirchen.de

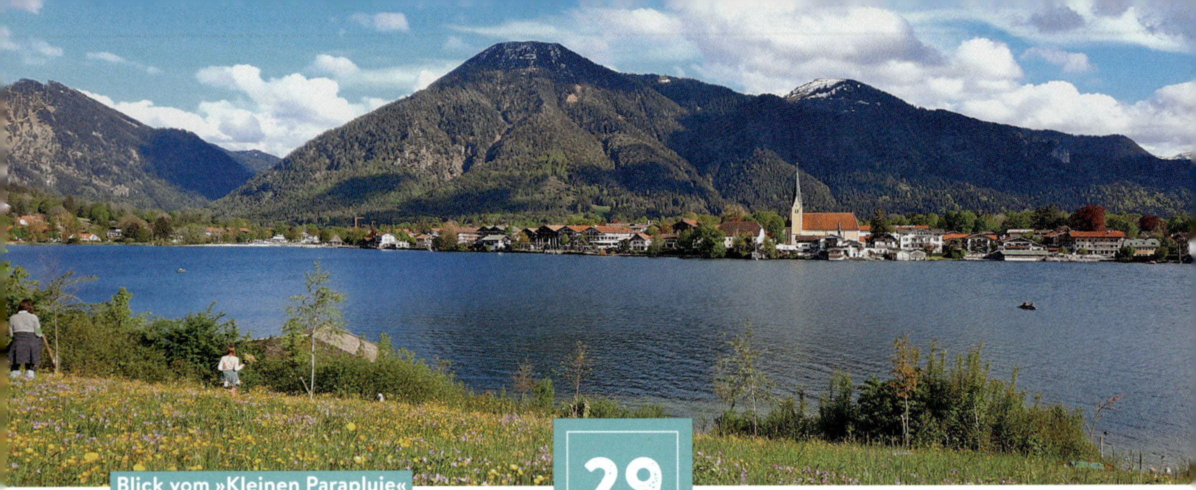

Blick vom »Kleinen Parapluie« nach Rottach-Egern

29

Unterwegs in sagenhafter Landschaft

Tegernseer Acht

Acht Stationen über oder im Ort Tegernsee beschäftigen sich mit dem Sagenschatz der Gegend. Der Weg verbindet sich dabei zu einer Acht und umfasst schöne, stille Waldpfade, aber auch belebte Uferwege am Tegernsee – was für ein Kontrast!

DIE TEGERNSEER ACHT Vom **A E Bahnhof und Parkplatz Tegernsee** gehen wir wenige Meter über den Bahnhofsplatz in südlicher Richtung. Links folgen wir dem Wegweiser »Neureuth« in die gleichnamige Straße. Ihm weiter folgend, biegen wir rechts in den Unteren Treppenweg ein. Wir queren die Neureuthstraße und gehen mit dem Wegweiser über den Treppenweg weiter bergan. Links ignorieren wir den Abzweig an der Westerhofstraße. Wir laufen auf dem Treppenweg weiter bis zum **1 Der Westerhof**. Hier wenden wir uns nach rechts in die Ofaf-Gulbransson-Straße und folgen dem Rechtsbogen abermals in die Neureuthstraße. Wir passieren den **2 Lieberhof**, dann biegen wir links in den Lieberhofweg mit dem Wegweiser »Alpbachtal« ein. Über einen geteerten Fahrweg geht es bergab. Es folgt ein schöner Stufenpfad durch den Wald. Im Talgrund wenden wir uns nach rechts ohne Wegweiser. Wir gehen durch die Max-Josef-Straße bis zum Ende. Dann nehmen wir links die Bahnhofstraße bis zum Alpbach. An seinem Ufer geht es rechts durch die Rosenstraße bis zur B307. Hier wenden wir uns kurz nach links über den Alpbach, um dann an der anderen Uferseite zum Tegernsee zu laufen. Ufersteg und -weg bringen uns vorbei am **3 Kloster Tegernsee** in den Hoffischereiweg. Wir gehen bis zu seinem Ende. Es folgen wenige Meter bergan auf der B307, dann geht es rechts hinunter zum Badestrand der Halbinsel **4 Point**. Über den Ludwig-Ganghofer-Weg setzen wir unseren Weg in Seenähe fort, bis es links durch zwei Schranken hinauf zur B307 geht. Diese überqueren wir. Die Leebergstraße führt nun bergauf, bis links die Ellingerstraße mit dem Schild »Tegernseer Höhenweg« zweimal abzweigt. Rechts wäre der Abzweig zum Leeberghof. Die Nebenstraße mündet in einen Spazierweg zum Aussichtspavillon **5 Großes Parapluie**. Hier wandern wir, wieder dem Schild »Tegernseer Höhenweg« folgend, nach rechts. Am nächsten Abzweig geht es mit diesem Wegweiser wieder rechts. In Tegernsee wandern wir über die Straße Am Brand und die Lärchenwaldstraße zur Bahnhofstraße. Dieser folgen wir rechts zurück zum **Bahnhof** und **Parkplatz Tegernsee**.

DER LITERARISCHE SPAZIERGANG »TEGERNSEEER SAGEN« Er wurde von Literaturwissenschaftler Dr. Peter Czoik im Rahmen des Projektes Tegernseer LiteraTouren (TELITO) entwickelt. Infos dazu gibt es unter www.tegernsee.com/telito.

INFO

TOURENCHARAKTER
Wanderwege mit Stufen, Spazierwege, Nebenstraßen

AUSGANGS-/ENDPUNKT
ÖPNV: Bahnhof Tegernsee
Pkw: Parkplatz Bahnhof Tegernsee

ANFAHRT
Mit dem Auto auf A8 bis Ausfahrt Holzkirchen. Über Gmund nach Tegernsee. In Höhe des Klosters Tegernsee links der Bahnhofstraße zum Bahnhof Tegernsee folgen.
Mit ÖPNV: Tegernsee

GEHZEITEN
Tegernsee Bahnhof – Lieberhof 0.45 Std. – über Alpbach nach Tegernsee Bahnhof 0.45 Std. – Kloster Tegernsee 0.30 Std. – Point 0.30 Stunde – Großes Parapluie 0.30 Std. – Walderlebnispfad nach Tegernsee Bahnhof 0.30 Std.

EINKEHR
Lokale am Tegernsee

KARTE
Alpenvereinskarte 7/1 Schliersee, Tegernsee

INFORMATION
www.tegernsee.com

leicht | 3.30 Std. | 6,9 km | 179 Hm

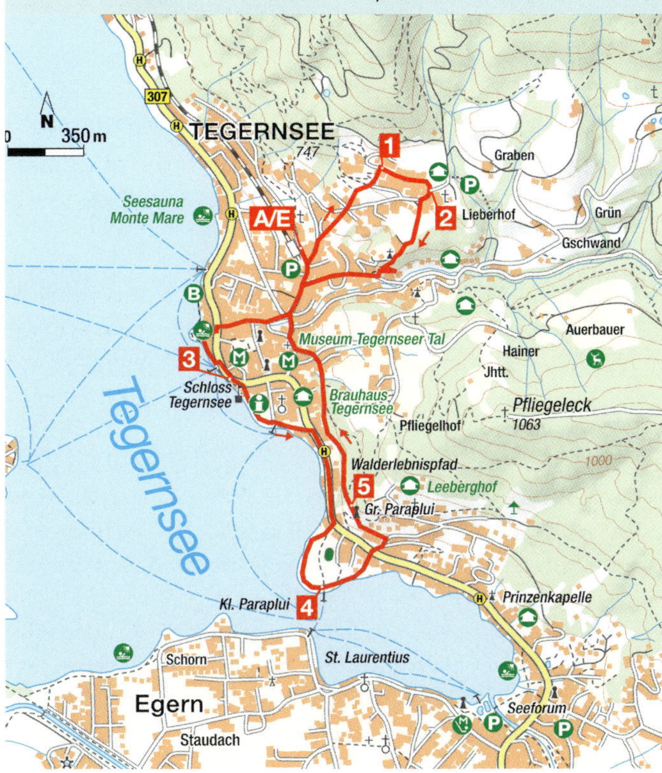

Vorsicht vor dem Hackenmann!

Rund um den Hackensee

Etwas gespenstisch anmutend liegt der Hackensee in den dunklen Wald eingebettet. Früher soll hier der Hackenmann, ein Wassergeist, sein Unwesen getrieben haben. An Sommertagen ist davon an den sonnigen Ufern des Sees nichts zu spüren. Kontraste sind kein Widerspruch!

DER HACKENSEE Der kleine Moorsee bei Kleinhartpenning wird durch den Kirchseebach aus dem Kirchsee gespeist. Sein Ablauf ist der Hackenseebach. Dieser versickert aber nach wenigen Kilometern im Teufelsgraben. Viele Wasserpflanzen säumen das moorige Wasser, weshalb er sich als Kulisse für schauerliche Geschichten eignet. So war der See auch schon Drehort für Szenen des Films »Wer früher stirbt, ist länger tot«.

ASBERG-PANORAMAWEG Der Weg verbindet Großhartpenning mit Kleinhartpenning auf einer Anhöhe. Diese gibt den Blick auf die Bergwelt des Mangfallgebirges frei. Von Ost nach West reihen sich hier Wendelstein, Großer Traithen, Brecherspitz, Wallberg und Hirschberg aneinander, um nur die prominenten Namen dieser Gebirgsgruppe zu erwähnen. Daneben gibt es noch viele kleine Gipfel und an klaren Tagen geht der

Am Schauplatz der Legende vom Hackenmann

30

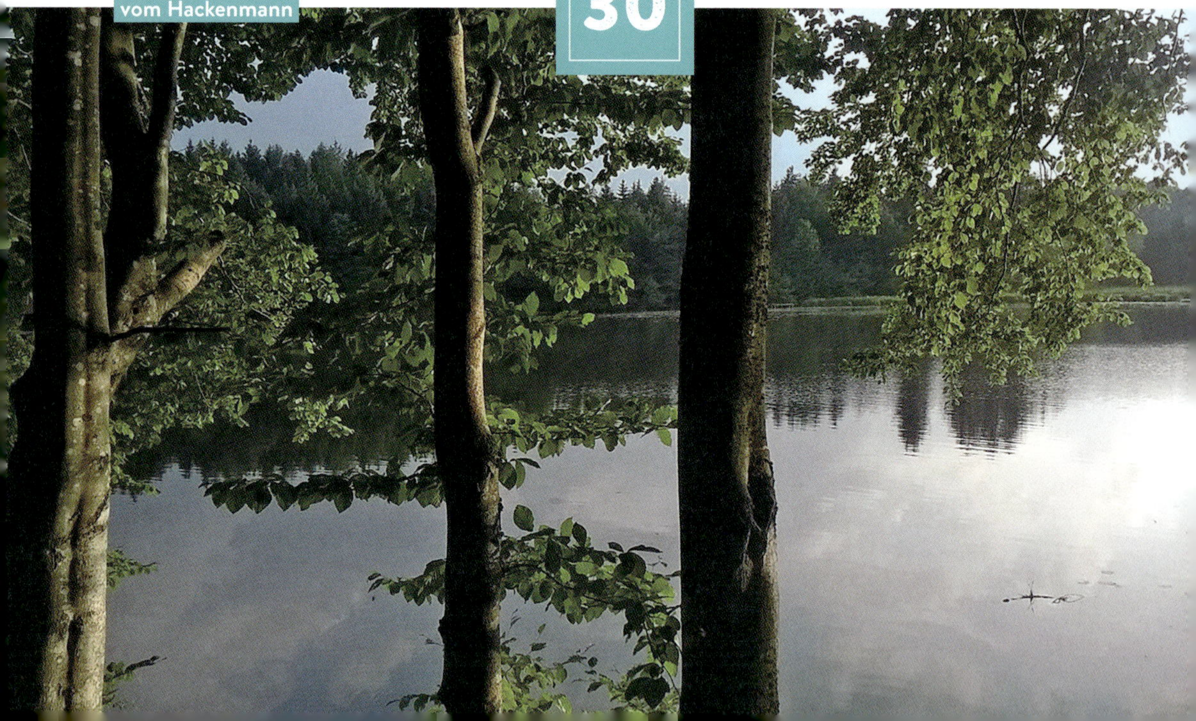

Blick im Südosten sogar bis in das Kaisergebirge. Eine Panoramatafel zeigt Ihnen alle Gipfel an Ort und Stelle auf.

VON GROSSHARTPENNING ZUM HACKENSEE Von **A E Großhartpenning Kirche** wenden wir uns dem Wegweiser »Kleinhartpenning« zu. Wir folgen der Straße bis zum Ortsende, bis in einem Anstieg links der »Asberg-Panoramaweg« abzweigt. Über den Höhenzug geht es später bergab. Dort laufen wir an einer Gabelung rechts nach »Kleinhartpenning«. In der Ortsmitte von **1 Kleinhartpenning** wandern wir links hinunter zum »Hackensee«, dabei passieren wir den **2 Wanderparkplatz Hackensee**. Am **3 Hackensee** angelangt, können wir diesen in beliebiger Richtung umrunden. Am Südufer haben wir es mit einem breiten Schotterweg zu tun, mit Abzweigen zu einigen Badeplätzen am Ufer, während am Nordufer ein schmaler Wurzelweg immer in Nähe des Sees entlangführt. Hier gibt es viele schöne Rastplätze direkt am See – es ist seine Sonnenseite. Der Rückweg ab dem **2 Wanderparkplatz Hackensee** entspricht dem Hinweg, er führt uns zurück zum Endpunkt in **Großhartpenning Kirche**.

DER HACKENMANN IM HACKENSEE Er soll seine Opfer mit einem Haken in das Wasser des Sees hineingezogen und dort in aller Ruhe gewartet haben, bis sie ertrunken sind. In früheren Zeiten hat man deshalb Kindern oft gesagt: »Wenn Du ned brav bist, dann hol ich den Hackenmann.« Nun, das ist lange her. Aber wenn der Nebel über das Wasser zieht oder der See im Frühjahr noch gefroren ist und die Abenddämmerung hereinbricht, dann gruselt es einen eben doch.

INFO

TOURENCHARAKTER
Wanderwege, Forst- und Nebenstraßen

AUSGANGS-/ENDPUNKT
ÖPNV: Haltestelle Großhartpenning-Kirche
Pkw: Großhartpenning Straßenrand nach Kleinhartpenning

ANFAHRT
Mit dem Auto auf A 8 bis Ausfahrt Holzkirchen. Weiter nach Bad Tölz bis Großhartpenning. Mit ÖPNV: Bahn München – Holzkirchen (kürzeste Fahrzeit), Reichersbeuern oder Schaftlach. Bus 9553 nach Großhartpenning-Kirche

GEHZEITEN
Großhartpenning-Kirche – Kleinhartpenning 0.45 Std. – Hackenseeumrundung ab Kleinhartpenning 1 Std. – Großhartpenning-Kirche 0.45 Std.

mittel | 2.30 Std. | 7,7 km | 120 Hm

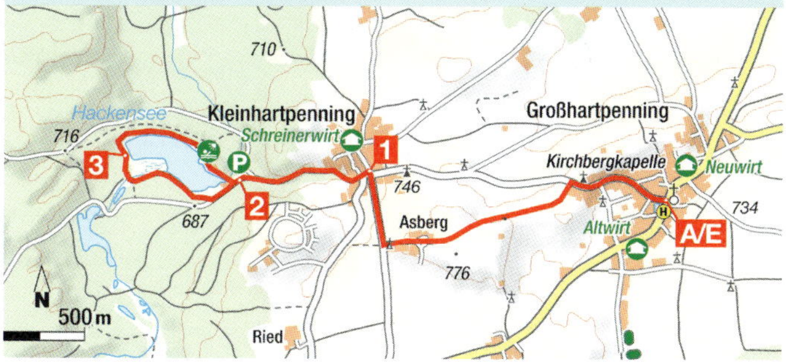

EINKEHR
Schreinerwirt Kleinhartpenning

KARTE
Landesamt für Vermessung und Geoinformation Bayern, UK 50–29, Bad Tölz, Lenggries und Umgebung

INFORMATION
Touristinfo Holzkirchen
www.holzkirchen.de

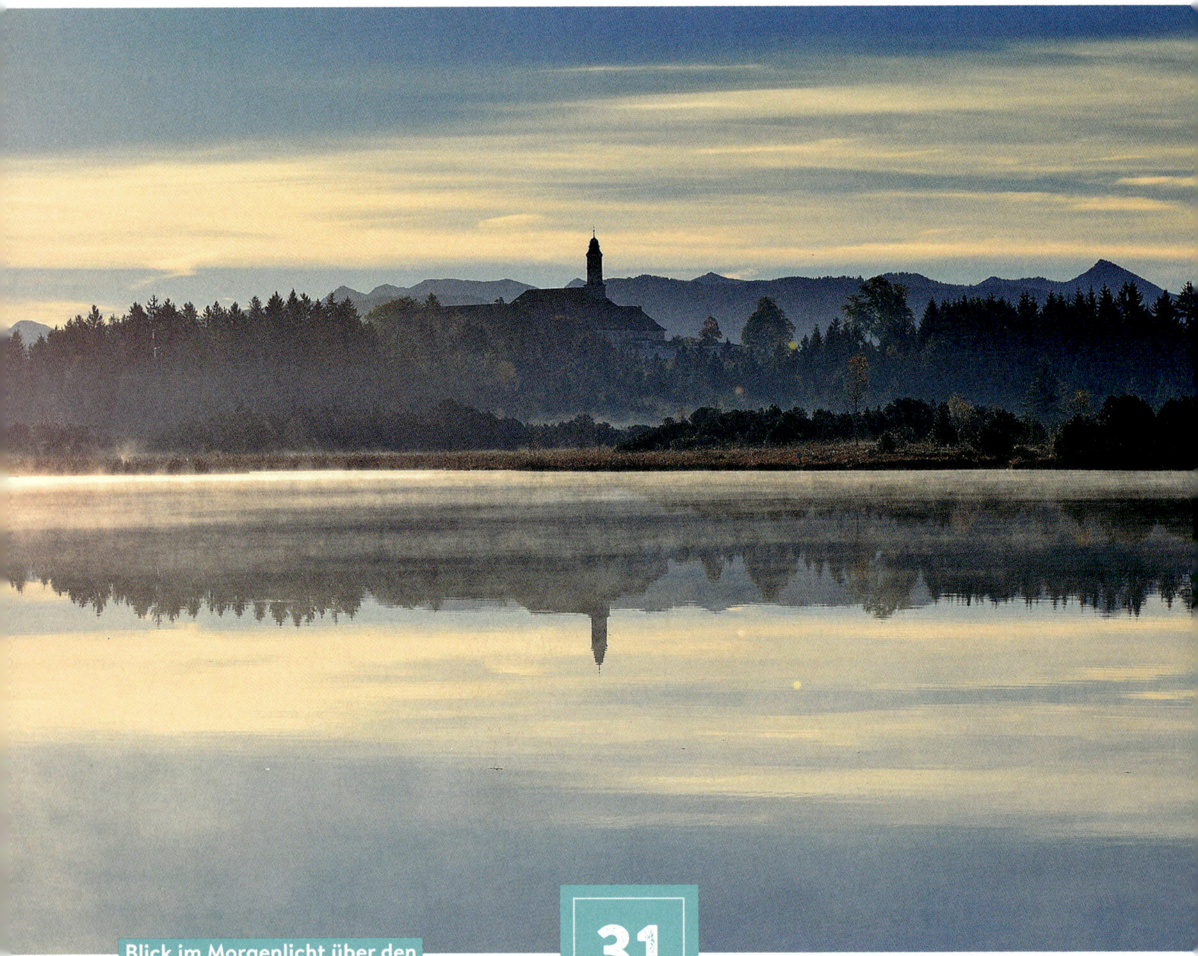

Blick im Morgenlicht über den Kirchsee nach Kloster Reutberg

31

Wie ein See seinen Namen erhielt

Am Kirchsee

Kloster Reutberg liegt in der Nähe des sagenumwobenen Kirchsees. Von der sonnigen Nordseite des Sees laufen wir auf dem einzigen Uferweg zum Koglweiher. Moorige Anderswelten umgeben vom Alpenrand prägen das Landschaftsbild.

IMPRESSIONEN AN EINEM SAHARATAG

Es ist Ende März. Rundherum grünt es. Die sandgeschwängerte Luft flirrt grell vor Wärme, man kann die Berge nur schemenhaft erkennen. Es hat an die 22 Grad, aber der See führt noch eine dünne Eisschicht aus den letzten Tagen eines eisigen Winters mit sich, die sich in der Kaltluftsenke hält. Der Badestrand verbreitet Karibikflair mit Bar, Fahnen und den Badestegen mit ersten Badegästen. Still wird es schnell, wenn man am einzigen Uferweg des Sees hinüber zum Koglweiher wandert. Das Ambiente dort ist ein anderes. Eine Frau sitzt am Ufer des Weihers und spielt auf ihrer Ukulele »Bridge over troubled water« von Simon and Garfunkel. Eine Dame in bunter Kleidung und langen dunklen Haaren kommt mit dem Fahrrad und lauscht genussvoll der weichen Stimme. Dann entkleidet sie sich und schwimmt zwischen den letzten Eisschollen im kalten Wasser ein paar Runden, bevor sie sich zu den musikalischen Klängen wieder an den Strand legt. Eine weitere Frau stößt mit dem Fahrrad hinzu und liest, dick in Mütze und Anorak eingepackt, in ihrem Buch. So unterschiedlich sind die Befindlichkeiten an diesem Ort. »Man weiß eigentlich gar nicht, was man anziehen soll«, sagt die Dame, die zuvor noch im Wasser war, und

↑ Kloster Reutberg ↓ Am Kirchsee gibt es schöne Uferplätze.
↘ Der Altar der Klosterkirche Reutberg

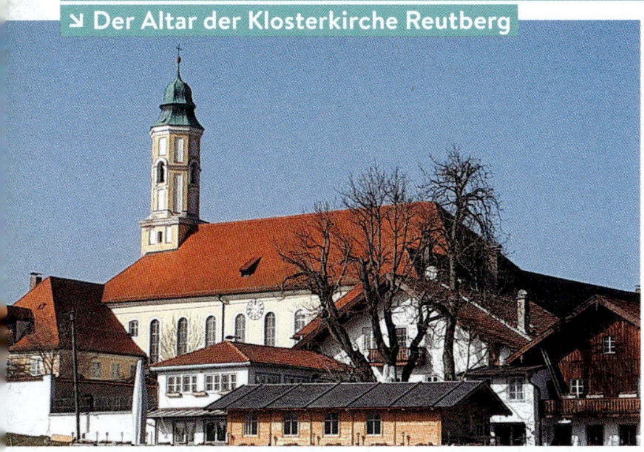

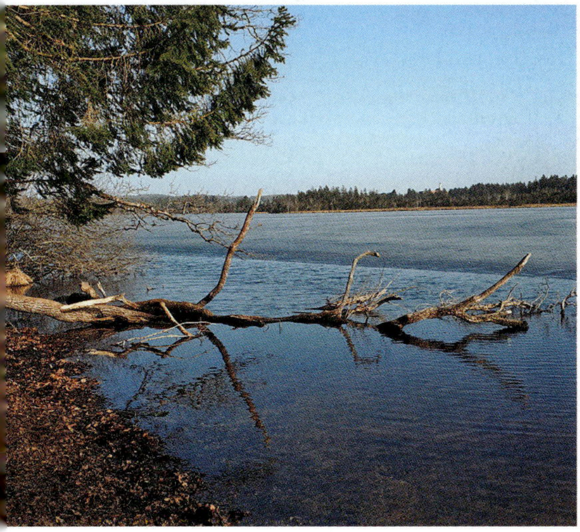

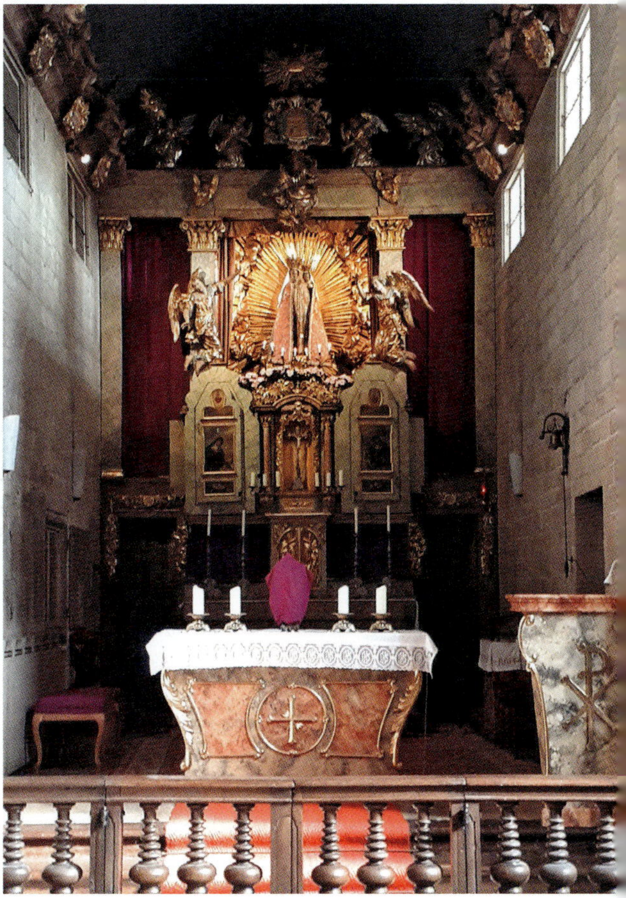

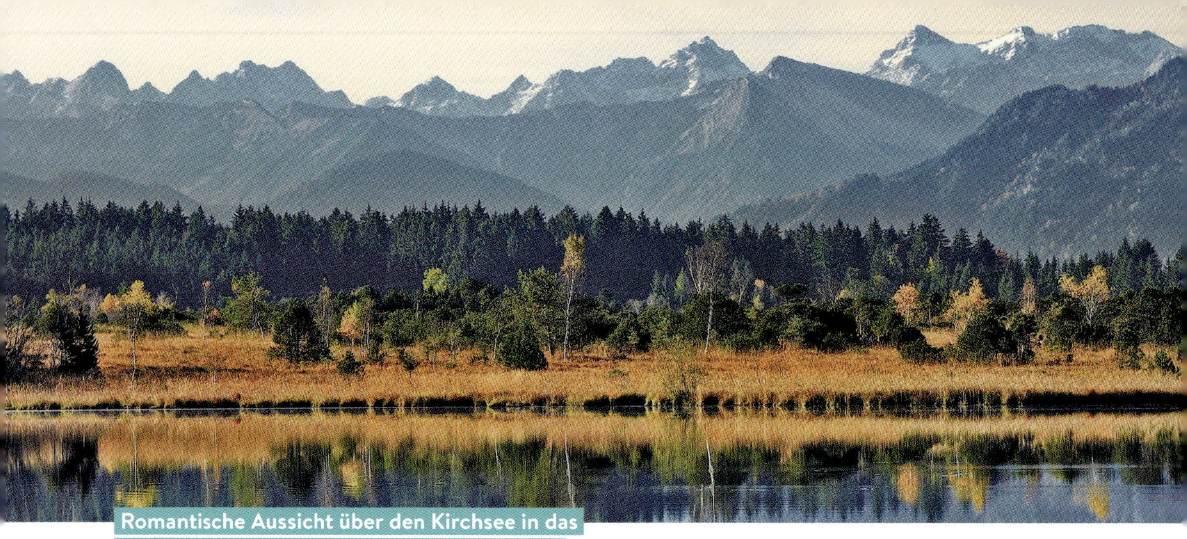

Romantische Aussicht über den Kirchsee in das Karwendel mit Schafreiter und Birrkkarspitze

radelt in ihrem bunt schillernden Gewand wieder davon. Erfunden? Nein, es war wirklich so! An besonderen Orten lernt man besondere Menschen kennen!

KIRCHSEE UND KLOSTER REUTBERG Der See wird von relativ warmem Moorwasser gespeist und verfügt über eine sehr gute Wasserqualität. Es fließt in mehreren kleinen Bächen zu. Vom See fließt der Kirchseebach ab in Richtung des Teufelsgrabens und weiter nach Pelletsmühl und zum Hackensee. In diesem Bereich versickert er wieder. Die überwiegenden Teile des Kirchsees stehen unter Naturschutz und sind nicht zugänglich. Vom Kloster Reutberg führt ein Stichweg an das Südufer des Sees. Die idyllische Lage über dem Kirchsee und der schöne Biergarten mit Blick auf den Alpenrand machen das Kloster zu einem beliebten Ausflugsziel. Zum Areal gehört auch die nordseitige Klosterbrauerei. Sie gehört zu den wenigen, letzten Brauereigenossenschaften in Bayern.

Tipp

ENTSPANNEN UND GENIESSEN

Nutzen Sie an warmen Sommertagen die langen Abendstunden. Dann wird es am Badeplatz des Nordufers ruhiger für ein entspanntes Schwimmen im See. Danach können Sie im milden Abendlicht die Wanderung vornehmen. Auch in Kloster Reutberg mit seinem Biergarten wird es nach dem belebten Tagesgeschäft am Nachmittag schnell wieder ruhig.

DER KOGLWEIHER Vor rund 20 000 Jahren bedeckten über 100 Meter hohe, mächtige Eismassen des Isargletschers die Beckenlandschaft des Kirchsees, an deren Rand der Koglweiher oder auch Kogler Weiher liegt. Er ist durch das abschmelzende Toteis entstanden und kann somit als Eiszeitrelikt bezeichnet werden. In der weitgehend intakten Verlandungszone sind Gelbe Schwertlilie, Weiße Seerose und Gelbe Teichrose zu bewundern.

VOM KIRCHSEE ZUM KOGLWEIHER Vom **A E Parkplatz P2 und P3 Badeplatz Nordufer Kirchsee** machen wir einen kurzen Abstecher an den Badestrand. Er bietet schöne Bildmotive über den Kirchsee. Anschließend gehen wir zurück zum Ausgangspunkt und wandern westseitig auf der Anliegerstraße in Seenähe vorbei an einigen Anwesen der Kirchseestraße. Dann zweigt links der Uferweg ab mit dem Schild »Koglweiher«. Wir passieren mehrere schöne Badebuchten, bis wir zum **1 Rastplatz am Ende des Kirchsees** gelangen. Dazu machen wir einen kurzen Abstecher vom Hauptweg nach links. An dieser Stelle können Sie auch wieder umdrehen, damit würde sich die Gehzeit um die Hälfte verkürzen. Wir aber gehen wieder zurück zum Hauptweg und auf ihm linker Hand weiter durch moorähnliches Gebiet nahe des Kirchsees. Wir wandern zunächst am Waldrand auf einem breiten Schotterweg entlang, später dann im moderaten Auf und Ab durch den Wald. Weiter geht es auf einem geteerten Weg, nun wieder am Waldrand entlang, bis wir auf eine kleine Fahrstraße stoßen, der wir linker Hand mit dem Schild »Ellbach, Kirchbichl« folgen. Nun ist es nicht mehr weit bis zum **2 Koglweiher**. Der Rückweg entspricht dem Hinweg, wir laufen zurück zum Endpunkt am **Parkplatz P2 und P3 Badeplatz Nordufer Kirchsee**.

DIE SAGE VOM VERSUNKENEN KIRCHTURM Der Ort Altsachsenkamm soll in den unergründlichen Tiefen des Kirchsees versunken sein. Es heißt, an besonders hellen Tagen ragte der Kirchturm aus dem Wasser. Auf dem Grund des Sees soll das versunkene Dorf liegen. In diesem Zusammenhang steht der Name des Ortes Ellbach in Verbindung mit Elben, einer Bezeichnung für Elfen oder Fabelwesen aus der germanischen Mythologie –, und auch für Wassergeister.

INFO

TOURENCHARAKTER
Wanderwege, Forst- und Nebenstraßen

AUSGANGS-/ENDPUNKT
Pkw: Parkplatz P2 und P3 Badeplatz Nordufer Kirchsee (nicht mit ÖPNV erreichbar)

ANFAHRT
Mit dem Auto auf A 8 bis Ausfahrt Holzkirchen. Weiter nach Bad Tölz bis Sachsenkamm. Vorbei an Kloster Reutberg. Dann links den Wegweisern zum Badeplatz Nordufer Kirchsee folgen

GEHZEITEN
Badeplatz Nordufer Kirchsee – Rastplatz am Ende des Kirchsees 0.30 Std. – Koglweiher 0.30 Std. – Rastplatz am Ende des Kirchsees 0.30 Std. – Badeplatz Nordufer Kirchsee 0.30 Std.

EINKEHR
Kiosk am Badeplatz Nordufer Kirchsee, Bräustüberl Kloster Reutberg (mit Pkw)

leicht | 2 Std. | 5,8 km | 60 Hm

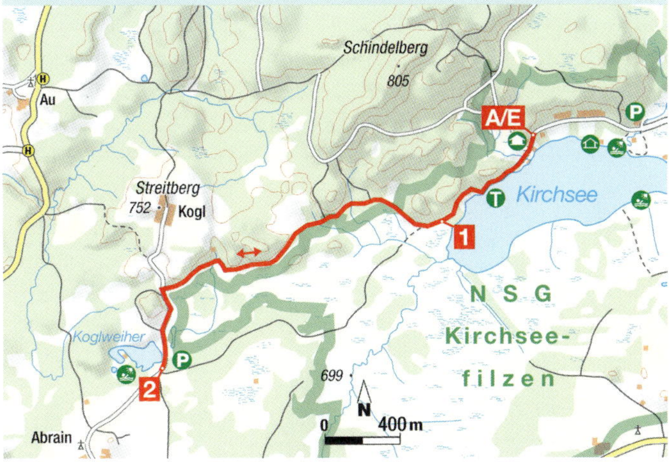

KARTE
Landesamt für Vermessung und Geoinformation Bayern, UK 50-29, Bad Tölz, Lenggries und Umgebung

INFORMATION
Touristinfo Bad Tölz
www.bad-toelz.de

Seelenweg über dem Isartal mit Panoramablick

Sonntraten und Rechelkopf

Der Sonntraten scheint die Wanderer magisch anzuziehen. Kein Wunder, denn diese Tour belohnt sie mit faszinierenden Aussichten über die einmalige, denkmalgeschützte Heckenlandschaft des Isartals bis zu den steil aufragenden Felsketten des Karwendels. Im weiteren Anstieg bietet der Rechelkopf einen perfekten Rundumblick in das Oberland.

Blick vom Sonntraten in den Isarwinkel

32

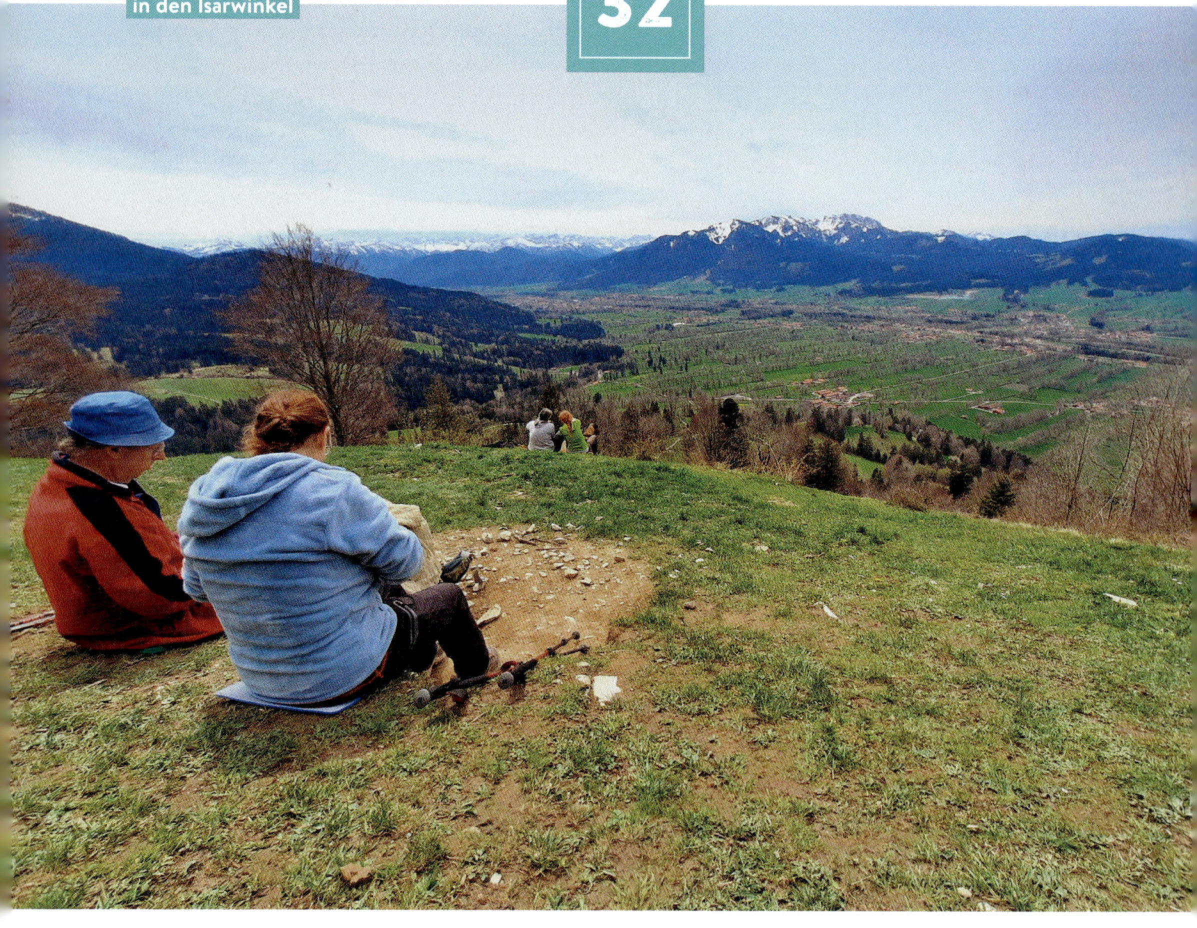

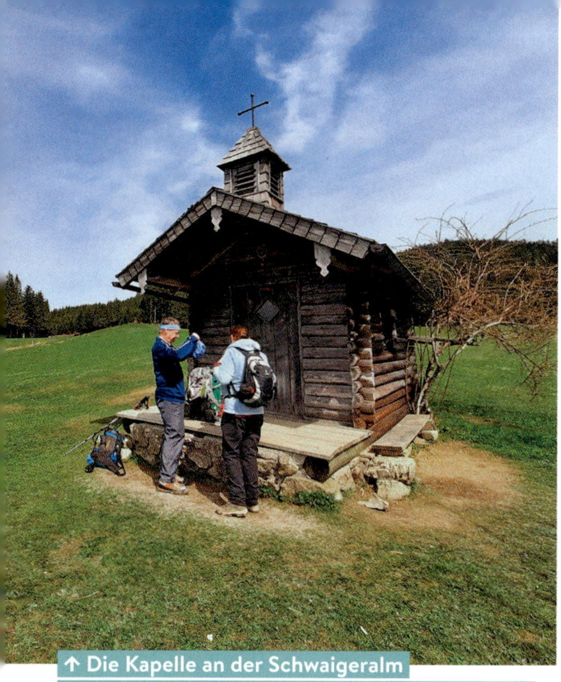

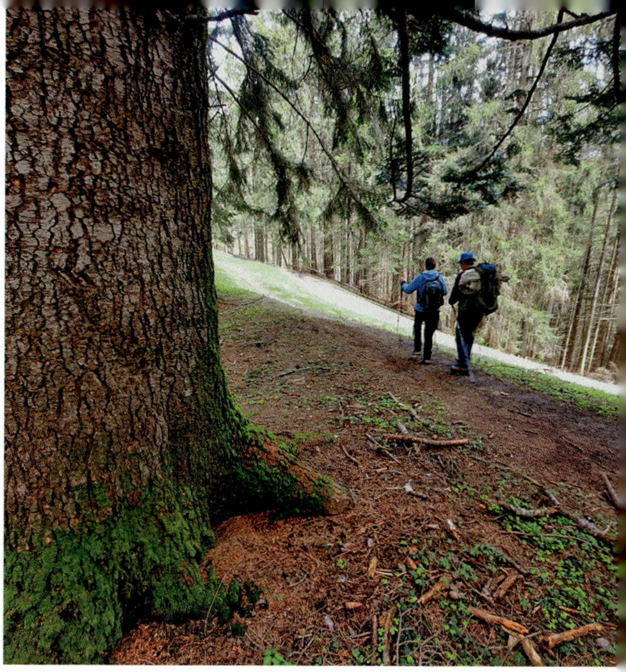

↑ Die Kapelle an der Schwaigeralm
↗ Waldweg vom Sonntraten auf den Rechelkopf

PANORAMABLICK VOM SONNTRATEN UND RECHELKOPF Wie verzaubert sitzen manche Wanderer an den Hängen des Sonntraten und genießen den Weitblick nach Südwesten. An föhnigen Tagen gleicht die Gebirgsgruppe des Karwendels einem alpinen Amphitheater. Links sehen wir zunächst die Berge des Vorkarwendels. Die bekanntesten Berge sind hier der Juifen, das Demeljoch und der Schafreiter, auch Scharfreuter genannt. Dahinter baut sich die imposante Felskulisse des Hauptkarwendels auf. Die höchste Erhebung ist die Birkkarspitze, weiter rechts sind die Ödkarspitzen zu sehen. Mit Blick aus dem Isarwinkel gesellen sich noch der Zwiesel und der Blomberg, hoch über Bad Tölz, hinzu.

Komplettiert wird das Panorama auf dem Rechelkopf hinein in das Alpenvorland sowie auf den östlichen Alpenrand. Wir sehen von der Kampenwand in den Chiemgauer Alpen über Breiten- und Wendelstein bis zum Wallberg am Tegernsee die gesamte oberbayerische Prominenz. Ganz nah mit Blick nach Süden erscheinen Geierstein und Fockenstein, dahinter erhebt sich das Seekarkreuz, sozusagen in zweiter Reihe, und weiter links sieht man den Hirschberg. Im Karwendel kommen rechts die Soiernspitze und der Wörner hinzu. Noch weiter rechts erhebt sich das Wetterstein mit dem Hochblassen.

DIE SAGE VON DER HEXE IM RECHELGRABEN Sie soll in einem Höllenloch gehaust haben. Wanderer und Flößer haben sie bei Unwettern gesehen, so heißt es. Das Weib hatte einen Besen bei sich, war riesengroß und dunkel gekleidet. Die Leute bekreuzigten sich, denn wenn die Hexe vom Rechelgraben umging, dann musste wieder einer sterben, weiß die Überlieferung. Nur wenn man einen Wacholderzweig bei sich hatte, war man geschützt vor den Mächten der bösen Frau. So trugen die Menschen früher diesen Zweig am Hut nicht nur zur Zierde.

VON GRUNDERN AUF DEN RECHELKOPF ÖPNV-Anreisende gehen vom A1 E1 **Bahnhof Obergries** aus linker Hand durch die Obergrieser Straße zur Lenggrieser Stra-

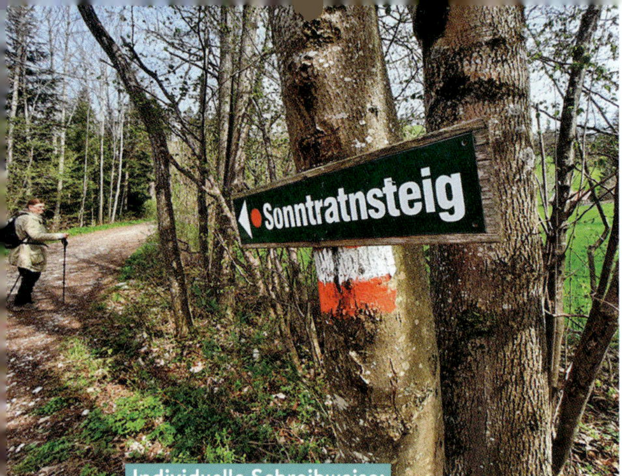

Individuelle Schreibweise: Wegweiser »Sonntratnsteig«

ße in Höhe Rain. Dieser folgen sie linker Hand. Nach etwa 300 Metern erreichen sie den Weiler Kellern. Hier geht es rechter Hand nach »Grundern«. Der Weg führt in gerader Linie zum A2 E2 **Wanderparkplatz zu den Sonntraten, Grundern**, dem Ausgangspunkt für Autofahrer. Von dort laufen wir wenige Meter auf einem Fahrweg rechter Hand, dann zweigt links der schöne »Sonntrattn-Steig« ab. In Kehren führt der vorbildlich angelegte Weg bergan. Dabei wird die Aussicht in den Isarwinkel immer weiter. Am 1 **Sonntraten**, auch Schürfenkopf genannt, verläuft der Weg auf einem breiten Schotterweg in den Wald. (Eine Alternative ist hier der parallel verlaufende Waldpfad.) Später zweigt ein Waldpfad mit dem etwas verfallenen Schild »Rechelkopf« rechter Hand ab. Er führt weiter in nördlicher Richtung mit rot-weißen Markierungen, bis wir zu einer markanten Verzeigung kommen. Hier gehen wir geradeaus mit dem Schild »Marienstein über Sigriz-Alm«, bis wir schon nach wenigen Metern die urige 2 **Schwaiger Alm** erreicht haben. Dort wandern wir rechts über die Bergwiese durch ein Gatter, passieren eine Kapelle und gehen weiter in östlicher Richtung durch zwei weitere Gatter ohne Beschilderung. Dann führt der Pfad durch den Bergwald bergan, bis wir zu einem breiteren Karrenweg gelangen. Hier geht es links bergan zum »Rechelkopf«, dabei verschmälert sich der Weg zusehends zu einem Wanderweg. Wir passieren den Abzweig nach »Greiling« und halten uns weiter bergan zum 3 **Rechelkopf**, bis dieser erreicht ist. Der Rückweg entspricht dem Hinweg, wir gehen zurück zu den Ausgangspunkten, dem **Wanderparkplatz zu den Sonntraten, Grundern** sowie dem **Bahnhof Obergries**.

Tipp

WERKTAGE BEVORZUGT

Die Tour auf den Sonntraten erfreut sich zunehmender Beliebtheit. Meiden Sie deshalb nach Möglichkeit Wochenenden mit schönem Wanderwetter und weichen Sie auf Werktage aus. Oder brechen Sie erst am Nachmittag auf, wenn die ersten Wanderer schon die Heimfahrt antreten. Dann gehören Sonntraten und Rechelkopf ihnen fast ganz allein.

DER ÜBERSTIEG VON OBERGRIES NACH GAISSACH Eine schöne Variante ist den Bahnfahrern vorbehalten. Vom A1 E1 **Bahnhof Obergries** geht es zunächst auf der oben beschrieben Normalroute über die 2 **Schwaigeralm** bis zum 3 **Rechelkopf**. Von dort wandern wir wie auf dem Hinweg zurück bis zur 2 **Schwaigeralm**. Dann gehen wir wenige Meter linker Hand auf dem Forstweg zu der bereits erwähnten markanten Wegkreuzung. Hier laufen wir auf dem Forstweg rechts wenige Meter ohne Beschilderung. Dann zweigt neuerlich ein Wanderweg rechts ab und führt bergab mit dem Schild »Gaißach-Lehen«. Dieser Wegweiser leitet uns bis zum Wanderparkplatz Gaißach-Lehen. Dabei kreuzen wir Forst- und

Karrenwege. Wir halten uns dabei immer talwärts an der entsprechenden Markierung. Zuletzt passieren wir eine schöne Bergwiese. An der folgenden Wiese orientieren wir uns an den orangen Markierungspunkten, bis ein Karrenweg bergab zum **4 Wanderparkplatz Gaißach-Lehen** führt. (Alternativ kann man auch den links verlaufenden Steig, hier ohne Beschilderung, dorthin nehmen.) Von hier geht es weiter auf einer Nebenstraße nach **5 Lehen**. Wir verlassen den Weiler rechter Hand. Wenige Meter nach dem Ortsendeschild von Lehen biegen wir links ab ohne Beschilderung. An der nächsten Verzweigung geht es rechts, nach wenigen Metern gleich wieder links. Wir passieren das Ortsschild von **6 Wetzl**. An der Volksschule Gaißach vor der Bahnunterführung orientieren wir uns rechts mit dem Schild »Mühl, Reut« bis zum **E3 Bahnhof Gaißach**. Die Höhenmeter gegenüber der Normalroute bleiben unverändert, die Gehzeit verändert sich auf dieser Variante für ÖPNV-Reisende sogar auf 5.30 Stunden.

INFO

mittel | **4.30 Std.** | **16,5 km** | **664 Hm**

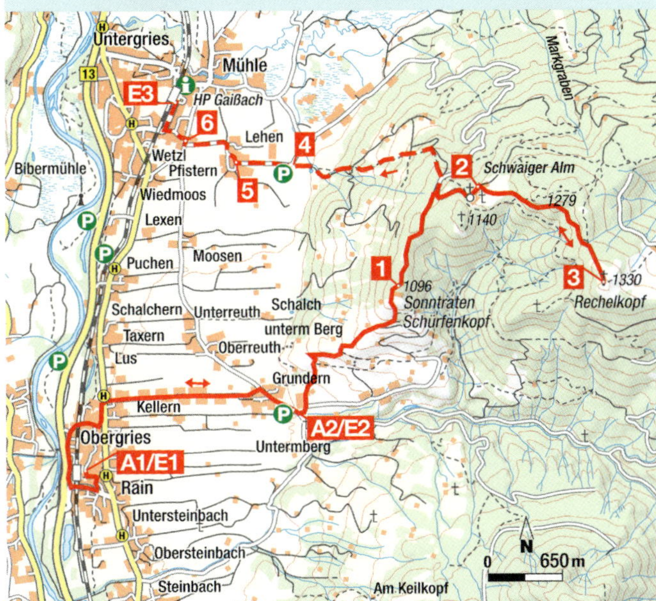

TOURENCHARAKTER
Nebenstraßen, Bergsteig, Forst- und Wanderwege

AUSGANGS-/ENDPUNKT
ÖPNV: Bhf. Obergries
Pkw: Parkplatz Sonntraten
Endpunkt ÖPNV-Alternative Bhf. Gaißach

GIPFEL
Rechelkopf 1330 m

ANFAHRT
Mit dem Auto über A8 oder A95 nach Bad Tölz. Nach Lenggries bis Obergries. Links der Isarstraße über die Gleise folgen. Links kurz auf die TÖL 16, rechts nach Grundern. Mit ÖPNV: Bahn München – Obergries. Alternativ zurück ab Gaißach

GEHZEITEN
Bhf. Obergries – Parkplatz Sonntraten 0.45 Std. (nur ÖPNV) – Sonntraten 1 Std. – Schwaigeralm 0.45 Std. – Rechelkopf 0.45 Std. – Schwaigeralm 0.30 Std. – Sonntraten 0.45 Std. – Parkplatz Sonntraten 0.45 Std. – Bf. Obergries 0.45 Std. (nur ÖPNV)

BESTE JAHRESZEIT
Ganzjährig, bei getrampelten Wegen nach Neuschnee, Gleitschutz

KARTE
Landesamt für Vermessung und Geoinformation, Blatt Bad Tölz, Lenggries UK 50–52

INFORMATION
Tourist-Info Bad Tölz
www.bad-toelz.de

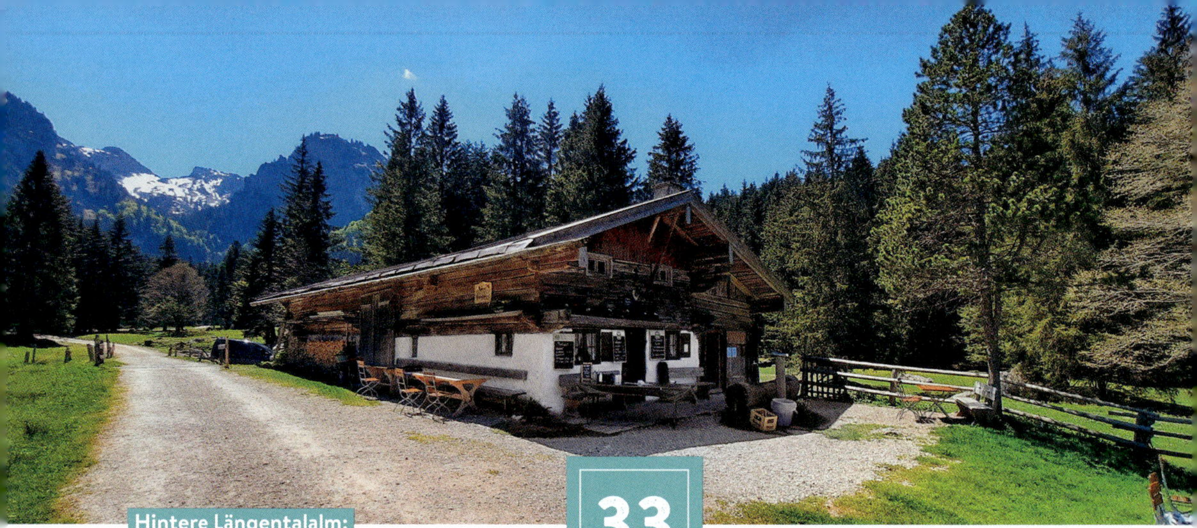

Hintere Längentalalm: uriger Fleck zum Ausspannen

33

Liebenswertes Mauerblümchen

Das Kirchel über dem Längental

Das Hintere Längental mit Blick auf die Benediktenwand ist eine Idylle für sich. Über dem Tal thront das Kirchel, ein schroffer, schöner Aussichtsfelsen mit fantastischer Aussicht vom Starnberger See zum Blomberg und über das Isartal zum Rechelkopf.

GEHEIMNISVOLLE SAGENWELT Der Aufstieg zum Kirchel führt durch märchenhafte Bergwälder mit alten Tannen und Bergahornen. Diese Landschaft gab früher Anlass für einige Sagen. Sie berichten von Goldschätzen auf den benachbarten Bergen Kirchstein, Latschenkopf und Probstenwand.

ÜBER DAS LÄNGENTAL ZUM KIRCHEL
Vom A E **Wanderparkplatz Längental** aus gehen wir auf einen ebenen Forstweg neben dem Bach. Im ersten Anstieg zweigt links ein Wanderweg ab. Dieser mündet in einen breiteren Karrenweg, dessen Rechtskurve wir folgen. Am Forstweg angelangt, laufen wir an einer Verzweigung links mit dem Schild »Längental, Kirchsteinhütte« weiter. Bald erreichen wir den weiten Talgrund. An der nächsten Gabelung können wir über die 1 **Kirchsteinhütte** oder unter ihr vorbeigehen. Beide Wege führen wieder zusammen. Wir kommen an einigen Almen vorbei, bis wir zur 2 **Hinteren Längentalalm** gelangen. Hier gehen wir links über die Bergwiese auf eine Traktorspur. Am Bach wandern wir rechts auf einem zunächst nur schwer erkennbaren Steig bergan. Im weiteren Anstieg wird der Steig deutlicher. Orange Pfosten dienen hier als Orientierung. Dann geht es auf die andere Bachseite. Neuerlich queren wir ein Bachbett, hier sind rosa Pfeile angebracht. Der Pfad nimmt an Steilheit zu und verlangt gutes Gespür für den Wegverlauf. Dann flacht der Hang ab, der Steig erreicht

den Wiesenkamm. Links sind es nur wenige Meter zum **3 Kirchel**, die letzten Meter geht es über ein paar Felsen zum Gipfelkreuz.

ÜBER DIE LOGHAMALM ZURÜCK Vom Kirchel gehen wir zur Tennenalm und weiter auf dem Bergsteig unter den Wänden des Stangenecks, bis links der markierte Weg 469 vom Brauneck über die **4 Loghamalm** in den Branntweingraben zieht. Hier wandern wir auf einem Karrenweg weiter bergab. Dann führt ein Forstweg links nach »Lenggries«. Am nächsten Abzweig biegen wir neuerlich links ab, ohne Beschilderung. Rechts befindet sich der Wegweiser »Brauneck-Lenggries«, dies zur Orientierung. Links folgen wir dann einem Wanderweg mit dem Schild »Längental«. Nach wenigen Metern nehmen wir den rechten Weg ohne Beschilderung über Stufen durch den Bergwald bergab. Der Weg 468 leitet uns nun neben einem Bach in das Hintere Längental. Rechts geht es wie auf dem Hinweg zurück zum Endpunkt **Wanderparkplatz Längental**.

INFO

TOURENCHARAKTER
Forstwege, unmarkierter Bergsteig, markierte Wander- und Forstwege

AUSGANGS-/ENDPUNKT
Pkw: Wanderparkplatz Längental (nicht mit ÖPNV erreichbar)

GIPFEL
Kirchel 1473 m

ANFAHRT
Mit dem Auto über A 8 oder A 95 nach Bad Tölz. Westlich der Isarbrücke nach Arzbach. An der Kirche rechts in die Längentalstraße

GEHZEITEN
Wanderparkplatz Längental – Kirchsteinhütte 1 Std. – Hintere Längentalalm 0.30 Std. – Kirchel 1.30 Std. – Kirchsteinhütte 2 Std. – Wanderparkplatz Längental 0.45 Std.

BESTE JAHRESZEIT
Ende Mai–Ende Oktober bei Schneefreiheit

EINKEHR/UNTERKUNFT
Kirchsteinhütte, Hintere Längentalalm

KARTE
Alpenvereinskarte BY11 Isarwinkel, Benediktenwand

INFORMATION
Tourist-Info Bad Tölz, www.bad-toelz.de

schwer | 5.45 Std. | 15,5 km | 780 Hm

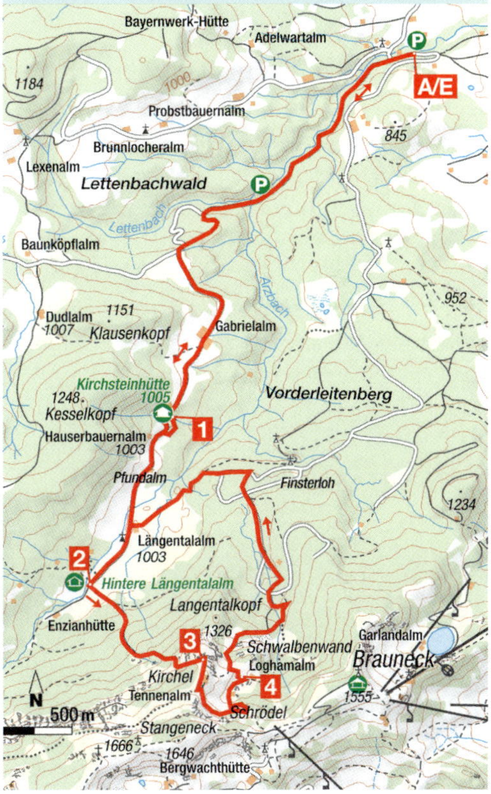

Unterwegs zu Wasserfällen und königlichen Hütten

Auf den Altlacher Hochkopf

Der Vater von König Ludwig II., Maximilian II. von Bayern, ließ unter dem Altlacher Hochkopf eine Jagdhütte mit herrlichem Ausblick errichten. Die Tour dorthin führt durch ein Tal mit Wasserfällen und Gumpen, ein königlicher Wandelweg führt um den Berg.

DIE HOCHKOPFHÜTTE König Ludwig II. übernahm sie später. »Sie sei mir werther als alle Schlösser mit ihrem hohlen Glanz und Prunk«, so schrieb er an Richard Wagner, der hier oben an seiner Siegfried-Partitur arbeitete.

AUF DEN ALTLACHER HOCHKOPF ÖPNV-Anreisende folgen von der A1 E1 **Bushaltestelle Einsiedl Mautstraße** aus der Mautstraße entlang des Walchensees bis Altlach. Autofahrer gehen vom A2 E2 **Parkplatz Walchensee 18** ein kurzes Stück an der Straße in Richtung Einsiedl. Alle folgen in Höhe Altlach jeweils den Wegweisern »Altlacher Hochkopf, Hochkopfhütte«, die in der Folge deshalb nicht mehr extra erwähnt werden, vorbei am 1 **Richard-Wagner-Denkmal**. Wir gehen zunächst auf einem breiten Schotterweg taleinwärts. An der nächsten Gabelung wandern wir auf dem »Fußweg« geradeaus. Wir erreichen ein schönes Bachtal mit Gumpen und Wasserfällen. Dabei verschmälert sich der Weg zusehends zu einem Steig. Es geht auf und ab durch einige Seitentäler, die mit Bächen durchzogen sind. An einem

Der Weg zur Königlichen Jagdhütte beginnt unweit von Altlach.

34

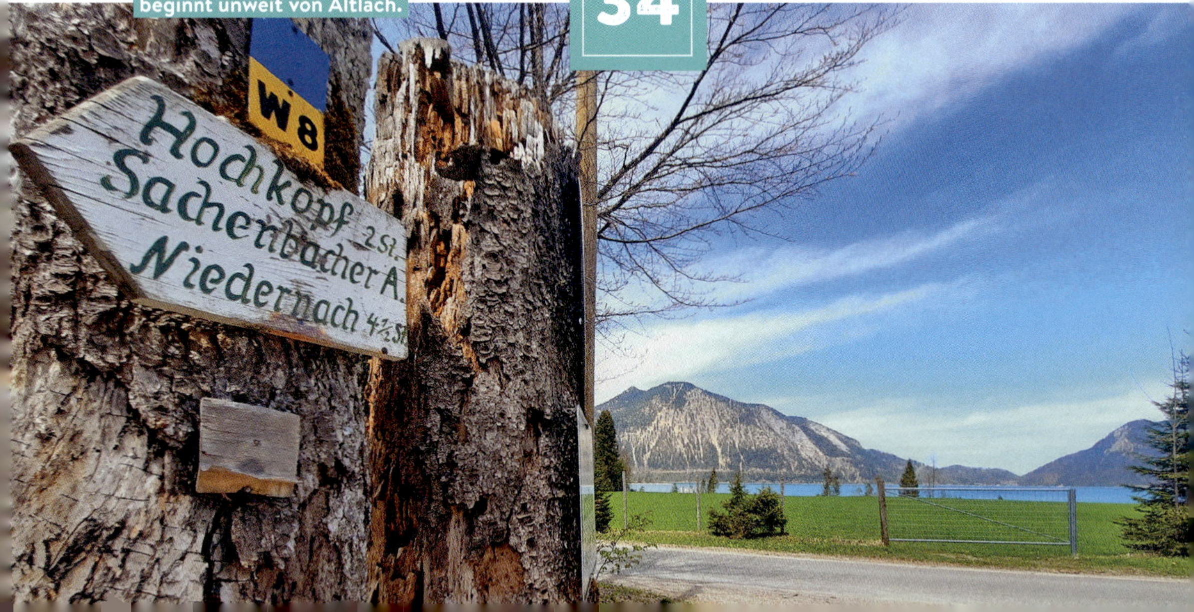

Forstweg laufen wir links bergab, bis es an einem Abzweig wieder auf einem Wanderweg rechts bergan geht. Bald erreichen wir erneut den Forstweg, dem wir ein kurzes Stück bergauf folgen. Zwischendurch können wir diesen auf einem Bergpfad abkürzen. Wieder am Forstweg angelangt, geht es weiter bergauf, bis links der Wanderpfad zur **2 Hochkopfhütte** führt.

Hinter der Hütte vorbei wandern wir nach »Niedernach«. Nach etwa 200 Metern zweigt rechts der Wanderpfad zum **3 Altlacher Hochkopf** ab. Zurück geht es wieder zum Hochkopf-Einstieg. Hier laufen wir rechter Hand weiter bergab nach »Niedernach«, bis der erste Pfad rechts abzweigt. In jedem Falle halten wir uns in etwa gleicher Höhe entlang der Hangstufe. Dabei passieren wir einen Aussichtspunkt zur Isar, bis wir schließlich wieder unter die **3 Hochkopfhütte** gelangen. Wer möchte, kann dem Pfad auch über die weniger aussichtsreiche Variante auf der Nordumrundung des Berges folgen. In diesem Falle gelangt man wieder an den Wanderweg nach Niedernach und geht wieder zurück zur Hochkopfhütte. Der Rückweg entspricht dem Hinweg.

INFO

mittel | **5 Std.** | **17,7 km** | **600 Hm**

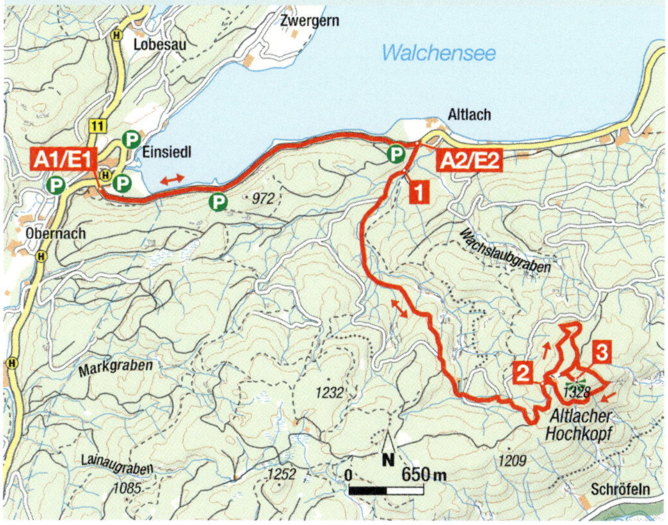

TOURENCHARAKTER

Mautstraße bis Parkplatz (nur ÖPNV), Steige, Wanderwege, Forststraßen, Wandelweg (Waldpfad)

AUSGANGS-/ENDPUNKT

ÖPNV: Bushalt Einsiedl-Mautstraße

Pkw: Parkplatz Walchensee 18

GIPFEL

Altlacher Hochkopf 1328 m

ANFAHRT

Mit dem Auto über A 95 bis Ausfahrt Großweil nach Kochel, Walchensee. Oder über A 8 Ausfahrt Holzkirchen nach Bad Tölz, Lenggries, Jachenau (empfohlene Route). In beiden Fällen über Mautstraße bis Parkplatz 18 nahe Altlach. Mit ÖPNV: Bahn München – Kochel. Bus 9608 nach Garmisch bis Einsiedl-Mautstraße

GEHZEITEN

Bushalt Einsiedl-Mautstraße – Parkplatz 18 0.45 Std. (nur ÖPNV) – Hochkopfhütte 2 Std. – Altlacher Hochkopf 0.15 Std. – Wandelwegrunde um den Hochkopf 1 Std. – Parkplatz 18 1.45 Std. – Bushalt Einsiedl-Mautstraße 0.45 Std. (nur ÖPNV)

BESTE JAHRESZEIT

Mitte April–Anfang November bei Schneefreiheit

KARTE

Alpenvereinskarte BY9 Estergebirge, Herzogstand, Wank

INFORMATION

Gästeinformation Jachenau
www.jachenau.de

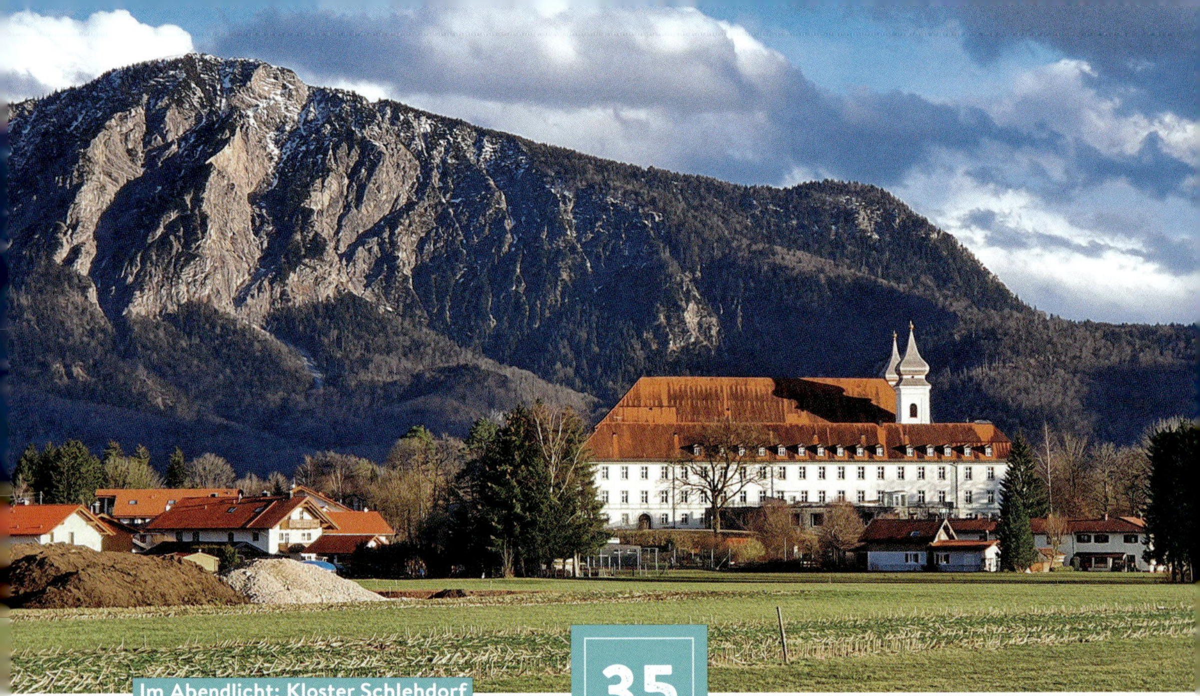

Im Abendlicht: Kloster Schlehdorf mit dem Jochberg

35

Zwischen Felsenweg und Seeidylle

Von Altjoch nach Schlehdorf

Ein besonders romantischer Ort ist das Seeufer des Kochelsees bei Altjoch. Fotografen werden in den sommerlichen Abendstunden ihre Freude haben, denn den schönsten »Sundowner« zur Sonnwende gibt es nur dort. Vielleicht genießen Sie ihn bei einem Glas Rotwein.

VON ALTJOCH NACH SCHLEHDORF

ÖPNV-Anreisende folgen von der A1 E1 **Bushaltestelle Altjoch** aus linker Hand einer geteerten Fahrstraße mit dem Wegweiser »Felsenweg, Schlehdorf« zum Walchenseekraftwerk. Dabei lassen sie den ersten Wegweiser rechts zum Felsenweg liegen, gehen weiter geradeaus und erreichen den A2 E2 **Parkplatz Walchenseekraftwerk**. Dies ist der Ausgangspunkt für Autofahrer. Hier gehen wir dem Schild »Motorbootanlegestelle Altjoch« über einen Wiesenweg und ein kurzes Waldstück nach. So gelangen wir zum Ufer des Kochelsees. Dort biegen wir nach links ab, wieder mit dem Wegweiser »Felsenweg, Schlehdorf«. Nachdem wir den Abfluss vom Walchenseekraftwerk überquert haben, laufen wir über eine Wiese. Dann zweigt rechter Hand ein breiter Schotterweg bergauf ab, der sich zu einem schmalen steigähnlichen Weg verengt. Am Ende des **1 Felsenweges**, an einer Weggabelung, folgen wir dem Wegweiser »Schlehdorf« rechter Hand über eine Wiese. Nun wandern wir auf einem geteerten Fahrweg geradeaus. An einer Straßengabelung gehen wir dann nach rechts. Zur Orientierung, hier steht in der Gegenrichtung der Wegweiser »Felsenweg, Walchenseekraftwerk, Raut«. Nachdem wir den **2 Ortseingang Schlehdorf** passiert haben, folgen wir einem Fußgängerschild rechts durch eine kleine Birkenallee bis zu deren Ende. Dann wandern wir noch wenige Meter auf der Seestraße zur Hauptstraße, die wir überqueren. Jetzt sehen wir schon das **3 Kloster Schlehdorf**, das wir über einen Fußweg erreichen. Der Rückweg entspricht dem Hinweg zurück den Ausgangspunkten, dem **Parkplatz Walchenseekraftwerk** sowie der **Bushaltestelle Altjoch**.

INFO

TOURENCHARAKTER
Spazier- und Wanderwege, Fahrstraßen

AUSGANGS-/ENDPUNKT
ÖPNV: Bushalt Altjoch

Pkw: Parkplatz Walchenseekraftwerk

ANFAHRT
Mit dem Auto auf A95 bis Ausfahrt Großweil. Links über Schlehdorf nach Kochel. Rechts Richtung Innsbruck. Am Ortsende von Kochel dem Wegweiser »Walchenseekraftwerk« rechter Hand bis zum dortigen Parkplatz folgen. Mit ÖPNV: Bahn München – Kochel (ggf. Umstieg in Tutzing). Bus 9608 nach Garmisch bis Altjoch

GEHZEITEN
Bushalt Altjoch – Parkplatz Walchenseekraftwerk 0.15 Std. (nur ÖPNV) – Kloster Schlehdorf 1.30 Std. – Parkplatz Walchenseekraftwerk 1.30 Std. – Bushalt Altjoch 0.15 Std. (nur ÖPNV)

BESTE JAHRESZEIT
Mitte April–Ende Oktober bei Schneefreiheit

EINKEHR
Landgasthaus Fischerwirt, Klosterbräu Schlehdorf

mittel | 3.00 Std. | 12,6 km | 151 Hm

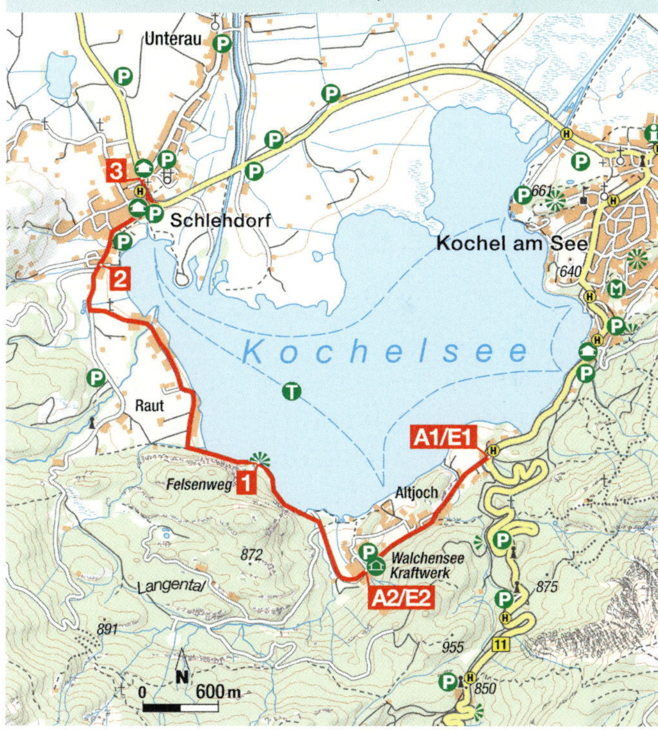

KARTE
Landesamt für Vermessung und Geoinformation, Blatt Bad Tölz, Lenggries UK 50–52

INFORMATION
Tourist-Information Kochel
www.kochel.de

Zugspitzblick und wilde Klamm

Zur Osterfeuerspitze

Die Tour verbindet die wilde Asamklamm mit der Osterfeuerspitze. Mit zunehmender Höhe eröffnet sich zwischen alten knorrigen Kiefern die Aussicht in das Loisachtal. Die Gipfel des Ölrains und des Hirschbergs sind die Zugaben für Romantiker, die gerne auf geheimnisvollen Pfaden wandern.

36

Anstieg auf die Osterfeuerspitze: Blick ins Loisachtal

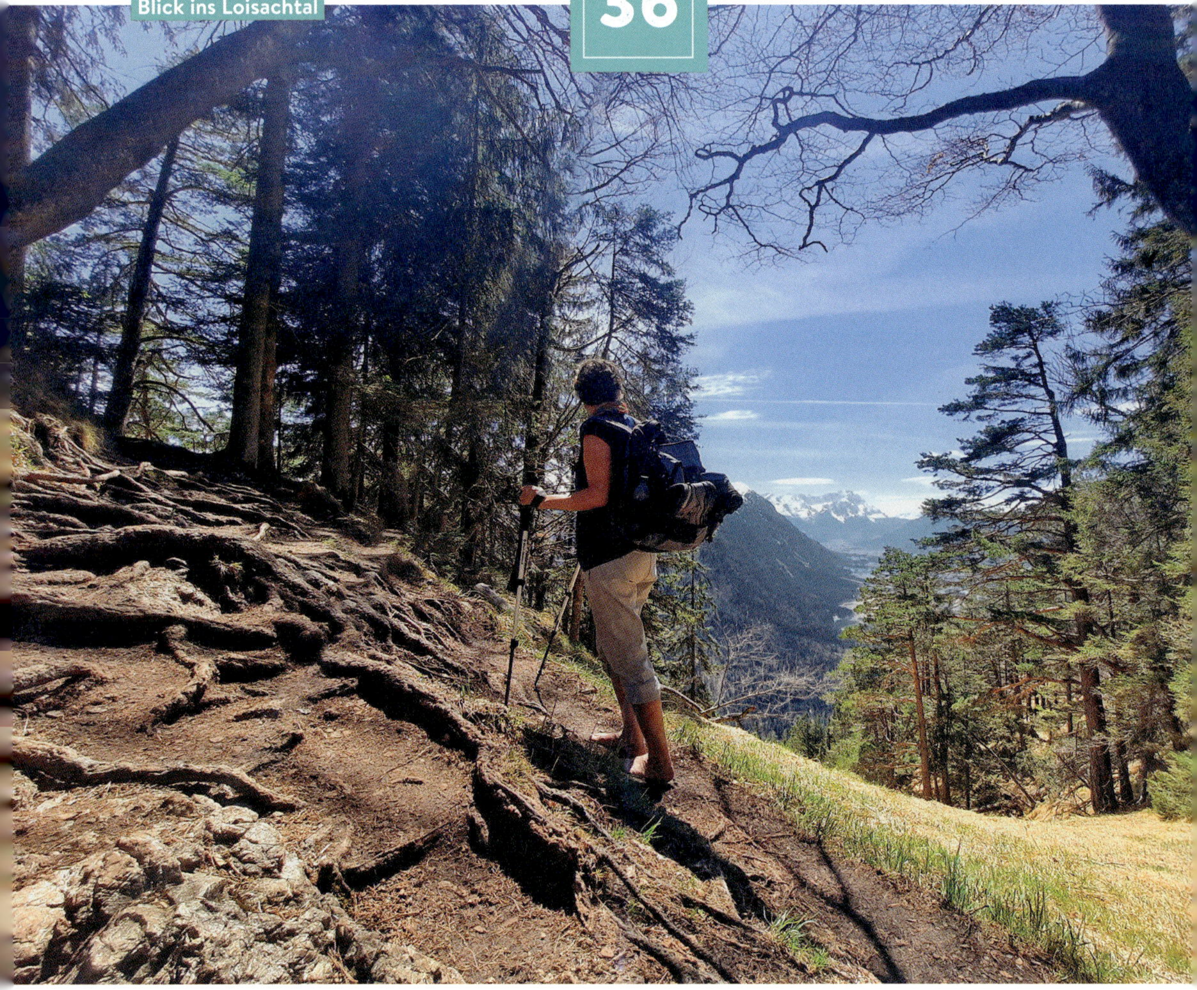

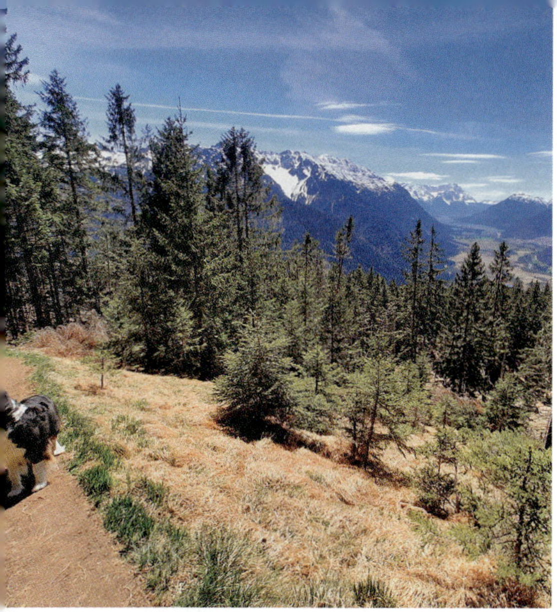

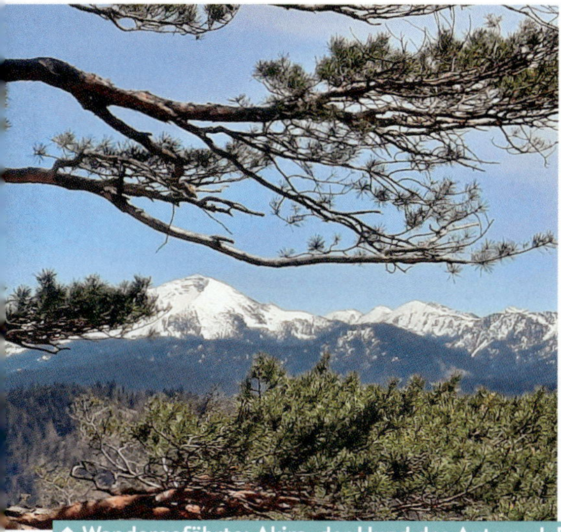

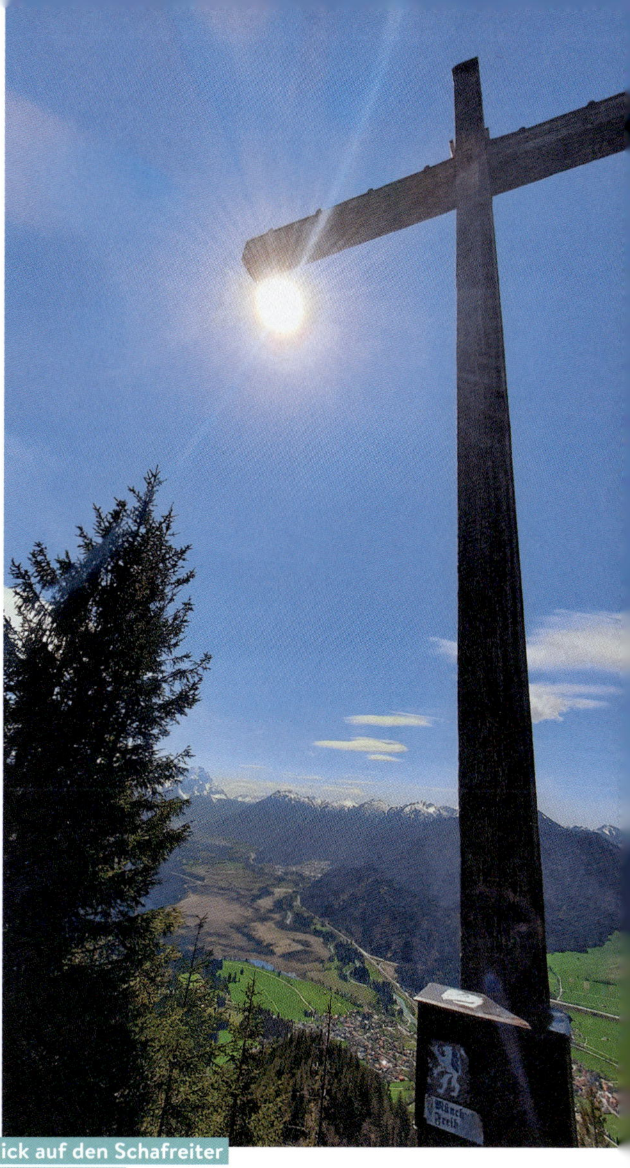

↑ Wandergefährte: Akira, der Hund des Autors ↓ Blick auf den Schafreiter im Vorkarwendel ↗ Blick von der Osterfeuerspitze ins Loisachtal

AUF DAS HELDENKREUZ Vom A E **Bahnhof Parkplatz Eschenlohe** aus geht es rechts über die Murnauer Straße zum Dorfplatz. Sollte einmal der Zug nicht auf Gleis 1, sondern auf Gleis 2 halten, müssen Sie zuerst zur Bahnschranke gehen. Am Dorfplatz nehmen wir die Garmischer Straße über die 1 **Loisachbrücke**. Dann geht es in die Krottenkopfstraße zur »Asamklamm«. Links zweigen wir in die Asamklammstraße in Richtung »Asamklamm, Katzensteg« ab. In Höhe der Wildseestraße geht es geradeaus auf einem alleeähnlichen Weg bis an die Eschenlaine in Höhe des Katzensteges. Dort wandern wir flussaufwärts, bis rechts der Wegweiser »Asamsteg« bergan aus der Klamm führt. An der nächsten Gabelung gehen wir links über den 2 **Asamsteg**. Auf der anderen Seite der Schlucht wandern wir leicht bergan. An der Fahrstraße angelangt,

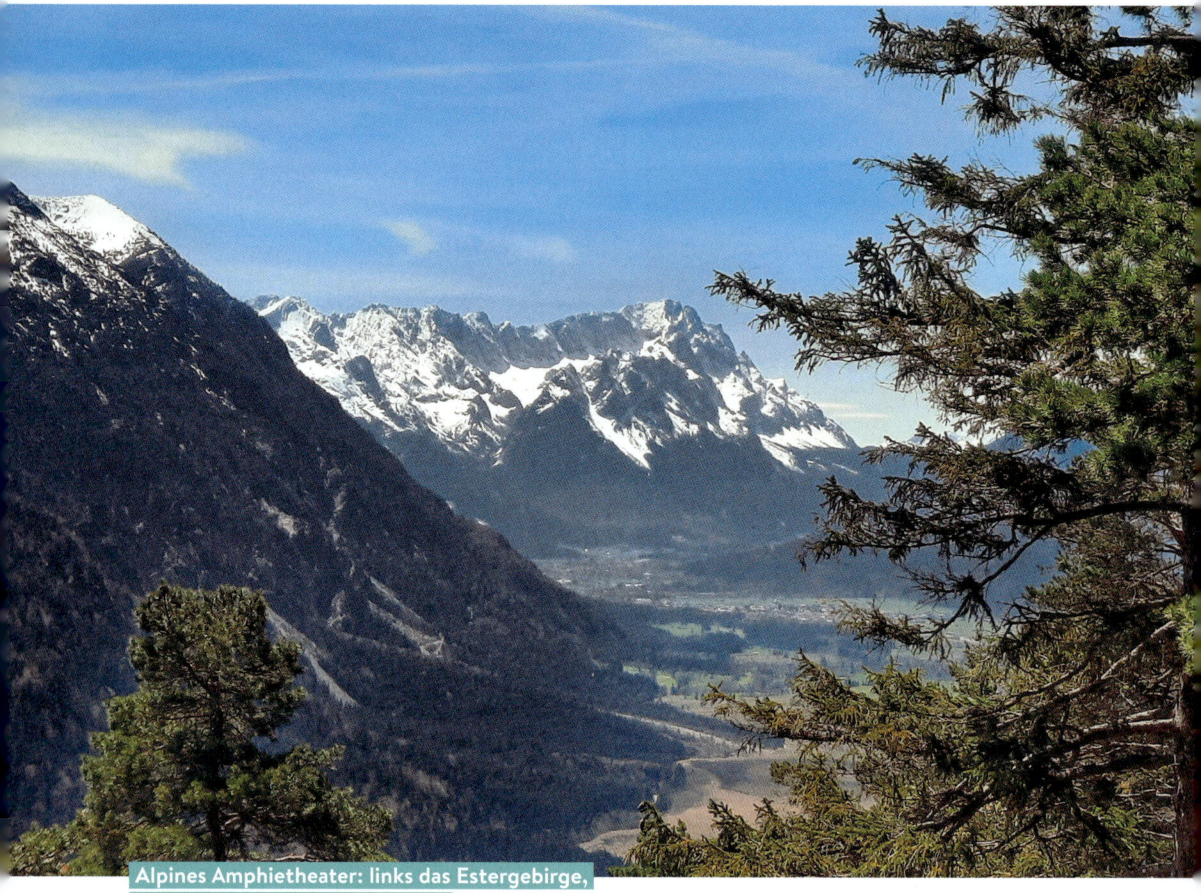

Alpines Amphietheater: links das Estergebirge, dahinter das Wettersteingebirge

folgen wir dieser rechts zum »Osterfeuerkopf«. Nach etwa 300 Metern zweigt mit diesem Schild der Wanderweg ab, am **3 Wanderparkplatz Osterfeuerspitze**. Bald gabelt sich der Weg. Wir folgen mit dem zuletzt genannten Wegweiser rechts dem Wanderweg. Dann gabeln sich die Wege neuerlich. Entweder geht es rechts auf einem Pfad auf der »Diretissima« nach oben oder man folgt dem breiteren Wanderweg gemächlicher bergan. Beide Wege führen später zusammen. Bald erreichen wir das **4 Osterfeuerköpfl** und danach die **5 Osterfeuerspitze** mit Gipfelkreuz. Der Rückweg entspricht dem Hinweg, wir wandern zurück zum **Bahnhof Parkplatz Eschenlohe**. Übrigens, wie der Berg zu seinem Namen kam, beschreibt die in Tour 38, Loisachblick, erwähnte Sage.

Tipp

Autofahrer, die nicht viel Zeit haben, können die Tour verkürzen, indem sie über die Loisachbrücke und die Walchenseestraße zum Wanderparkplatz Osterfeuerspitze fahren, am Ende der Fahrstraße. Die Gehzeit umfasst dann insgesamt 3.30 Stunden, die Höhenmeter belaufen sich auf 650.

ÖLRAIN UND HIRSCHBERG Freunde geheimnisvoller Pfade folgen nordwärts dem Kammrücken bis zum **6 Eckleiten**. Von dort dreht der teils undeutliche Pfad nach Osten. Über ein Felsenband erreichen wir den **7 Ölrain**, der allerdings kaum Aussichten aus dem Wald bietet. Weiter geht es in östlicher, dann in südwestlicher Richtung hinunter zum Sattel des Hirschberges. Es folgt ein nun deutlicher Pfad zum **8 Hirschberg** mit schöner Aussicht. Um sich den langen Weg aus dem Judental zu ersparen, zumeist auf Forstwegen, ist es besser, der bekannten Aufstiegsroute zurück zur **5 Osterfeuerspitze** zu folgen. Da einige Passagen des Pfades durchaus exponiert sind, ist diese Variante in die Kategorie Schwarz eingestuft. Die Höhenmeter belaufen sich auf 450, die Gehzeit beträgt 4 Stunden, zusätzlich zu den Angaben zur Normalroute.

INFO

mittel | 5 Std. | 13,5 km | 706 Hm

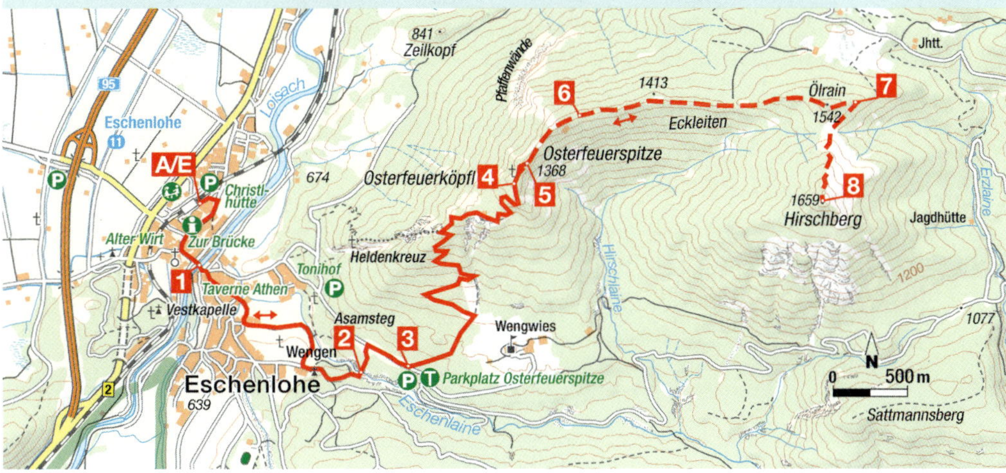

TOURENCHARAKTER
Nebenstraßen, Spazier- und Wanderwege, Asamsteg über hohe Brücke mit Gitterrost

AUSGANGS-/ENDPUNKT
ÖPNV: Bahnhof Eschenlohe
Pkw: Parkplatz Bahnhof Eschenlohe

GIPFEL
Osterfeuerspitze 1368 m, Ölrain 1542 m (Variante), Hirschberg 1660 m (Variante)

ANFAHRT
Mit dem Auto auf A 95 bis Ausfahrt Eschenlohe. Nach Eschenlohe. Links über die Murnauer Straße zum Parkplatz Bahnhof Eschenlohe. Mit ÖPNV: Bahn München – Eschenlohe

GEHZEITEN
Bahnhof Eschenlohe – Wanderparkplatz Osterfeuerspitze 0.45 Std. – Osterfeuerspitze 2 Std. – Wanderparkplatz Osterfeuerspitze 1.30 Std. – Bahnhof Eschenlohe 0.45 Std.

BESTE JAHRESZEIT
Mitte April–Anfang November bei Schneefreiheit

EINKEHR
Mehrere Lokale in Eschenlohe

KARTE
Alpenvereinskarte BY9 Estergebirge, Herzogstand, Wank

INFORMATION
Fremdenverkehrsamt Eschenlohe
www.eschenlohe.de

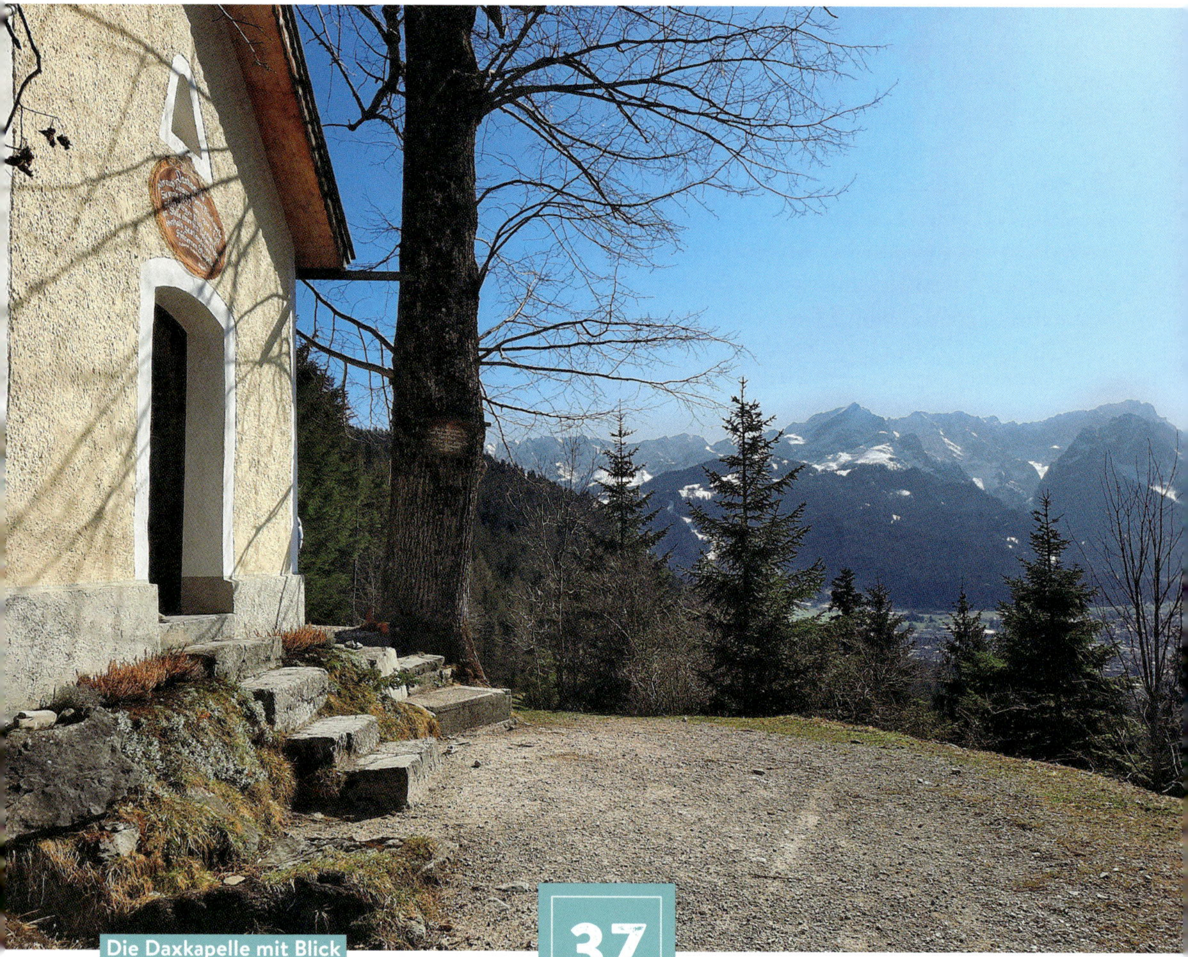

Die Daxkapelle mit Blick auf Alp- und Zugspitze

37

Idyllischer Zugspitzblick unter dem Wank

Auf dem Hüttlsteig

Der Hüttlsteig ist ein romantischer Pfad, der den Wanderer in tiefe Waldlandschaften eintauchen lässt. Die Tour bietet atemberaubende Ausblicke auf Kramer, Wank und Loisachtal. Zurück geht es über den Philosophenweg oder auf dem Mesnerweg, einem schönen Pfad.

DER HÜTTLSTEIG Schon auf den ersten Metern merke ich: Hier tauche ich ein in eine andere Welt – an jeder Ecke eine andere Szenerie, die es verdient, genossen zu werden. Jedes Bildmotiv hätte es hier locker in einen Heimatfilm geschafft. Immer stellt sich mir die spannende Frage, wie es an der nächsten Ecke weitergeht. Da eine kurze Holzstiege seilversichert, die den Blick auf das erhabene Zugspitzmassiv freigibt. Dort ein wunderschöner Aussichtspunkt. Unter uns liegt das Loisachtal, ganz links die Zugspitze, dann folgen Kramer, Schafkopf und das Ettaler Mandl, um nur die wichtigsten Gipfel in der Prominenz der Ammergauer Alpen zu nennen. Tief unter uns kuscheln sich die Orte in das Loisachtal hinein – von links nach rechts Garmisch-Partenkirchen, Farchant, unser Ausgangspunkt, sowie Oberau. Besonders schön ist es, in den Stunden des frühen Nachmittages der Sonne entgegenzulaufen. Das milde Licht verwandelt den Wald in eine Fabelwelt. Kiefernstämme färben sich immer mehr ins Orange. Zusammen mit dem azurblauen Himmel und dem Blick auf die Zugspitze ergibt das ein anmutiges Landschaftsbild, das uns – Monika, die mich auf meinen Touren da und dort begleitet, und mich – still werden lässt. Wir stehen auf einem der wunderschönen Aussichtspunkte und schauen einfach nur. Im weiteren Verlauf der Tour steht die Sonne immer tiefer und wirft wunderschöne Strahlenbilder durch die Baumkronen des Waldes hinunter bis auf unseren Pfad. »Hoffentlich endet dieser Weg niemals«, denke ich mir.

DIE HÜTTLSTEIGRUNDE ÖPNV-Anreisende gehen vom **A1 E1 Bahnhof Farchant** in Fahrtrichtung des Zuges auf der Bahnhofstraße zur Bahnschranke. Hier folgen sie den Schildern »Philosophenweg, Esterbergalm« links über die Bahngleise in die Mühldörflstraße. Sie überqueren die Loisach und folgen dann rechts der Esterbergstraße bis zum **A2 E2 Parkplatz Warmfreibad Farchant**. Von hier aus beginnt die Tour nun auch für Autofahrer – sie laufen zunächst ein kurzes Stück auf der Straße zurück, bis es dann für alle dem Wegweiser »Esterbergalm, Wank« folgend bergan geht. Wenig später zweigt mit diesem Schild ein schöner Wanderpfad

↓ Ein Baumstamm lädt zum Balancieren ein.
↘ Nachgebildeter Bauernhof mit Wasserrad: das »Radhaus Farchant«

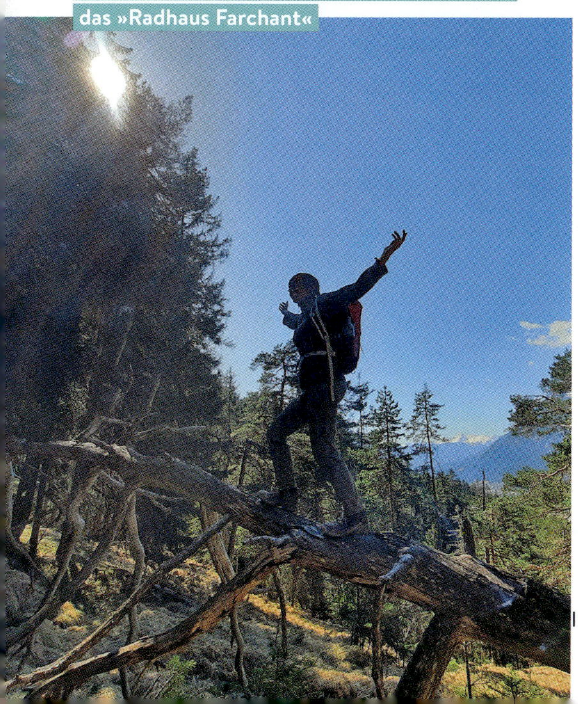

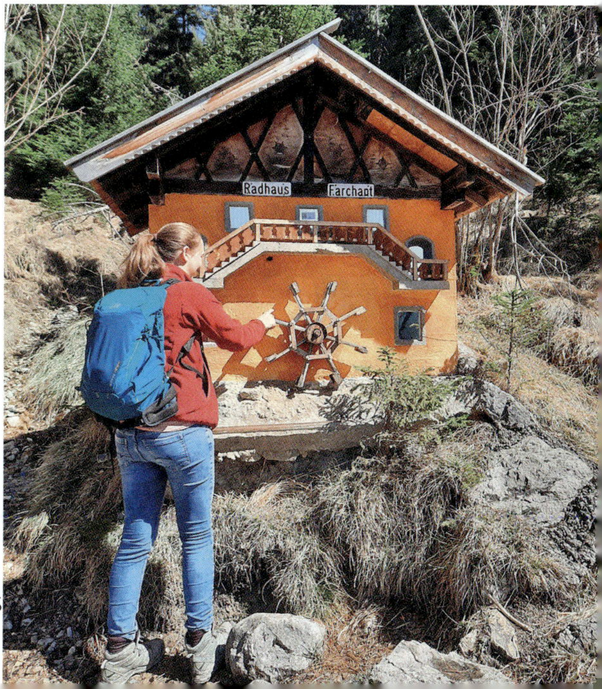

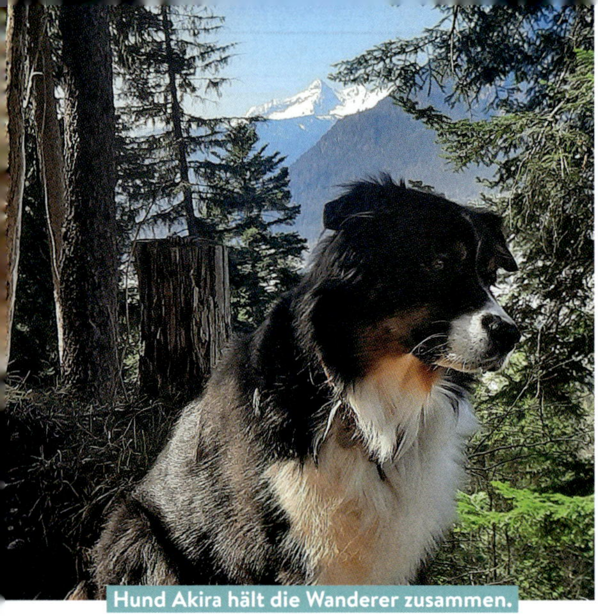

Hund Akira hält die Wanderer zusammen.

ab. Bergan wandern wir nun in vielen Kehren vorbei am **1 Radhaus Farchant,** einem nachgebildeten Bauernhof mit Wasserrad. Kleinere Abzweige zu beiden Seiten des Weges ignorieren wir. Immer weiter laufen wir so bergan durch den Bergwald. Schließlich erreichen wir den geteerten Fahrweg, dem wir links mit dem Schild »Estbergalm« nun steil bergauf folgen. Nach etwa 20 Minuten zweigt auf 1240 Metern Höhe rechts der

Tipp

FASZINATION WASSER

Wer früh aufgebrochen ist und noch Zeit und Kondition hat, kann vom Wanderparkplatz aus zu den Kuhfluchtwasserfällen, die in drei Kaskaden abfließen, aufbrechen. Auf etwa 1000 Metern Höhe sehen Sie die oberen Wasserfälle an der Karstquelle sowie die Frickenhöhle. Anschließend sollten Sie auf dem gleichen Weg wieder umkehren. Die Höhenmeter belaufen sich auf 330, die gesamte Gehzeit beträgt etwa 2 Stunden. Bahnfahrer können auf dem Abstieg direkt zum Bahnhof Farchant gehen.

2 Einstieg Hüttlsteig ab. Der Pfad führt zunächst leicht bergan, dann ganz leicht bergab in südlicher Richtung. Wir passieren eine Holztreppe, dann tauchen wir immer tiefer in den Bergwald ein, bis wir am **3 Ausstieg Hüttlsteig** einen breiten Schotterweg erreichen. Hier geht es rechter Hand bergab, es folgt eine scharfe Kehre, etwas später haben wir die **4 Daxkapelle** erreicht. Hier wandern wir links weiter bergab nach »Garmisch-Partenkirchen«. Erst wenn wir aus dem Wald heraustreten, mit Blick über weite Wiesen auf das Massiv der Zugspitze, biegen wir hier auf etwa 860 Höhenmetern rechts auf einen unbeschilderten Karrenweg ein, nordwärts in den Wald. Der Weg führt idyllisch und weitgehend eben bis zu einer Verzweigung an einem Gatter. Hier gehen wir linker Hand bergab, ohne Beschilderung, auf einem Pfad durch den Bergwald, bis wir auf die Anstiegsroute kommen (Weg 1).

ALTERNATIVE FÜR ABENTEURER An der zuletzt erwähnten Verzweigung kann man auch rechts gehen. Der Weg führt mit gelben Markierungen auf einen romantischen Waldsteig. Ohne größere Schwierigkeiten sind auf ihm zwei Bachgräben zu durchsteigen. Danach geht es von 887 Höhenmetern bergan auf 931. Oben angekommen, wendet man sich an einer Gabelung nach links und ist so wieder auf der Anstiegsroute (Weg 2). Beide Routen führen auf dem Hinweg zurück zu den Ausgangspunkten, dem **Parkplatz Warmfreibad Farchant** für Autofahrer sowie dem **Bahnhof Farchant** für Bahnfahrer.

ZURÜCK ÜBER DEN PHILOSPHENWEG

Wer es auf dem Rückweg gemächlicher angehen lassen will, läuft auf dem geteerten Fahrweg in Kehren weiter bergab, vorbei an der **5 Talstation Wankbahn**. Danach zweigt rechts der »Philosophenweg Farchant« ab. Weitgehend eben geht es nun auf einem bequemen breiten Schotterweg ebenso zurück zu den Endpunkten der Tour (Weg 3).

DIE SAGE VOM WETTERSTEINSCHATZ

Wenn es beim Abstieg schon etwas dämmrig wird und Sie unter der Zugspitze ein glänzendes Licht sehen, handelt es sich vielleicht ja um den Wettersteinschatz. Denn wenn früher in Garmisch pünktlich um 22 Uhr die »Hußglocke« läutete, so erzählt man sich, soll daraufhin jedes Mal tief unter der Zugspitze ein helles Licht zu sehen gewesen sein. Man erklärte sich dies mit einem verborgenen Goldschatz. Der Legende nach waren einmal ein paar Mädchen abends unterwegs, um Gras für ihre Geißen zu rupfen. Plötzlich entdeckte eines der Mädchen ein eisernes Gefäß. »Das muss der Wettersteinschatz sein«, dachte sich das Mädchen. Es holte seine Freundinnen aus dem Tal, um ihnen die Entdeckung zu zeigen. Der Schatz jedoch tauchte von da ab nie wieder auf.

INFO

TOURENCHARAKTER
Waldsteige, Forstwege, Spazierweg, Nebenstraßen; Trittsicherheit erforderlich, nach Regenfällen einen Tag warten

AUSGANGS-/ENDPUNKT
ÖPNV: Bahnhof Farchant
Pkw: Parkplatz Warmfreibad Farchant

ANFAHRT
Mit dem Auto auf A95 bis Farchant. Links in die Bahnhofstraße. Über die Loisachbrücke auf der Mühldörflstraße. Rechts in die Esterbergstraße. Mit ÖPNV: Bahn München – Farchant

GEHZEITEN
Bahnhof Farchant – Parkplatz Warmfreibad Farchant 0.15 Std. (nur ÖPNV) – Einstieg Hüttlsteig 1.30 Std. – Ausstieg Hüttlsteig 1.15 Std. – Daxkapelle 0.30 Std. – Parkplatz Warmfreibad Farchant 1.15 Std. (alle Varianten) – Bahnhof Farchant 0.15 Std. (nur ÖPNV)

BESTE JAHRESZEIT
Mitte April–Ende Oktober bei Schneefreiheit

EINKEHR
Mehrere Lokale in Farchant

mittel | 4.30 Std. | 12,1 km | 662 Hm

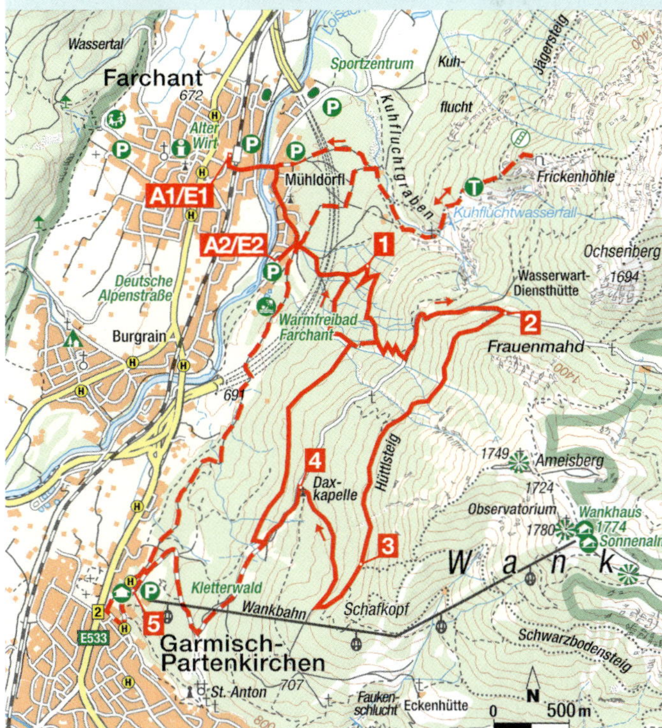

KARTE
Alpenvereinskarte BY9 Estergebirge, Herzogstand, Wank

INFORMATION
Tourist-Information Farchant
www.farchant.de

Romantische Aussichten im Blauen Land

Über dem Loisachtal

Loisachblick, Kleines Paradies, Grüner Fleck und Heldenkreuz: Wie an einer Perlenkette aufgereiht sind diese schönen und romantischen Aussichtspunkte. Auf einer ansprechenden Rundtour hoch über dem Loisachtal bei Oberau können wir sie miteinander verbinden.

Wunderschöne Bauernhäuser in Oberau

38

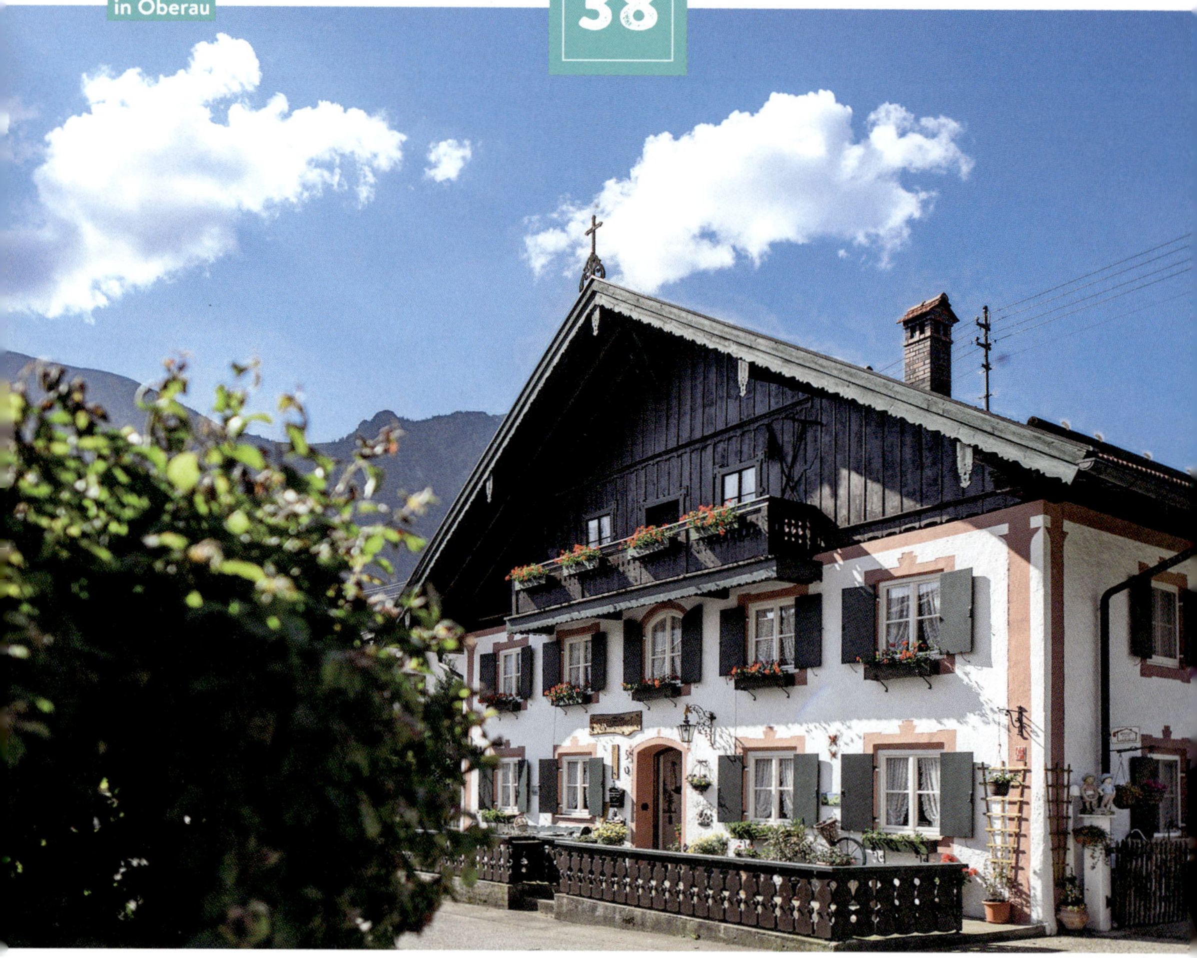

IMPRESSIONEN AUS DEM BLAUEN LAND

Die Tour in Oberau startend, gewinnen wir schnell an Höhe und am Heldenkreuz eröffnet sich erstmalig der Ausblick in das Loisachtal. Über Oberau und Farchant geht dabei der Blick nach Garmisch-Partenkirchen und damit auf die dahinter aufragende, imposante Felsenkette des Wettersteingebirges. Ihr höchster Berg, die Zugpitze, ist ganz rechts zu sehen, weiter links die formschöne Alpspitze. Wie ein arrangiertes Gemälde, ja wie ein alpines Amphitheater, stellt sich dem Betrachter diese Landschaft hier oben dar. Die gleiche Szenerie dürfen wir ein Stück weiter oben am Loisachblick nochmals bewundern. Geheimnisvolle Buchen mit einer Rinde wie aus Elfenhaut zieren den Weg, bevor weiter oben knorrige Kiefern wie ein Kunstwerk eine wahre Bereicherung für diese Wanderung sind. Manche sind schon abgestorben und zeigen ohne Rinde eine besonders schöne Struktur des Stammes und wirken deshalb sehr fotogen. Dazwischen säumen schon Ende Februar blühende Heidekrautsträucher und Leberblümchen den Wegesrand – ja, diese Wanderung lebt vom Detail. Bald haben wir das Kleine Paradies erreicht. Ein Aussichtspunkt an einer wunderschönen alten Kiefer mit Rastbank gibt diesmal den Blick auf die Gegenseite nach Norden in das flache Murnauer Moos frei. Weiter links sehen wir den schroffen Felszahn des Ettaler Mandls, was für ein Kontrast! Nachdem wir den höchsten Punkt des Höhenberges überschritten haben, folgt nach einiger Zeit der Abstieg in das Katzental, bis wir den Aufschwung zum Grünen Fleck, unserem nächsten Aussichtspunkt, erreicht haben. Nochmals dürfen wir hinunter ins Loisachtal und zur Zugspitze blicken, jetzt zu fortgeschrittener Stunde im Licht des milden Nachmittages. Grüner Fleck heißt dieser Ort deshalb, weil er sich dem Betrachter von Oberau aus wie ein grüner Fleck auf der Wiese, umgeben von dunklen Wäldern, darstellt. Diese Tour eignet sich für »graue« wie für »blaue Tage«. Bei grauem Wetter achtet man mehr auf das Detail am Wegesrand, der Wald wirkt dann geheimnisvoll. Trocken sollte es aber sein, um die Trittsicherheit auf den Wegen zu gewährleisten. Bei strahlendem Sonnenschein steht natürlich der Ausblick vom Heldenkreuz und Loisachblick hinüber zum Wettersteingebirge im Vordergrund. Dann liefern gerade im Frühling die weißen Schneeflächen unter der Zugspitze und Alpspitze einen schönen Kontrast zum blauen Himmel und den grünen Wiesen rundherum.

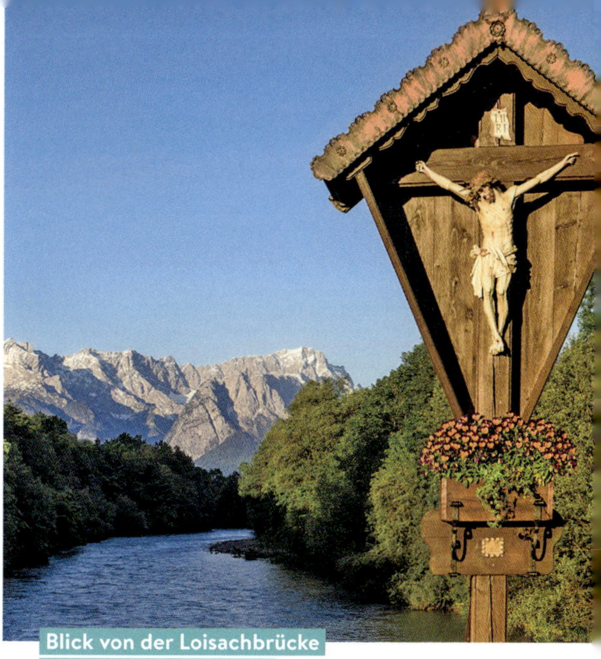

Blick von der Loisachbrücke auf das Zugspitzmassiv

ÜBER DEN LOISACHBLICK ZUM GRÜNEN FLECK ÖPNV-Anreisende gehen vom **A1 E1 Bahnhof Oberau** durch die Bahnunterführung und erreichen so den Schmiedeweg. Ihm folgen sie mit dem Wegweiser »Trachtenheim, Schwimmbad und Sportplatz« bis zum Kurpark am Gasthaus Oberauer Alm. Hier geht es rechts und gleich wieder links in die Mühlstraße mit dem gleichen Wegweiser. An der Triftstraße laufen sie nach

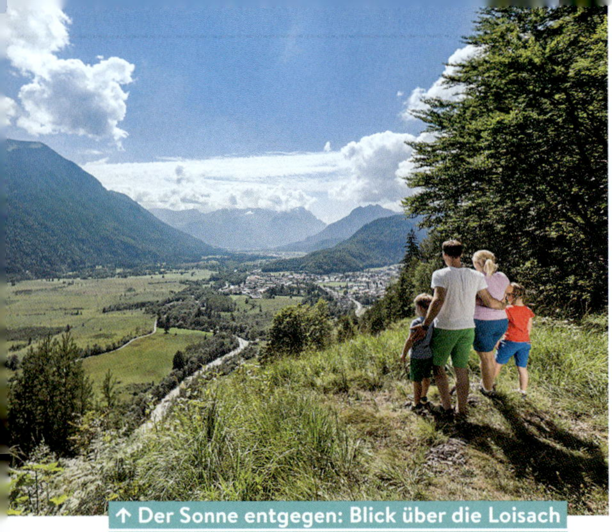

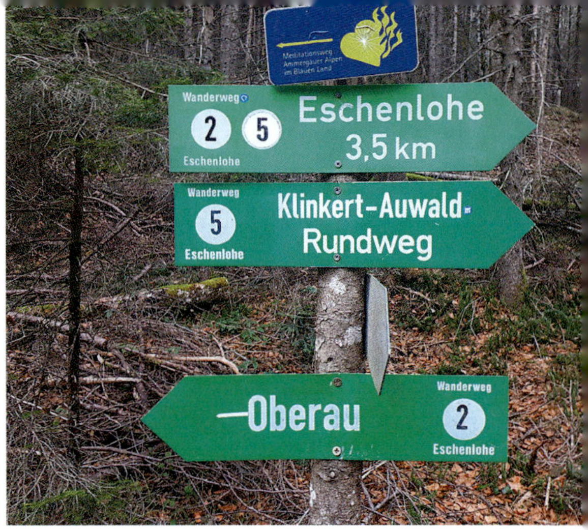

↑ Der Sonne entgegen: Blick über die Loisach nach Oberau ↗ Wegweiserzirkus im Katzental

rechts, bis sie auf dem Gießenbachdamm den **A2 E2 Wanderparkplatz Loisachblick** erreichen. Dies ist der Ausgangspunkt für die Autofahrer. Hier geht es bergan mit dem Schild »Loisachblick«. Zunächst erreichen wir das **1 Heldenkreuz** und daraufhin den **2 Loisachblick**. Im weiteren Anstieg folgen wir immer der blau-weißen Markierung. Wir überschreiten den Auerberg, es schließt sich ein kleiner Abschwung an. Im folgenden Anstieg erreichen wir so das **3 Kleine Paradies** auf dem Höhenberg, einem weiteren Aussichtspunkt. Der Kammweg führt weiter bergan, dann geht es auf der anderen Seite des Berges hinunter. Der Bergpfad verbreitert sich nun zum Forstweg und windet sich in einigen Kehren nach Süden hinunter in das Katzental. An einer Verzweigung geht es hier links nach Oberau. Wenig später zweigt rechts ein Forstweg ab, ausgeschildert mit »Rundweg Grüner Fleck«. Dieses Schild begleitet uns weiter bergan, später versehen mit dem Zusatz »Rundweg Grüner Fleck (Schwimmbad)«. Bald machen wir einen Abstecher links hinunter zum **4 Aussichtspunkt Grüner Fleck**. Dieses kurze Wegstück gehen wir wieder hinauf, bis uns dann der Wegweiser »Rundweg Grüner Fleck (Schwimmbad)« in vielen Kehren durch die Steilhänge auf einem schönen Bergpfad durch den Wald bergab führt. Wir erreichen einen Forstweg. Hier folgen wir dem Schild »Trachtenheim, Schwimmbad und Sportplatz« zurück zum **Wanderparkplatz Loisachblick**. Autofahrer sind hier an ihrem Endpunkt angelangt. Bahnfahrer gehen wie auf dem Hinweg zurück zum **Bahnhof Oberau**.

DER BRAUCH DES SCHEIBENTREIBENS

In der Gegend zwischen Oberau und Eschenlohe wird ein gemeinsamer Brauch

Tipp

AUF DIREKTEM WEG

Auerberg und Höhenberg lassen sich auch von Oberau nach Eschenlohe direkt überschreiten. Folgen Sie hierzu bis in das Katzental der beschriebenen Route. Dann geht es mit den entsprechenden Wegweisern nach »Eschenlohe«. Bahnfahrer können vom Bahnhof in Eschenlohe mit dem Zug wieder zurückfahren, Autofahrer nehmen den Zug Richtung Garmisch und fahren eine Station nach Oberau. Natürlich können Sie diese Tour auch in der Gegenrichtung vornehmen, dann laufen Sie bei schönem Wetter der Sonne entgegen.

überliefert. In früheren Tagen wurde ein altes Wagenrad, umwickelt mit Stroh, an einem Stock befestigt. Die Burschen zündeten dieses am Osterfeuer an und schleuderten es vom Berg ins Tal herunter. Jedes Mädchen übergab dem Burschen, der ihr die Scheibe gewidmet hatte, zum Dank dafür schöne Ostereier. Auf der anderen Seite des Loisachtales erhebt sich die Osterfeuerspitze, Tour 36 in diesem Buch beschreibt den Weg zu ihr. Der Name dieses Berges stammt wohl von diesem alten Brauch. Er fand in der Nacht von Ostersamstag auf Ostersonntag statt sowie in der Nacht von Dienstag auf Mittwoch nach den Osterfeiertagen. Nachahmenswert ist er allerdings nicht mehr, wird das Wetter doch immer trockener und die Waldbrandgefahr immer größer.

INFO

TOURENCHARAKTER

Waldsteige, Forstweg, schmaler Bergpfad. Trittsicherheit erforderlich, nach Regenfällen einen Tag warten

AUSGANGS-/ENDPUNKT

ÖPNV: Bahnhof Oberau
Pkw: Wanderparkplatz Loisachblick

GIPFEL (AUSSICHTSPUNKTE)

Heldenkreuz 770 m, Loisachblick 856 m, Kleines Paradies 940 m, Grüner Fleck 910 m

ANFAHRT

Mit dem Auto auf A 95 bis Oberau. Rechts in die Triftstraße und gleich wieder rechts in die Straße »Am Gießenbach«. Richtung »Trachtenheim, Schwimmbad und Sportplatz« bis Wanderparkplatz Loisachblick. Mit ÖPNV: Bahn München – Oberau

GEHZEITEN

Bahnhof Oberau – Wanderparkplatz Loisachblick 0.30 Std. (nur ÖPNV) – Heldenkreuz 0.30 Std. – Loisachblick 0.15 Std. – Kleines Paradies 0.15 Std. – Grüner Fleck 1.30 Std. – Wanderparkplatz Loisachblick 0.30 Std. – Bahnhof Oberau 0.30 Std. (nur ÖPNV)

BESTE JAHRESZEIT

Mitte April–Ende Oktober bei Schneefreiheit

mittel | 3 Std. | 10,9 km | 541 Hm

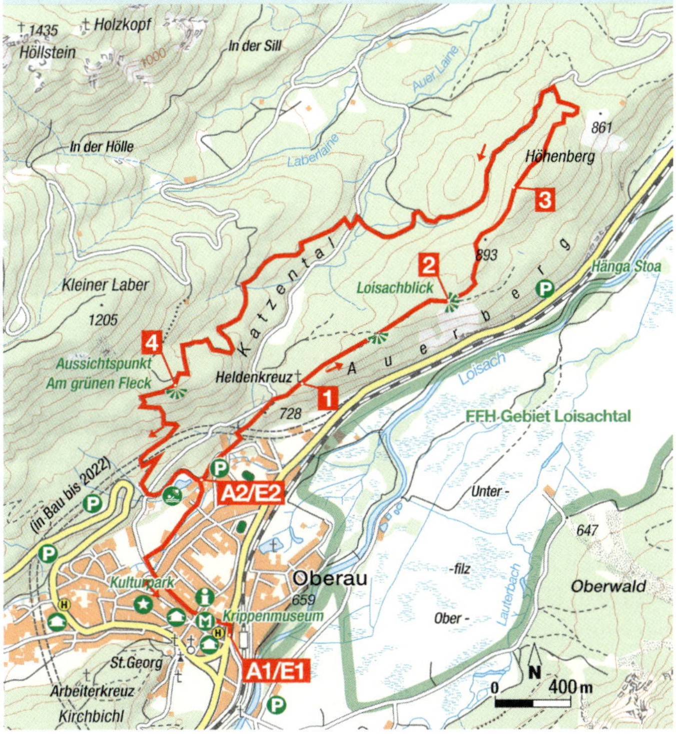

EINKEHR

Mehrere Lokale in Oberau

KARTE

Alpenvereinskarte BY9 Estergebirge, Herzogstand, Wank

INFORMATION

Tourist-Information Oberau
www.gemeinde-oberau.de

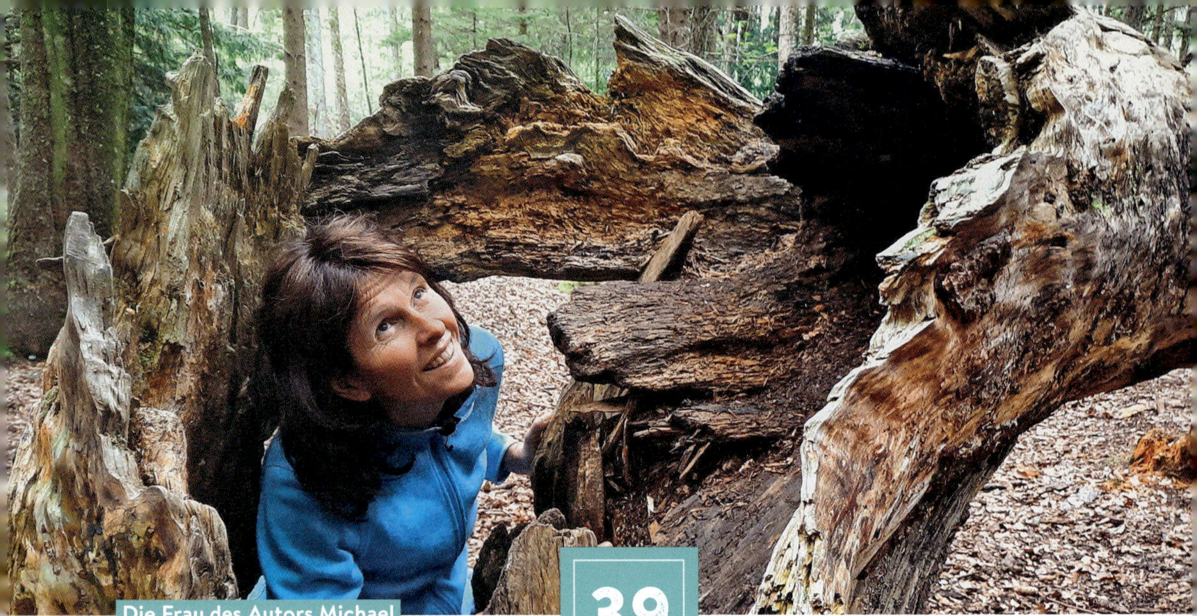

Die Frau des Autors Michael Kleemann, Margit, inspiziert eine alte Eibe.

39

Märchenhafter Weg in eine andere Welt

Im Paterzeller Eibenwald

Der mystisch anmutende, geheimnisvolle Rundweg scheint die Wanderer zu verzaubern. Jede Eibe ist in ihrer Gestalt einzigartig und erzählt eine andere Geschichte. Umrahmt von Vogelgezwitscher plätschert und gluckst es rundherum aus den vielen Quellen im Wald.

IM PATERZELLER EIBENWALD Nirgendwo anders in Deutschland wachsen so viele Eiben wie hier: Es sind über 2000 an der Zahl. Dunkel, düster und geheimnisvoll wirkt der Wald. Manche der Eiben sind innen hohl, was sie aber nicht am Weiterleben hindert. Sie grünen im Frühling immer wieder aufs Neue. Bergahorne, Buchen, Eichen und Fichten gesellen sich zur märchenhaften Waldgemeinschaft. Letztere sind da und dort vom Borkenkäfer heimgesucht. An den Orten ihres Niederganges stehen einige Baumskelette. Sie lassen den Wald noch mystischer erscheinen. Manche Eiben erinnern mit ihren Verwachsungen an Fabelwesen mit verzerrten Gesichtern. Selbst wenn eine Eibe abgeknickt auf dem Boden liegt, weiß sie sich zu helfen: Sie bildet Stämme, die nach oben wachsen. Dank einer dicken Tuffsteinschicht durchziehen Bäche und Quellen den Wald allerorten. Libellen, Frösche und Vögel füllen diesen mit Efeu umrankten Ort mit Geräuschen und machen ihn zu einem Paradies. Früher pflanzten die Menschen Eiben um ihre Häuser – sie würden die Dämonen und Geister abhalten, so glaubten sie.

UNTERWEGS AUF DEM EIBENPFAD Vom **A E Parkplatz Landgasthof zum Eibenwald** aus laufen wir, den Wegweisern »Eibenpfad« folgend, die uns auf der gesamten Wegstrecke begleiten werden, auf einem breiten Schotterweg in nordöstlicher Richtung bergab. An einer Gabelung geht es links in den Wald. Sogleich beginnt hier links der entsprechend ausgeschilderte Rundweg mit den Infostationen 1 bis 10. Am Ende des Rundweges erreichen wir wieder den Waldrand und gehen zurück zum **Parkplatz Landgasthof zum Eibenwald**.

ST. ULRICHSKAPELLE UND ULRICHSQUELLE Wer möchte, kann die Wanderung um eine halbe Stunde erweitern. Gegenüber dem Landgasthof zum Eibenwald liegt die St. Ulrichskapelle. Sie wurde vor etwa 150 Jahren erbaut, als die alte Kapelle am Brünnl eingestürzt war. Nachdem wir die Kapelle besichtigt haben, gehen wir auf dem St.-Ulrich-Weg bergan, bis rechts das Schild »Schlitten, St. Leonhard« auf einen Fußweg führt. Bald erreichen wir eine kleine Nebenstraße. Ein alter Stein mit Kreuz verweist hier am Waldrand auf die Quelle.

Tipp

Sie können die Tour auch an einem anderen Punkt beginnen. Zwischen Zellsee und Paterzell befindet sich im Wald, direkt am Eibenpfad, ein weiterer Parkplatz. Von hier aus beginnen Sie die Tour an der Infostation 8 und beenden sie an der Station 7. In der Mitte der Tour können Sie im Landgasthof zum Eibenwald einkehren. Dazu unterbrechen Sie den Rundweg und folgen dem breiten Schotterweg zur Station 10 dorthin.

INFO

TOURENCHARAKTER
Rundweg auf einem Waldpfad, breiter Schotterweg

AUSGANGS-/ENDPUNKT
Pkw: Parkplatz Landgasthof zum Eibenwald
(nicht mit ÖPNV erreichbar)

ANFAHRT
Mit dem Auto auf A 95 bis Starnberg. Weiter nach Weilheim. Nach Wessobrunn bis Zellsee. Nach Paterzell

GEHZEITEN
Eibenpfad-Rundweg 1.15 Std.

BESTE JAHRESZEIT
Ganzjährig; Vorsicht auf eisglatten Holzstegen

EINKEHR
Landgasthof zum Eibenwald

KARTE
Rundwegplan vor Ort erhältlich

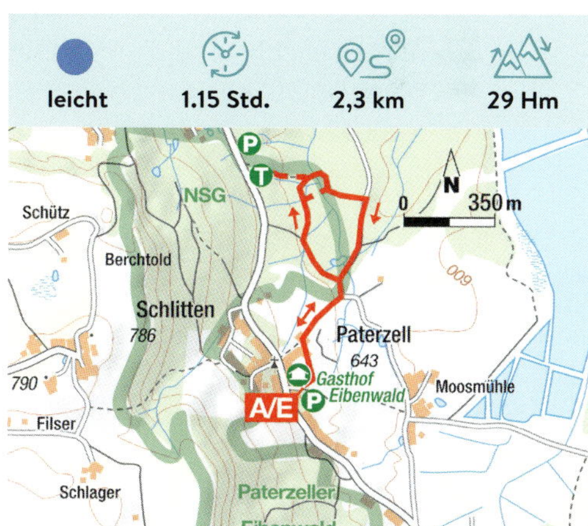

INFORMATION
Tourismusverband Pfaffenwinkel, Schongau
www.pfaffen-winkel.de

PS: DA FÄLLT MIR NOCH WAS EIN!

ALLES ETWAS ANDERS BETRACHTEN Nach den schönen Erlebnissen der Tour auf den Hochstaufen wollte ich in Bad Reichenhall einkehren. Die Aura dieser Stadt, die so von der Geschichte des Salzes geprägt ist, faszinierte mich von jeher. An einem schönen Sommerabend saß ich also beim Essen in einer der Gassen. Auf der anderen Seite gingen oben im Haus die Lichter an. Jedes Zimmer hatte etwas zu erzählen, man musste nur genau hinsehen oder hinhorchen. Ein Bach zog direkt neben den Tischen vorbei. Alte Laternen säumten die Straßen, der königliche Kurgarten wurde seinem Namen gerecht. Und dann setzte ich mich mitten in der Nacht vor die Alte Saline. Das mystische Läuten der Wasserräder in den Hallen hinter mir durchdrang mich wie in einer Meditation. Hoch oben leuchtete das Predigtstuhlhaus. Ich legte mich auf die Wiese des Salingartens und blickte in den Sternenhimmel einer klaren Augustnacht. Eine Sternschnuppe nach der anderen zog am Himmel vorüber. Was für ein schöner Sommerabend, dachte ich mir.

INTERESSANT ALLERDINGS FAND ICH, dass es so schien, als ob kaum einer der Touristen diese Genüsse auch nur annähernd wahrnehmen würde. Deshalb mein Appell an Sie, liebe Leserinnen und Leser: Gehen Sie nicht nur während, sondern auch nach der Tour den Geheimnissen dieser Welt nach! Sie sind an jeder Ecke zu finden, wenn Sie mit der entsprechenden Offenheit wertfrei einfach alles auf sich wirken lassen. Egal wo, wie und wann. So können Sie – wie ich – einen schönen Wandertag auf Ihre Weise wunderbar abschließen.

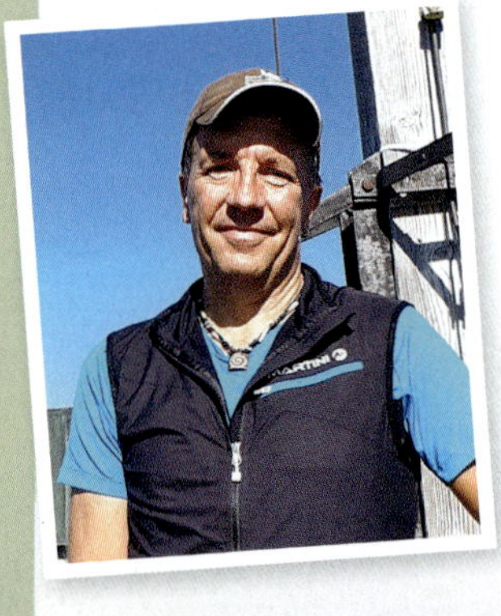

IN DIESEM SINNE WÜNSCHE ICH IHNEN anschließend an die Wanderungen auf geheimnisvollen Pfaden viele interessante Abstecher und Begegnungen.

Ihr

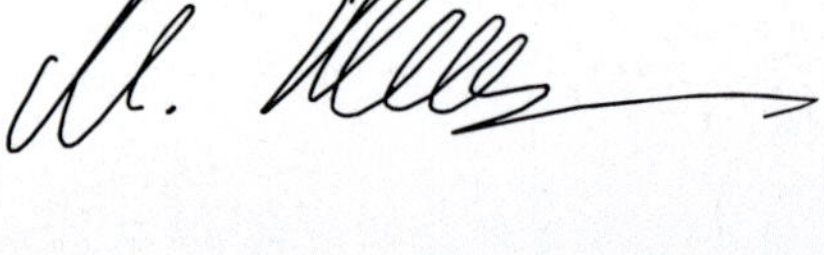

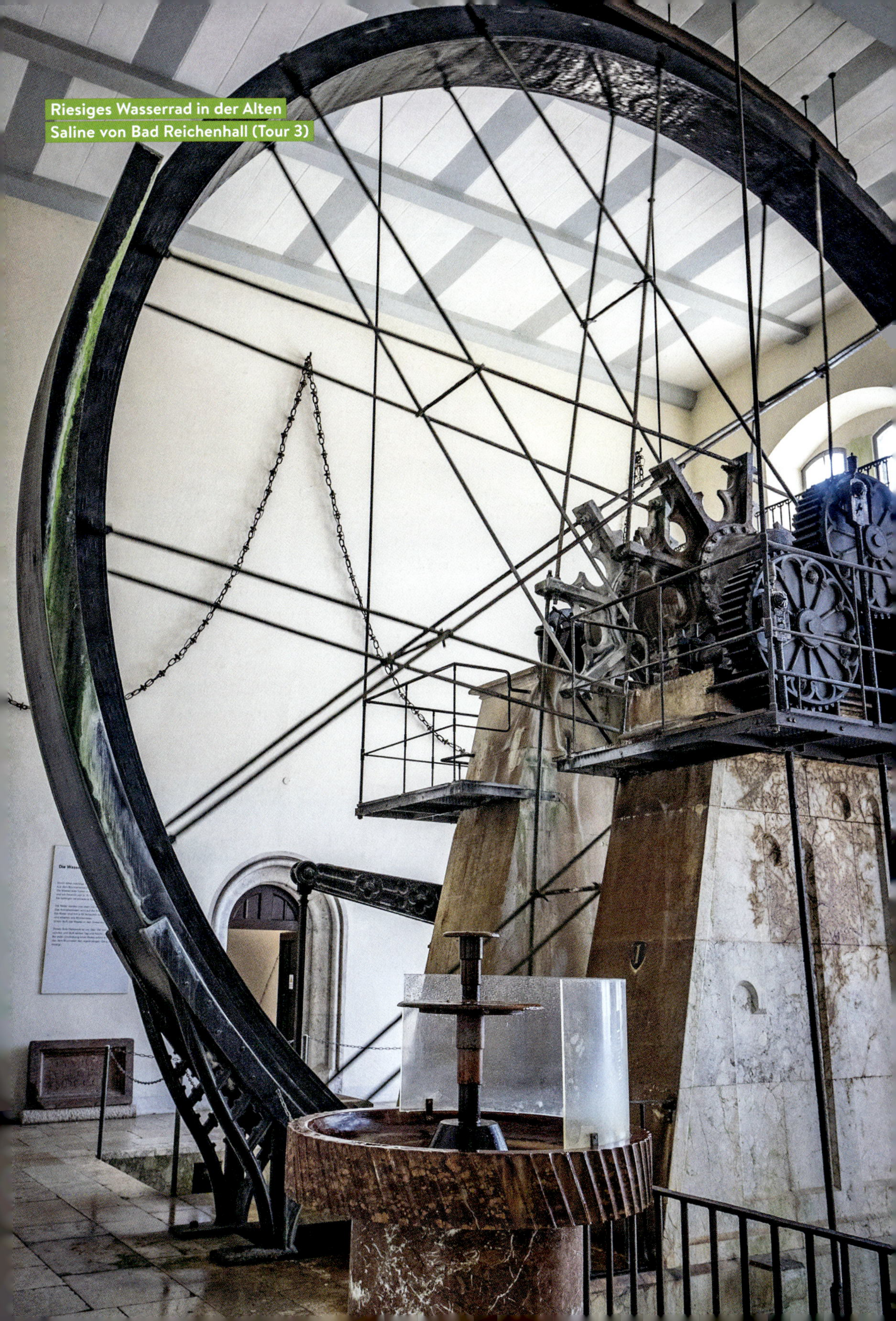

Riesiges Wasserrad in der Alten Saline von Bad Reichenhall (Tour 3)

REGISTER

IMPRESSUM

Verantwortlich: Stefanie Krüger
Redaktion und Lektorat: Claudia Weingartner
Korrektorat: Ralf J. Klumb | The Wordworms
Layout- und Reihengestaltung: Mathias Frisch
Covergestaltung: Rudi Stix
Satz: Eva-Maria Klaffenböck
Repro: LUDWIG:media
Kartografie: Bruckmann Verlag GmbH, Heidi Schmalfuß
Herstellung: Alexander Knoll
Printed in Slovenia by Flojancic

Exklusiv für Sie als Leser:

MIT GPS-DATEN ZUM DOWNLOAD

unter: gps.bruckmann.de

★★★★★

Sind Sie mit diesem Titel zufrieden? Dann würden wir uns über Ihre Weiterempfehlung freuen.
Erzählen Sie es im Freundeskreis, berichten Sie Ihrem Buchhändler, oder bewerten Sie bei Onlinekauf. Und wenn Sie Kritik, Korrekturen, Aktualisierungen haben, freuen wir uns über Ihre Nachricht an Bruckmann Verlag, Postfach 40 02 09, D-80702 München oder per E-Mail an lektorat@verlagshaus.de.

Unser komplettes Programm finden Sie unter www.bruckmann.de

In diesem Buch wird aus Gründen der besseren Lesbarkeit das generische Maskulinum verwendet. Weibliche und anderweitige Geschlechteridentitäten werden dabei ausdrücklich mitgemeint, soweit es für die Aussage erforderlich ist.

Empfehlung der Redaktion
Sie sind auf der Suche nach weiterführender Literatur? Dann empfehlen wir Ihnen den Titel »Wanderungen für Langschläfer – Bergisches Land« von Udo Haafke. Oder Sie werfen einen Blick in die Zeitschrift BERGSTEIGER. Hier werden Sie bestimmt fündig.

Bildnachweis: Alle Bilder im Innenteil stammen vom Autor, mit Ausnahme von: S. 2, 10 u. links, 26, 27, 28: Schellenberger Eishöhle; S. 11 u. rechts, 30, 32, 34, 35, 36, 157: Berchtesgadener Land – Tourismus GmbH; S. 22/23: FooTToo/shutterstock.com; S. 24: Tourismusverband Hallein – Bad Dürrnberg; 31: Alte Saline Bad Reichenhall; S. 56: Touristinfo Aschau im Chiemgau; S. 76, 82: Lolin; S. 77: Thomas Laukat; S. 78: Sportalpenmarketing; S. 81 u. links: Alex Gretter; S. 84: Wendelsteinbahn GmbH; S. 85: Andrea Mittermeier; S. 86: Claudia Hinz; S. 94, 95, 96: Saskia Kleemann; S. 98: Dietmar Denger; S. 128, 130: Stadt Bad Tölz – Hein Hirz; S. 140: Bettina Scherze; S. 150, 151 o. rechts: Tourist Information-Oberau – Wolfgang Ehn; S. 152 o. links: Ferienregion-Zugspitzland – Magnus Winterholler
Umschlagvorderseite: Morgenstimmung in den Voralpen (lookphotos/Maier, Norbert L.)
Umschlagrückseite: Idyllischer Blick über die Leitzach zum Breitenstein

Die Deutsche Nationalbibliothek verzeichnet diese Publikation in der Deutschen Nationalbibliografie; detaillierte bibliografische Daten sind im Internet über http://dnb.d-nb.de abrufbar.

Infanteriestraße 11a
80797 München

ISBN 978-3-7343-2323-2